위대한 유산

태흥영화 1984-2004

일러두기 ───

• 이 책은 전주국제영화제와 한국영상자료원의 공동 기획으로, 한국영상자료원이 국
  문판을 전주국제영화제가 영문판을 발간했다. 기획과 구성, 책임편집은 전주국제영
  화제 프로그래머 문석과 한국영상자료원 학예연구팀장 정종화가 맡았다. 실무 진행
  은 국문판을 한국영상자료원 학예연구팀 박진희가, 영문판을 전주국제영화제 콘텐츠
  미디어실장 김수현이 담당했다.

• 책에 등장하는 영화의 작품명과 연도는 한국영상자료원 한국영화데이터베이스
  (KMDb)를 따랐다. 감독명과 개봉 연도는 각 장마다 해당 영화가 맨 처음, 주요하게
  언급될 때 (감독명, 개봉 연도) 형태로 병기했다. 감독명, 개봉 연도, 배우 이름 등 영
  화 관련 정보는 ( ) 안에 표기하되, 본문 괄호와 구분되도록 작은 글씨로 표기하였다.

• 맞춤법과 띄어쓰기는 국립국어원의《표준국어대사전》을 따랐다. 논문 및 영화 등의
  작품명은 〈 〉, 문헌이나 저서명·정기간행물(학회지 포함)·신문명은《 》, 직접 인용은
  " ", 강조 및 간접 인용은 ' '로 표기했다.

• 인명이나 지명은 국립국어원의 외래어 표기용례를 따랐다. 단, 널리 알려진 이름이나
  표기가 굳어진 명칭은 다수의 포털 사이트에서 제공하는 표기를 따랐다.

• 이태원 대표이사 시절 태흥영화사가 제작한 한국영화 편수는 36편이고, 이후 이효승
  당시 전무가 제작한 다큐멘터리 영화 〈우리는 썰매를 탄다〉(2018)까지 포함하면 37
  편이다. 본문에서 총 제작편수에 대한 언급은 맥락에 맞게 36편과 37편이 혼용되어
  있다.

위대한 유산
태흥영화 1984-2004

GREAT
EXPECTATIONS :
TAEHUNG PICTURES
1984-2004

한국영상자료원
전주국제영화제 엮음

Korean Film Archive
한국영상자료원

JEONJU
intl. film festival

책을 펴내며

━━

전주국제영화제와 한국영상자료원이 한국영화의 귀중한 유산을 기념하는 도서를 함께 발간합니다. 한국영화사에서 가장 걸출한 제작사였던 태흥영화사의 역사와 그 의의를 담은 책입니다. 책 제목을 '위대한 유산'으로 정한 이유는 태흥영화사의 행보가 1980년대부터 2000년대 초반까지 한국영화의 열망과 성취를 대표적으로 보여 준다는 뜻에서입니다. 고故 이태원 대표가 이끈 태흥영화사는 오랫동안 한국영화계가 바라고 모색해 왔던 것들을 최전선에서 도전하고 이루어 냈습니다. 〈서편제〉(1993)는 최초로 서울 관객 100만을 돌파하며 장기 흥행에 성공했고, 〈취화선〉(2002)은 한국영화의 오랜 꿈이던 칸국제영화제 수상을 일궜습니다. 이태원 대표는 임권택 감독, 정일성 촬영감독을 비롯한 당대 한국영화의 대표 창작자들이 미학적 야심을 펼치는 든든한 배경이 되어 주었습니다. 예술적으로도 흥행적으로도 또 국제영화제 수상까지 한국영화계의 기대expectations에 부응한 태흥영화사와 그 작품들은 한국영화사에 빛나는 유산legacy으로 남을 것입니다.

한국영화의 변화와 도약을 상징했던 태흥영화의 작품들은 올해 4월부터 5월까지 제23회 전주국제영화제의 회고전 그리고 한국영상 자료원 시네마테크KOFA의 특별상영전을 통해 여러분들과 만나게 됩니다. 시대를 앞서간 작가주의 영화부터 동시대 대중의 취향을 반영한 장르영화까지 다채로운 한국영화의 스펙트럼을 감상할 수 있는 흔치 않은 기회가 될 것입니다. 또한 한국영화박물관의 기획전시를 통해서 태흥영화사가 남긴 방대한 자료들을 직접 확인할 수 있습니다. 태흥영화사의 위대한 유산을 기억하고 기념하고자 하는 도서와 일련의 행사들에 많은 관심과 성원 부탁드립니다.

2022년 4월
한국영상자료원 원장 김홍준

전주국제영화제와 한국영상자료원이 함께 준비한 이 책은 지난해 세상을 떠난 고故 이태원 대표를 추모하고 한국영화사에 남긴 태흥영화사의 발자취를 기록하기 위한 기획입니다.

1970년대 중반부터 극장을 운영했던 이태원 대표는 1984년부터 본격적으로 영화제작업에 뛰어듭니다. 태흥영화사가 제작한 〈장군의 아들〉(1990)은 당시 최고 관객 신기록을 수립했고, 〈서편제〉(1993)로는 한국영화 최초 관객 100만 명을 돌파하는 초유의 기록을 세우기까지 했습니다. 그뿐만 아니라 임권택, 정일성과 함께 만든 〈춘향뎐〉(2000)과 〈취화선〉(2002)은 칸국제영화제에 진출하며 한국영화의 가치를 세계에 알렸습니다. 무엇보다도 한국 영화산업에서 이태원 대표가 남긴 중요한 업적은 이두용, 이장호, 배창호, 장선우, 이명세, 김홍준 같은 새로운 미학을 모색하는 감독들을 지지하고 활발하게 그 영화를 제작함으로써 오늘날 한국영화 발전의 디딤돌을 만들었다는 점입니다.

전주국제영화제에서 한국영상자료원과 공동 주최하는 '충무로 전

설의 명가, 태흥영화사' 회고전에서는 〈세기말〉(1999)을 비롯해 모두
8편의 영화를 상영합니다. 아울러 양 기관이 공동 출판하는 《위대한
유산: 태흥영화 1984~2004》를 통해서는 한국영화사의 중요한 한 축
을 구성하는 태흥영화사에 대한 서술이 펼쳐집니다. 한국영화사를 궁
금해하는 모든 분들이 충무로 태흥영화사라는 역사의 큰 줄기를 알
수 있는 기회가 되기를 바랍니다.

2022년 4월

전주국제영화제 집행위원장 이준동

CONTENTS

서문

고故 이태원 대표를 추모하며

심재명 | 영화제작자

—

부두 노동자, 건설업자, 군납업자, 극장주, 영화수입업자, 배급업자 그리고 영화제작자. 태흥영화사 이태원 대표가 평양에서 남하하여 이 땅에서 가진 직업들이다. 그 세대의 많은 이들이 그러했듯이 그는 한국전쟁과 분단, 4·19와 5·16, 독재정권과 5공, 6공을 거쳐 민주 정부가 들어서기까지의 시간을 보낸 사람답게 격동의 삶을 살았다. 임권택 감독의 〈하류인생〉(2004)의 주인공 태웅의 이야기는 이태원 대표의 인생을 모티브 삼아 만든 것이니 한 개인의 삶이 영화의 이야기로 쓰일 만큼 그의 삶은 드라마틱했다. 〈하류인생〉 제작 당시 그는 인터뷰에서 자신의 과거에 대해 이렇게 말했다. "거기에 의리 없어. 그거 사기야. 영화가 미화시키는 거지. 건달이 더러 약한 놈 편들잖아. 아냐, 약한 놈 편들지 않고 돈 주는 놈 편들어." 그는 돈을 좇다가 영화 인생을 시작했고, 그가 만든 영화들은 한국영화계의 부흥과 성장을 이끌어 냈으며, 결국 그의 인생에서 가장 중요하게 평가되는 태흥영화사의 대표, '영화제작자'로 살다가 2021년 10월 24일, 생을 마감했다.

1974년 영화배급업으로 영화와 인연을 맺은 이태원은 1983년 태창영화사를 인수, 태흥영화사로 이름을 바꿔 2004년까지 모두 36편의 영화를 만들었다. 영화법으로 단 20개의 영화사만 설립을 허가하고, 1년에 한국영화를 4편 만들어야 외국영화 수입권을 주었던 엄혹한 시대에 영화사를 인수한 그가 처음 제작에 나선 영화가 임권택 감독의 〈비구니〉(1984)였다. 당시 돈이 되는 외화를 수입하기 위해 건성으로 한국영화를 만들던 관행에서 벗어나 야심 찬 시도로 출발했던 〈비구니〉는 당시 평균 제작비를 훨씬 상회하는 제작비를 들여 촬영 중이었다. 그러나 당시 불교계 탄압에 앞장섰던 정부가 반정부 시위로 번질 것을 염려해 제작 중단을 종용하고, 불교계도 영화 내용을 문제 삼아 반발하면서 끝내 제작이 무산되는 초유의 사태를 맞았다. 그는 정부와 종교계가 주도한 창작과 표현의 자유 훼손에 분노했으나, 불교계가 법원에 낸 영화제작금지 가처분신청 4차 공판 현장에서 시위를 벌이던 비구니들을 내리찍는 공권력의 곤봉질도 목도해야 했다. 이후 불온소설로 찍힌 동명의 소설을 영화화한 〈태백산맥〉(1994)을 제작할 당시에는 보수단체 총재가 전화를 걸어 4,50명이 쳐들어가 극장을 폭파할 거라고 겁박했으나 "50명이 아니라 500명이라도 보내라"고 응수한 그의 맷집은 실로 대단한 것이었다.

태흥영화사의 이름을 달고 나온 첫 영화는 이장호 감독의 〈무릎과 무릎사이〉(1984)였다. 전두환 정권의 '3S 정책'에 호응이라도 하듯 이

011

고故 이태원 대표를 추모하며

영화는 공전의 히트를 쳤고, 이어서 이두용 감독의 〈뽕〉(1986)도 흥행에 성공했다. 상업적인 소재에 평균 제작비 이상의 돈을 들여 완성도를 높인 것이 주효했다. 당시 대학생이었던 나는 영화에 대한 호기심과 주머니 사정으로 주로 개봉 첫날 조조할인 티켓을 끊어 이 영화들을 보았다. '성애영화'로 분류된 영화들을 토요일 아침부터 보는 것이 그다지 부끄럽지 않았던 이유는 영화의 기름진 완성도에 있었다.

이장호 감독과 두 편, 이두용 감독과 네 편의 영화를 만든 이태원의 영화 인생에서 가장 중요하고 오래 함께한 사람은 우리가 다 알 듯이 임권택 감독이다. 1981년도 영화 〈만다라〉를 보고 그와의 작업을 결심했다는 이태원 대표는 〈비구니〉 사태를 거쳐 1989년 〈아제아제 바라아제〉를 시작으로 임권택 감독과 모두 11편의 영화를 만들었다. 이 영화들은 90년대 한국영화의 뜨거운 장을 열어젖혔다. 〈장군의 아들〉 시리즈(1990~1992)는 한국형 액션영화의 오락적 쾌감을 선물했고, 〈서편제〉(1993)는 한국영화 최초로 100만 관객을 동원하며 사회적 신드롬을 일으켰다. 〈춘향뎐〉(2000)은 한국영화로는 처음으로 칸국제영화제(이하 '칸영화제') 경쟁부문에 진출했다. 이어서 〈취화선〉(2002)은 같은 영화제에서 감독상을 수상했다. 갑자기 혜성처럼 등장해 파란을 일으킨 젊은 사람들이 아닌, 수십 년간 성실하게 영화를 만들어 온 '장인'들이 일궈 낸 역사적 기록이라는 면에서 그 의미가 각별했다. 신출내기 영화인으로서 〈장군의 아들〉 개봉 첫날 미어터지는 인파 사이에 끼어 영화를 보고 나왔을 때의 흥분, 〈서편제〉가 단성사 단관에서 196일 상영이라는 전무후무한 기록을 남기며 햇빛과 비바람에 바랜 간판을 두 번이나 갈아 끼우는 풍경을 봤던 기억은 지금도 생생하다. 내가 속한 한국영화계가 새삼 벅찬 전조를 보여 주는 것 같아 설렜다. 당시 수차 례 언론의 주목을 받았던 그는 이렇게 말했다. "임 감독이 하고 싶은 영화는 그의 자존심이 들어 있는 영화일 것이다. 나는 최대한 그를 도 와준다. 그리고 나는 그가 있기에 대접을 받는 것 아닌가. 만일 그가 아니었다면 나의 존재도 이 사회에서 지금보다 의미가 덜했을 것이 다." 제작자와 감독이라는 영화 동지의 관계를 그는 겸손하게 표현했 다. 그는 당시 극장을 가지고 있고 수입과 배급을 겸하며 제작과 투자 결정부터 일사불란하게 판단하고 실행했던 거물의 위치였지만, 영화 는 감독의 것이라는 생각이 확고했다.

이태원 대표는 80년대 대표 감독인 배창호 감독의 아홉 번째 영화 〈기쁜 우리 젊은 날〉(1987)을 비롯해 〈미미와 철수의 청춘스케치〉(1987), 〈개그맨〉(1989), 〈장미빛 인생〉(1994), 〈미지왕〉(1996) 같은 신인 감독들의 젊은 감각이 돋보이는 영화들도 연이어 만들었다. 1987년 영화인 〈기 쁜 우리 젊은 날〉은 이전 한국영화와 전혀 다른 감수성의 멜로드라마 였다. 유영길 촬영감독의 유려한 카메라에 담긴 수줍은 한 남자의 순 애보가 아름다웠다. 훗날 '영화에는 자극적인 성애 장면이 있어야 흥 행한다'는 자신의 선입견을 보기 좋게 깬 영화라고 말했던 이태원 대 표였지만, 그의 결심이 없었다면 〈기쁜 우리 젊은 날〉도 없었을 것이 다. 장선우, 김유진, 이명세, 김홍준, 송능한 감독의 영화들이 그의 직 관과 결단으로 탄생했고, 80-90년대 한국영화의 위상 정립에 공을 세 웠다. 이규형 감독의 〈미미와 철수의 청춘스케치〉는 새로운 청춘영화 의 화법을, 이명세 감독의 데뷔작 〈개그맨〉은 개성 넘치는 영화적 실 험을, 김홍준 감독의 〈장미빛 인생〉은 신인답지 않은 묵직한 서사를,

장선우 감독의 〈경마장 가는 길〉(1991)은 지식인의 세련된 유희와 감성을 보여 주었다. 그토록 다채로운 영화들이 모두 태흥영화사의 80-90년대의 시간 안에서 탄생했다. 많으면 한 해에 세 편, 적어도 매해 한 편씩 영화를 내놓았던 패기와 모험 정신은 그의 승부사적 기질과 맞물려 당시 충무로라 불리던 시절의 한국영화계를 견인했다.

90년대 초반 한국영화의 시장점유율이 15퍼센트 언저리를 오갈 때 영화인들은 스크린쿼터 감시단을 조직했다. 1994년 후배 제작자들을 모아 만든 '한국영화제작가협회'는 스크린쿼터 사수를 목적으로 활동했다. 후배들의 추대에 초대 회장직을 맡았던 그는 제작자의 역할과 영향력을 증명하며 젊은 영화인들 편에 섰다. '스크린쿼터 사수 범영화인 비대위 공동위원장'을 맡아 한국영화라는 문화주권을 지키려는 영화인의 모범을 보여 주었다. 1998년 여름, 서울 남산 감독협회 시사실에서 열린 기자회견에서 회견문을 읽다가 흘린 그의 눈물은 그 자리에 있던 사람들을 숙연하게 만들었다. 그의 또 다른 눈물은 2000년 칸영화제가 열린 뤼미에르 대극장에서 목격할 수 있었다. 〈춘향뎐〉의 첫 공식상영을 마치고 관객들의 박수 속에 임권택 감독, 정일성 촬영감독과 부둥켜안고 눈물을 흘리는 그의 모습은 이태원이라는 영화제작자가 밟아 온 영화 인생의 한 순간을 확인할 수 있었던 귀한 순간이었다.

2004년 〈하류인생〉 제작을 끝으로 두문불출한 그는 66세의 나이에 영화제작에서 손을 뗐다. 영화산업의 지형이 바뀌고 젊은 세대들이 치고 올라오는 세상에서 영화제작업을 유지하는 것에 미련을 버렸는지도 모른다. 10년이 흐른 2014년 제1회 영화제작가협회상에서 공로상을 수상하고, 다음 해 작품상 시상을 위해 무대에 오른 것을 끝으로 더는 영화계 공식행사에 모습을 드러내지 않았다. 언제 어디서든 많은 이들을 이끌고 다니며 주목을 받았던 그의 유머 감각과 파안대소를 후배 영화인들은 더 이상 볼 수 없었다. "사랑하는 사람을 만난 것처럼 천국과 지옥을 동시에 맛보는 것이 영화"라며 "연애야. 설레고 떨리는 마음으로 하루하루가 새롭지"라고 했던 그가 영화와 절연하고 두문불출했던 15년의 시간은 그래서 아쉽다. 그리고 "사무실에 앉아 있으면 궁금증이 나서 견딜 수 없어" 매번 촬영 현장에 나가 있었던 그는 2020년 사고 후 1년여의 병원 생활 끝에 유언도 없이 눈을 감았다고 한다.

2012년 생전 마지막 인터뷰에서 "이제 나의 시대는 지나갔다. 다시 영화를 제작할 생각은 없다. 자기가 좋아서 죽기 살기로 하는 놈이 이기는 거다. 진심을 다해, 거짓 없이 영화를 만들어야 한다"고 한 말은 영화에 대한 그의 평생의 생각이자, 너무 빠르게 도착한 유언이었는지 모르겠다.

새 영화를 개봉하면 보통 아침 6시부터 극장 주변을 어슬렁거렸다는 그의 마음을 조금은 알 것 같은 까마득한 후배 제작자로서, 탁월한 흥행사이자 동물적 직관의 사업가였으며 무엇보다 영화를 사랑했던, 이제는 한국영화계의 전설이 된 이태원 대표의 명복을 빈다.

part 1

태흥영화사가
걸 어 온   길

충무로
제작 명가
태흥영화사
약사 略史

김형석
영화저널리스트

▬ 탁류와 격랑 속에서

태흥영화사를 만들었고 대한민국을 대표하는 수많은 영화를 제작했던 이태원 대표가 세상을 떠났다. 그의 삶은, 그리고 '태흥'이라는 브랜드는 1980년대부터 2000년대에 이르기까지 20년 동안 한국영화의 자존심이었다. 그 세월을 그와 함께 했던 임권택 감독은 자신의 99번째 영화인 〈하류인생〉(2004)에 이태원 대표의 삶을 담았는데, 주인공 최태웅(조승우)처럼 이태원은 거칠고 험난한 탁류의 세월을 헤쳐 왔다. 극장 경영에서 시작해 배급업을 거쳐 1984년에 '태흥영화사'를 만들었지만, 그가 '영화인'으로서 견뎌야 할 세월은 만만치 않았다.

쿠데타로 정권을 잡은 군부 세력은 통치 수단으로 3S(섹스, 스크린, 스포츠) 정책을 시행했고, 1970년대부터 하강기에 접어든 한국영화는 좀처럼 수렁에서 헤어나지 못했다. 1980년대 말엔 할리우드 직배가 시작되었고, 1990년대 말부터는 스크린쿼터 수호 투쟁의 바람이 거세게 불었다. 충무로 자체도 격변했다. 1980년대에 제작자유화에 접어들었고 1990년대엔 이른바 '기획영화'의 시대가 열렸다. 기업과 금융자본이 빠른 속도로 토착자본을 대체했고, 멀티플렉스가 급속히 확장되었다. 2000년대 초엔 '한국영화 르네상스'라 부를 만한 국면이 펼쳐졌다.

이 세월을 오롯이 버틴 한국의 영화제작사는 태흥영화사가 유일했다. 1985년 7월, 영화제작이 허가제에서 등록제로 바뀌는 제작자유화가 이루어졌다. 그전엔 20개 정도의 영화사가 충무로의 영화제작과 외화 수입을 독점했다. 태흥영화사는 바로 이 구체제에서 시작해 21세기까지 이어진 제작사이다. 물론 동아수출공사(대표 이우석)와 화천공사(대표 박종찬) 등도 1985년 이후 꾸준히 라인업을 이어 간 뚝심의 영화사이지만, 그들의 필모그래피는 1990년대에 서서히 사그라진다. 반면 태흥영화사와 제작자 이태원은 2004년 〈하류인생〉까지 왕성한 활동을 이어 갔다. 특히 1990년대 태흥영화사가 보여 준 퍼포먼스는 대단했다. 〈장군의 아들〉(임권택, 1990)은 67만 8,946명(서울 관객 기준)으로 〈겨울 여자〉(김호선, 1977)가 세운 58만 5,775명을 13년 만에 넘어섰다. 그리고 3년 후 선보인 〈서편제〉(임권택, 1993)는 한국영화 최초로 서울 관객 100만 명을 넘어선다(103만 5,741명). 〈경마장 가는 길〉(장선우, 1991) 같은 문제작부터 〈참견은 노~ 사랑은 오예~〉(김유진, 1993) 같은 가족영화까지, 임권택 같은 거장 감독부터 〈미지왕〉(1996)의 김용태 같은 파격적인 신인까지, 태흥영화사는 모두 품을 수 있었다.

21세기의 태흥영화사는 이태원(제작)-정일성(촬영)-임권택(연출), 세 노장의 시간이었다. 고전을 판소리 뮤지컬 방식으로 만들어 낸 〈춘향뎐〉(임권택, 2000)은 한국영화 최초로 칸국제영화제(이하 '칸영화제') 경쟁부문에 초청받았다. 2년 후엔 〈취화선〉(임권택, 2002)이 칸영화제에서 감독상을 수상했다. 이른바 'K-무비'의 틀이 이때부터 본격적으로 다져진 셈이다. 그리고 임권택 감독은 자신과 20년을 함께한 제작자에 대한 헌사처럼 2004년 〈하류인생〉을 연출했다. 이후 이태원 대표의 두 아들(이효승, 이지승)이 영화제작과 연출로 가업을 잇고 있지만, 그리고 이효승이 제작한 다큐멘터리 〈우리는 썰매를 탄다〉(김경만, 2018)가 태흥영화사 작품으로 기록되었지만, 우리가 기억하는 '태흥'은 제작자 이태원이 현장을 지켰던 20여 년(1984~2004)에 존재한다. 이처럼 태흥영화사에 대한 이야기는 곧 이태원이라는 인물로 수렴될 수밖에 없으며,

그가 지녔던 기질은 태흥영화사의 필모그래피에도 오롯이 반영된다. 그렇다면 제작자 이태원은 어떤 삶을 살았고, 어떤 과정을 거쳐 영화계에 뛰어들게 된 것일까? 먼저 그의 인생을 알아보자.

제작자 이태원의 삶

해방과
전쟁

이태원의 삶은 〈국제시장〉(윤제균, 2014) 같은 영화 스토리로 만들어질 법한, 전쟁을 겪은 세대의 전형적인 시간이었다. 1936년 평안남도 평양에서 태어난 그의 가정은 매우 유복했다. 대대로 지주 집안이었고, 아버지는 일본 주오대(中央大) 경제학과 출신의 인텔리였다. 양조장과 정미소와 양말 공장을 경영하고 운수업도 하고 있었는데, 조금 과장하면 당시 평양 서천 지역에서 그의 집안 땅을 밟지 않고서는 다닐 수가 없을 정도였다. '태원泰元'이라는 이름도 집안 사업과 관련 있는데, 아버지가 노다지를 발견했을 때 그 광산 이름이 '평원 광산'으로, 돌림자 '태'에 광산 이름의 '원'을 붙여 아들 이름을 지었다고 한다. 그가 기억하는 아버지는 말수가 적고 정직하며 아량을 베풀 줄 아는 사람이었다. "나는 아버지가 거짓으로 둘러대거나 누구 앞에서 비굴하게 구는 걸 본 적이 없다. 잘못했으면 자식에게도 사과할 줄 아는 관대한 분이기도 했다."(이태원, 2005)

가족관계는 다소 복잡했다. 아버지는 두 명의 부인과 사별한 후 두

사진 1 왼쪽부터 이태걸(형), 이태일(형), 이태원 대표.

명의 아내를 잇달아 맞아들였고, 이태원은 두 번째 아내의 네 아들 중 막내였다. 대가족에서 성장했지만 그는 소외된 위치였고, 생모는 열한 살 된 막내아들을 두고 집을 떠났다. 이러한 유년기는 이후 사회생활에도 적잖은 영향을 미쳤다. "내가 사람들을 좋아하는 건 아마도 어릴 때의 환경과 관련 있는 듯하다. 14남매[1]의 막내로 자라난 나는 어려서 외로움을 많이 탔다. 아버지, 어머니 사랑을 별로 못 받아서 그런 게 아닌가 싶다. 나는 아직도 혼자 있는 데 익숙하지 않아 사람들이 북적대는 것을 좋아한다. 밥을 혼자 먹어 본 적이 일생에 몇 번 없다. 누구라도 찾아서 같이 먹어야지, 혼자 먹으라면 차라리 굶는 쪽을 택한다. 그리고 보면 사람을 많이 만나는 영화제작자라는 직업이 내 성격과 잘 맞는 셈이다."[이기혁, 1995]

그가 열 살 되던 1945년에 해방이 되었고, 집안은 평양에서 서울로 이주한다. 공산 정권이 들어서면 지주 집안은 살아남기 힘들다는 판단

---

1   이 부분은 자료마다 약간씩 차이가 있다. 《중앙일보》에 연재한 회고록에 의하면 13남매이며, 《신동아》 1992년 2월호에 실린 이상락의 인터뷰 기사에 의하면 12남매이다.

이었다. 터를 잡은 곳은 갈월동이었고, 아버지는 두 채의 집을 구했다. 본가와 별가 같은 개념이었고, 두 번째 아내였던 이태원의 어머니는 자신이 낳은 자식들과 함께 살았다. 그리고 그가 열한 살이던 1946년, 어머니가 집을 떠나게 되었는데 아버지는 어린 막내아들에게 선택권을 주었다. 그는 어머니를 따라 나가지 않고 아버지 곁에 머물렀다.[2] 이후 그는 아버지의 첫 번째 부인인 '큰어머니'와 함께 살게 된다.

중학교 2학년 때 경험한 전쟁은 그에게 충격적인 광경이었다. 공습경보가 울릴 때마다 지하실에 숨으며 버텼지만 서울은 폐허가 되었고, 결국 피란길에 오를 수밖에 없었다. 가족들은 부산으로 내려갔지만, 사춘기에 접어든 소년의 생각은 달랐다. 배다른 형제들 틈에서 눈칫밥을 먹기보다는 자신의 길을 개척하고 싶었다. 그는 평양의 작은 이모 집으로 갈 계획을 세웠고, 군무원이던 큰형이 모는 지프에 탔다. 그러다 1·4 후퇴 때 다시 서울로 내려왔고, 이후 가족이 있는 부산으로 간다. 좁은 여관방에 10여 명의 가족이 살아야 했던 피란 시절, 그는 결국 16세 때 집을 나와 이곳저곳을 전전하다가 부둣가에서 미군 부대로 오는 물품 하역 작업을 한 것이 계기가 되어 국제시장 노점상이 된다. 부대에서 흘러나온 양말, 군복 등을 궤짝에 올려놓고 팔았는데, 의외로 수익이 짭짤하여 끼니와 방세를 해결할 수 있게 되었다. 그의 인생에서 처음으로 '돈맛'을 알았던 때였을 것이다.

그런데 우연히 시장 바닥에서 만난 큰형이 동생이 장사 대신 공부

---

2   생모는 1980년대 초에 재회하여 여생을 함께 모시고 살았다.

를 하도록 학교에 보냈다. 부산의 중앙중학교에 다니던 이태원은 고등학생이 된 1952년에 대구로 떠나, 이후 이준상이라는 죽마고우와 함께 서울로 올라간다. 아직 전쟁 중이었지만 서울은 그들에게 기회의 땅이었다. 고등학교 입학을 뒤로 미룬 두 소년은 의정부, 동두천, 포천, 문산 등 경기 지역 5일장을 전전하며 잡화를 파는 장돌뱅이가 되었다. 이때 의정부에서 만난 어느 가게 주인이 서울 도매상에서 미군 PX 물품을 사오면 수고비를 주겠다는 제안을 했다. 그렇게 심부름을 하다가 부탁하는 가게가 늘어나면서 두 사람은 아예 직접 물건을 떼어다 팔기 시작했고, 엄청난 돈을 벌게 된다. 당시 그들이 살던 서울 신설동의 10여 평 되는 집이 한 채에 1만 원 정도 하던 시절이었는데, 6개월 만에 3~4만 원의 돈을 모았다고 한다.

하지만 그들은 장사 대신 학교를 선택한다. 서울에 올라온 목적은 학업이었기 때문이다. 중앙중학교를 다녔던 이태원은 중앙고등학교에 진학하려 했으나, 이미 한 학기가 지났으니 다음 해에 입학하라는 통지를 받는다. 그는 당장 입학할 수 있는 곳을 찾았고, 체육 특기생으로 배재고등학교 축구부에 들어간다. 하지만 학교 방침이 바뀌어, 운동부도 평균 80점이 넘어야 했다. 돈 버느라 학업을 등한시했던 그에겐 청천벽력 같은 일이었다. 이때 동북고등학교에서 입학 제안을 했다. 신생인 동북고는 학교 이름을 알리기 위해 운동부를 육성했고, 학비는 물론 숙식까지 제공하는 혜택을 주었다.[3]

---

3 동북고등학교 축구부 출신으로는 이회택, 홍명보, 김은중, 최원권, 권집, 이상협, 양동현, 손

고등학교를 졸업할 즈음 신흥대학교(현 경희대학교)에서 동북고등학교 축구부 졸업생 전원을 스카우트하겠다는 제안을 했다. 입학금은 면제였지만, 학기 등록금은 내야 하는 조건이었다. 도와줄 그 어떤 사람도 없었던 그는 결국 진학을 포기했다. 그때가 1956년. 전쟁은 끝났지만 여전히 혼란했던 시기였고, 서울은 건달들의 세계였다. 이태원도 거리 생활을 시작했는데, 이때 이화룡[4]의 수하에 있

사진 2 동북고등학교 재학 시절의 이태원 대표.

던 신 상사[5]가 연락을 해 왔다. 명동 조직을 접수하기 위해 젊은 조직원들이 필요했던 것이다. 당시 명동의 이화룡은 동대문의 이정재와 대립하고 있었는데, 1958년 이정재파가 놓은 함정에 걸려 경찰의 검문을 받다가 결정적 증거물인 도끼를 남긴 채 도망친다. 이른바 '충정로 도끼 사건'으로 이후 이화룡파는 모두 구속되었다. 만약 이 일이 없었다면 젊

흥민 등이 있다.

4   이화룡(1914~1984)은 평양 출신으로 한때 명동을 장악한 조직의 보스였지만, 1958년에 은퇴하고 화성영화사(1960~1967)를 설립해 강대진 감독의 〈박서방〉(1960)과 〈마부〉(1961), 정창화 감독의 〈장희빈〉(1961), 이만희 감독의 데뷔작 〈주마등〉(1961) 등을 제작했다. 이후 기독교에 귀의하여 목사가 되었다.

5   신성현(1932~)은 한때 '명동의 황제'로 불리던 인물로, 군대에서 상사로 전역해 '신 상사'라는 별명으로 불렸다. 이화룡의 뒤를 이어 명동을 장악한 그는 1960~70년대 전국 조직을 장악했다. 1990년대에 은퇴했으나, 지금까지도 실존하는 인물 중 조직 세계 최고의 레전드로 불린다.

은 날의 이태원은 좀 더 긴 세월 동안 거리를 떠돌았을지 모른다.

처음 경험한
영화계

그는 악착같은 생활인이 된다. 초등학교 교사인 이한숙 씨와 1959년
에 결혼하여 연년생으로 딸과 아들이 태어났기 때문이다. 당시 밤낮
없이 일하고 있던 그는 권 사장이라는 사람의 눈에 든다. 그는 이태원
에게 "눈이 살아 있어서 잘할 것 같다"며, 자신이 돈을 대줄 테니 영화
제작을 한번 해 보라고 권했다. 확보한 자금은 1천만 원. 당시엔 영화
한 편 만들기에 큰 부족함이 없는 돈이었다.

그렇게 만든 영화가 바로 〈유정천리〉(남홍일, 1959)였다. 죽림영화사의
이름을 빌려 대명代名 제작을 한 이 작품은 김진규, 박암, 이민자, 이경
희 등의 스타가 출연한 신파 멜로로, 1959년 9월 추석 시즌에 스카라
극장에서 개봉할 예정이었다. 하지만 돌발 상황이 발생했다. 당시 이
승만 정권의 비호를 받던 임화수의 한국연예주식회사에서 제작한 〈여
인숙〉(김화랑, 1959)이 치고 들어온 것이다. 결국 〈유정천리〉는 개봉이 밀
려 10월 3일 수도극장에서 개봉되었다. 흥행에 실패했고, 설상가상으
로 극장 수익을 지인이 가로채는 일마저 일어났다. 제작자 이태원의
첫 시도는 무참히 실패로 돌아간 셈이다.

이태원은 이제 영화가 아닌 악극 공연을 선택한다. 처가 쪽에서 돈
을 빌려 서울-대전-광주-여수-목포-순천 코스로 공연 계획을 짜고

서영춘, 배삼룡, 백금녀 등 당대 최고의 코미디언을 섭외했다. 하지만 실패로 끝났고, 영남 지역에서 시도한 2차 공연 역시 실패였다. 영화와 악극단 공연의 연이은 실패 이후 그는 한동안 엔터테인먼트 관련 사업에는 완전히 관심을 끊었다. 고등학교를 졸업하고 거리에서 인생을 배우며 먹고살기 위해 발버둥 치던 시절. 이 시기를 이태원은 이렇게 회고한다. "나 길바닥에 있었어. 길바닥에서 많이 잤고. 그땐 아무도 내게 관심 없었어. 밥 주는 놈, 돈 주는 놈 없고. 세상이 다 부정적으로 보였고. 다 밉고. 죽이고 싶고. 덤벼라, 이거였지. 아직도 그런 애들 많아. 그들을 누가 나무라나. 굶는데 도둑질 안 하는 게 병신이지. 지가 죽는데. 어쩌다가 결혼은 빨리 해서 애도 있어. 어떻게 해. 막가파로 살 수밖에 없었던 시대야."(임범, 2004)

태흥상공에서
태흥영화사로

1961년 뒤늦게 해병대 자원입대로 군복무를 마친[6] 이태원은 제대 후 군납 관련 일을 시작한다. 당시는 남한 경제가 미국의 지원으로 돌아가던

---

6   1950년대엔 가짜 제대증을 가진 병역 기피자가 많았고 이태원도 그중 하나였다. 하지만 1961년 쿠데타로 군사정권이 들어서며 대대적인 색출 작업이 시작되었고, 이태원은 자원입대를 선택한다. 재미있는 건 실패한 악극단 경험 덕분에 해병대 연예대에 배치되었다는 것. 코미디언 임희춘을 비롯해 가수 최희준, 남백송, 도미, 방태원 등과 함께 군 생활을 했다.(이태원, 2005)

사진 3 1968년 태흥상공 대표이사 시절의
이태원 대표.

시절이었다. 1964년부터 태흥상
공이라는 회사를 인수해 운영하
기 시작했는데 서른 살도 안 된 나
이였다. 첫해 수주액은 3,700달러.
하지만 회사는 6~7년 만에 수십
만 달러의 매출을 기록한다. 사
업가로 승승장구하던 시절이었
다. 수주를 따내는 과정에서 권
력의 암투가 횡행했지만, 그는
특유의 '깡'으로 부딪치며 돈을
벌었다. "나는 그냥 아무것도 모
르고 살아온 사람이야. 누가 나한테 꿈이 뭐냐고 물으면 돈 버는 거야.
그것밖에 비전이 없었던 사람이야."^[임범, 2004]

하지만 이때 우연처럼 혹은 운명처럼 영화가 다시 그에게 다가온다.
배재고등학교에 다니던 시절 자신에게 호의를 베풀었던 최대식이라는
친구가 부도 위기에 몰려 도움을 요청한 것이다. 이태원은 친구가 소유
했던 의정부 중심가의 상가 건물을 인수했는데, 그곳 2층에 중앙극장
이 있었다. 당시 의정부엔 중앙극장 외에 평화극장, 문화극장, 시민회관
등이 있었는데, 이상하게도 가장 위치와 시설이 좋은 중앙극장의 흥행
력이 가장 떨어졌다. 그는 이때부터 영화산업의 구조를 조금씩 파악하
기 시작한다. 그 첫 개념은 '배급'이었다. 중앙극장은 다른 극장들이 상
영한 영화를 이어받아 틀었는데, 이것은 배급에서 밀렸기 때문이다.

1974년 당시 전국은 서울, 부산, 경상, 전라, 충청, 경강(경기 강원) 등

6개 권역으로 배급이 분할되어 있었는데, 각 지역을 관할하는 배급업자가 영화를 주지 않으면 상영을 할 수 없었다. 극장업에 뛰어든 이태원은 특유의 승부사 기질을 발휘했다. 당시 한국의 영화제작사는 20개 정도였는데, 그들을 만나 1년치 작품을 모두 한꺼번에 사겠다고 제안했다. 현찰로 시세보다 20퍼센트 정도 더 값을 쳐주고, 그렇게 경강 지역 배급권을 확보했다. 여기에 서울과 동시 개봉하는 전략이 주효했다. 서울 관객들이 의정부로 몰려왔다. 관람료가 절반이었기 때문이다. 회사 이름은 육림영화사. 춘천의 육림극장을 운영하던 정영순과 함께 설립했다. 〈유정천리〉로 흥행의 쓴맛을 본 지 15년 만에 영화계로 귀환한 것이다.

정치권의 비위를 맞추고 뒷돈을 건네지 않으면 일을 따낼 수 없었던 태흥상공의 10년은, 이태원에게 부를 가져다주긴 했지만 그다지 행복한 시간은 아니었다. 그런데 우연히 발을 들여놓은 극장업과 배급업은 군납 관련 사업 못지않은 수익성이 있었다. 운도 따랐다. 그가 영화를 확보하던 시기는 바닥세였던 것이다. 게다가 배급업은 1년 내내 일이 있다는 점도 마음에 들었다. 1978년엔 전국극장연합회 회장 자리에 올랐으니, 업계에선 꽤 성공한 셈이다.

그에겐 새로운 꿈이 생겼다. 영화제작으로 성공을 거두는 것이었다. 당시 한국영화를 만든다는 건 비루한 일이었다. 20개 정도 되는 제작사는 외화 수입쿼터를 따내기 위해 한국영화를 만들었다. 외국영화 수입이 제한되어 있던 시절, 한국영화 4편을 만들면 1개의 쿼터를 주었고, 그렇게 들여온 외국영화는 흥행보증수표였다. 제작과 수입을 극도로 통제하는 폐쇄적 구조는 수많은 문제점을 낳았고, 그 결과 한국영화의 퀄리티는 점점 하향곡선을 그리고 있었다. 그러한 시기에 이태원은 제작에 도전했고, 1983년 12월에 태창영화사[7]를 8억 원에 인수했다. 영화사 대표인 김태수가 국회의원이 되면서 내놓은 회사였고, 그렇게 태흥영화사가 탄생했다. 이태원은 인수 10년 만에 극장-배급-제작을 아우르는 충무로의 파워맨으로 부상했다.

━ 태흥영화사 20년

미완성 창립작
〈비구니〉

결과적으로는 태흥영화사의 '미완성 창립작'이 된 〈비구니〉는 원래 배우 김지미가 기획한 작품이었다. 임권택 감독이 메가폰을 잡기로 되어 있었는데, 제작 일정이 자꾸 미뤄지자 임 감독이 이태원 사장에게 제작을 권했고, 이 사장은 기획 비용을 지불한 후 〈비구니〉 프로젝트를 가져왔다. 송길한 작가가 시나리오를 쓴 〈비구니〉는 기생이었던 주

---

7 태창영화사(대표 김태수)는 1966년 설립되어 1983년까지 100여 편의 한국영화를 만든 제작사다. 김수용 감독의 〈산불〉(1967), 〈까치소리〉(1967), 이성구 감독의 〈젊은 느티나무〉(1968), 〈장군의 수염〉(1968), 〈지하실의 7인〉(1969), 이만희 감독의 〈암살자〉(1968), 〈0시〉(1972), 김효천 감독의 〈팔도 사나이〉(1969), 최하원 감독의 〈무녀도〉(1972) 등을 제작했으며 1975년엔 김호선 감독의 〈영자의 전성시대〉로 신드롬을 일으켰다. 태흥영화사의 필모그래피에 있는 〈사대소림사〉(박우상, 1984), 〈새댁 나팔을 불기 시작했다〉(김수형, 1984), 〈울지 않는 호랑이〉(이혁수, 1984), 〈그 어둠에 사랑이〉(김주희, 1985) 등은 태창영화사 시기에 기획되었다가 인수로 이월된 작품이기에 실질적으로 태흥영화사 작품이라고 보기 힘들다.

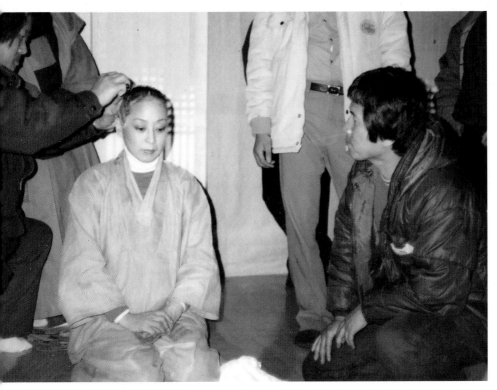

사진 4 배우 김지미(왼쪽)가 〈비구니〉를 위해 삭발하는 모습과 임권택 감독(오른쪽).

인공이 불교에 귀의해 해탈하는 여승의 이야기였다. 촬영은 한국전쟁
을 재현한 대규모 신부터 시작되었고, 이미 2억 원의 제작비가 들어간
상황이었다(당시 한국영화 평균 제작비는 7,000~8,000만 원 수준이었다). 그런
데 불교계에서 제작 중단을 요구했다. "종단을 욕되게 만드는 영화"라
는 것이었다. 비구니 1,200여 명이 모여 혈서를 쓰고, 조계종에선 단식
투쟁이 이어졌다. 급기야 정부에서 개입했고, 영화제작을 중단하면 그

동안 들어간 제작비를 보상해 주겠다고 했다.

　표면적으로 보면 영화계와 종교계의 대립처럼 보였지만 〈비구니〉 사태'는 사실 정치적 사건이었다. 쿠데타로 집권한 신군부는 전국의 사찰을 습격해 군화발로 짓밟았는데(1980년 10·27 법란) 이후 정부에 대한 불교계의 불신과 불만이 〈비구니〉로 터져 나온 것이다. 제작 중단을 선언했지만 정부는 피해보상을 하지 않았고, 2억 원은 그대로 태흥영화사의 손실이 되었다. 충무로에선 "태흥영화사가 곧 망할 것"이라는 소문이 돌았다. 하지만 '이태원의 태흥'은 건재했고, 이태원 대표는 "떡 한번 크게 해 먹은 셈 치"[손봉석, 2002]자며 다음 작품을 준비했다.

　〈비구니〉 프로젝트를 제안했던 임권택 감독은 당시 상황을 이렇게 회고한다. "돈이 굉장히 많이 지불됐는데 그 영화를 할 수 없이 덮었으니, 나는 이태원 사장이 어떻게 뒤를 수습하는가 관심이 있을 거 아니오. 다른 사람들 같으면 못 한 거니까 돈 내놓으라고 할 텐데, 그런 소리도 일체 없고 그거를 그렇게 편안하게 해결해 나가는 걸 보면서 나는 늘 미안한 거지. 나 때문에 그렇게 된 것 아니오. 내가 이런 걸 하자고 했으니까."[정성일, 2003] 두 사람은 다시 만나 6년 후에 〈아제아제 바라아제〉(임권택, 1989)를 만들게 된다.

1980년대,
명감독들의 집합소

제작자 이태원에겐 오랜 철학이 있었다. 이른바 '선주론船主論'이다. 작품에 들어갈 때 시나리오 검토하고 캐스팅에 조금 의견을 내는 것 외엔 제작에 일절 간섭하지 않는 것이다. "영화를 만드는 것은 선장인 감독의 몫이다. 제작자인 나는 선주로서 운항에 차질이 없도록 물심양면으로 지원을 아끼지 않으면 된다."_[정순민, 2002] 즉, 태흥영화사에서 영화를 만들 때 그 중심은 오로지 감독이며, 특히 1980년대 태흥의 필모그래피에선 '감독 중심주의'를 뚜렷이 느낄 수 있다.

비록 〈비구니〉로 큰돈을 손해 보긴 했지만, 태흥영화사는 높은 흥행 타율을 기록하며 승승장구했다. 이장호, 이두용, 배창호, 곽지균, 임권택 등 당대의 이름 있는 감독들과 함께한 결과였다. 특히 이장호 감독의 〈무릎과 무릎사이〉(1984)와 〈어우동〉(1985)은 큰 흥행을 기록했는데,

사진 5 태흥영화사의 실질적 창립작 〈무릎과 무릎사이〉.

이 부분에 대해 이태원 대표는 "정부가 도와준 것"이라고 했다. 높은 에로티시즘 수위에도 불구하고 극장에 걸릴 수 있었기 때문이다. "당시로서는 (중략) 하늘이 두 쪽 나도 공윤 심의를 통과할 수 없는 상황이었거든요. 〈비구니〉 건으로 손해를 끼친 빚이 (정부에게) 있기 때문에 봐준 거지요."[이상락, 1999] 이두용 감독의 〈돌아이〉(1985)와 〈뽕〉(1986)도 이 시기의 흥행작인데, 태흥영화사의 초기 필모그래피는 당대의 트렌드였던 에로티시즘과 장르적 시도(액션) 등 상업적 성격이 강했다.

그런 의미에서 〈장남〉(이두용, 1984) 같은 영화는 이례적이다. 이두용 감독의 개인사가 강하게 반영된 작가영화이자 사적 영화로, 당시 상업영화권에선 좀처럼 제작되기 힘든 노인 문제를 다루었다. 당시 이

사진 6   영화 〈장남〉의 한 장면. 당시 상업영화계에서는 좀처럼 제작되기 힘들었던 소재인 노인 문제를 다뤘다.

태원 사장은 "영화 한번 같이 하자"고 이두용 감독에게 러브콜을 보낸 상태였는데, "내가 하고 싶은 걸 해도 되느냐"는 감독의 요구에 흔쾌히 수락한 결과가 바로 〈장남〉이었다. 이태원 사장은 "이 감독, (중략) 왜 남의 돈으로 자기 얘기를 하고 그래?"라며 농담을 하곤 했다는데, 〈장남〉은 작품성을 인정받았지만 흥행에 실패했다. 하지만 이후 이두용 감독은 태흥영화사에서 〈돌아이〉와 〈뽕〉이라는 흥행작을 만든다.

이처럼 태흥은 일회성이 아닌 신뢰 관계를 통해 감독과 함께 작업했다. 그리고 흥행 감독이 되더라도 감독들을 돈벌이 수단으로만 여기지 않았다. 이장호 감독은 자신의 프로덕션인 판영화사를 설립한 후 창립 작으로 〈이장호의 외인구단〉(1986)을 제작하는데, 원작 만화의 판권은 태흥영화사에 있었다. 이때 이장호 감독은 원작 판권을 갖고 독립하고 싶다는 의사를 전했고, 이태원은 흔쾌히 수락했다. 이두용 감독이 두성필름을 만들 때에도 〈뽕〉의 판권을 가지고 나갈 수 있었다.

〈기쁜 우리 젊은 날〉(배창호, 1987)은 태흥의 새로운 시도였다. 사실 이태원 대표는 "배 감독, 연애하는 영화인데 포옹하는 장면 하나 없네"라며 이 영화가 흥행에 실패할 거라고 예상했다. 하지만 개봉 후 젊은 관객들의 뜨거운 반응을 본 후 "내가 영화의 새로운 면을 발견했어"라며 감독의 작품 세계를 흔쾌히 인정했다. 배창호 감독은 이태원을 이렇게 회고했다. "제작자로서 그런 말을 하기 쉽지 않은데 그만큼 솔직하신 분이었다. 〈꿈〉(1990)을 연출했을 때는 관객이 많이 들지 않아 손해가 컸다. 죄송하다고 말씀드리니 일언지하에 '작품이 좋았으면 됐지, 뭐' 하셨다. 감독들이 자기 목소리를 낼 수 있게끔 신뢰하고 지원해 주신, 참 낭만적인 시대의 제작자였다."[배창호, 2021]

임권택 감독과 배창호 감독의 연출부 출신인 곽지균 감독의 작품도 태흥의 스펙트럼을 넓혔다. 〈두 여자의 집〉(1987)과 〈그후로도 오랫동안〉(1989)은 당시로선 드물게 여성 중심의 심리 멜로드라마였고, 이후 1990년대에도 〈젊은 날의 초상〉(1990)과 〈이혼하지 않은 여자〉(1992)까지 그만의 작가 세계를 태흥이라는 둥지 안에서 펼칠 수 있었다.

태흥영화사가 감독만 중시한 건 아니었다. 이태원 대표는 '보이는 것'이 영화라는 상품의 토대가 되어야 한다는 걸 일찌감치 깨닫고 있었다. 당시 일반 제작비의 2배 정도를 쓴 〈어우동〉의 정산표를 보면 전체 1억 8,651만 원 중 배우 출연료를 제외하고 가장 많은 돈이 사용된 항목은 소품과 의상 관련 비용(2,500만 원)이다. 충무로 사극의 엉터리 고증을 극복하려는 시도였으며, 그 결과 〈어우동〉의 패션은 장안의 화제가 되었다. 〈장군의 아들〉은 8억 3,304만 원의 제작비 중 세트 비용에만 무려 3억 5,623만 원을 사용했다. 전체 제작비의 43퍼센트에 달하는 비율이다.(유지연, 1994) "제작비는 옆구리로 빠지지 말고 그림에 들어가야 돼. 사진 속에는 배우도 포함될 수 있지만, 소품을 1만 원짜리 쓸 거 5만 원짜리 쓰는 게 중요하다는 거지."(오동진·이지훈, 2001) 쓸 곳엔 아낌없이 쓰지만 영화의 퀄리티를 높이기 위해 효율적으로 지출하는 것. 이것이 태흥의 경제관이자 이태원 대표의 마인드였다.

1986년 6월, 태흥영화사는 〈비구니〉 제작 중단에 이어 두 번째 위기를 겪는다. 세무사찰로 12억 원이 추징된 것이다. 당시 충무로엔 영세한 산업구조에서 이윤을 내기 위해 암묵적으로 행해지던 (집계 관객 수를 낮추는) 표 돌리기, 외화 수입가와 제작비 부풀리기 같은 관행이 있었다. 제작과 배급, 수입과 극장 경영을 모두 하고 있던 태흥영화사

사진 7 〈어우동〉의 한 장면. 영화 속 한복 패션은 장안의 화제가 되었다.

로선 피해 갈 수 없었다. 이 일은 이태원 대표에게 깨달음을 주었고, 이후 태흥영화사의 필모그래피에도 큰 영향을 준다. "그날 이후 '돈'보다는 '폼' 나는 일이 더 하고 싶어졌다. 말하자면 극장이나 배급업보다 제작에 더 주력하기로 한 것이다. 영화제작은 기복이 심한 사업이다. 흥행이 잘되면 큰돈을 만지지만 실패하면 타격도 그만큼 크다. 하지만 '문화의 1차 생산자'라는 자부심, 내 영화에 관객들이 환호할 때 느끼는 희열은 배급이나 극장업에 비할 바 아니었다. (중략) 세무사찰이라는 철퇴가 나를 '괜찮은 제작자'로 탈바꿈시킨 것이다."[이태원, 2004]

그 결과, 감독을 선택하는 기준이 바뀌었다. 이전까진 이장호, 배창호, 이두용 등의 A급 감독과 함께하는 '안전주의'였다면, 이때부터는 과감한 신인 기용이 시작되었다. 이규형 감독이 대표적이다. 〈청(블루스케치)〉(1986)로 데뷔한 그는 태흥과 만나 〈미미와 철수의 청춘스케치〉(1987)를 연출한다. 기존의 충무로 청춘영화가 지나치게 심각하거나 신파 멜로드라마의 테두리 안에 있었다면, 강수연, 박중훈, 김세준 등이 주연을 맡은 〈미미와 철수의 청춘스케치〉는 밝고 귀여우면서도 감성적이었으며, 당대 관객들의 호응도 컸다. 이명세 감독의 데뷔작 〈개그맨〉(1989)도 태흥에서 제작되었다. 1989년 개봉 당시엔 흥행에 실패했으나 이후 컬트처럼 숭배되며 한국영화의 중요한 유산으로 평가받는 〈개그맨〉은 감독의 개성 이전에 제작자의 배포가 있었기에 가능한 작품이었다. "〈개그맨〉은 한 번 거절당한 작품이었다. 그런데도 내가 그 작품을 다시 갖고 찾아온 것에 감동하시더라. '대부분 거절당하면 잘안 오는데, 또 하자고 해서 고맙다'며 작품을 시작하게 됐다. 의리를 중시하는 '사나이 기질'이 있는 분이셨다."[이명세, 2021] 이명세 감독에 의하면, 이태원 대표는 시나리오 전체를 보기도 하지만 어떤 한 장면에 꽂히면 당장 제작을 결정하는 편이었는데, 〈개그맨〉이 바로 그런 경우였다.

하지만 태흥영화사에겐 숙제가 있었다. 임권택 감독과의 '첫 작품'이다. 〈비구니〉 이후 사실 태흥영화사와 이태원 제작자는 여러 차례 임권택 감독과의 작업을 기획했다. 한국전쟁의 비극을 담은 김원일의 소설 《노을》은 1984년에 기획에 들어갔다. 정일성 촬영감독과 송길한 작가

사진 8 〈미미와 철수의 청춘스케치〉. 서울 관객 26만을 동원해 1987년 흥행 1위를 차지했다.

까지 〈비구니〉의 주요 멤버가 참여하는 프로젝트였다. 1988년엔 김용 옥이 시나리오를 쓴, 학생 운동권에 대한 영화 〈도바리〉를 준비했다. 하지만 이 작품들은 모두 외압으로 좌절되었다.[8] 그러면서 한동안 소

---

8   이외에도 임권택 감독과 태흥영화사 사이에 무산된 프로젝트가 있다. 민비 암살을 다룬 프로

원해진 두 사람은 〈씨받이〉(임권택, 1987)의 베니스국제영화제 여자배우상 수상을 축하하는 자리에서 만나 긴 이야기를 나눈다. 당시 임권택 감독은 직접 제작사를 차리려고 했는데, 이태원 대표는 이렇게 말했다. "임 감독처럼 순한 사람은 영화제작 못 해요. 자고로 영화사업이란 나 같은 협잡꾼들이나 하는 겁니다. (중략) 그런 험한 일은 나한테 맡기고 좋은 작품 만드는 일에나 매진하시오."(이상락, 1999) 그렇게 〈아제아제 바라아제〉가 탄생했고, 강수연은 모스크바국제영화제에서 두 번째 '국제영화제 여자배우상'을 수상하게 되었다. 이후 임권택 감독은 〈하류인생〉까지, 〈개벽〉(1991)을 제외한 모든 영화를 태흥영화사와 함께한다.

1990년대,
태흥의 좋은 시절

1990년대는 '태흥의 시대'라고 해도 과언이 아니다. 이 시기 태흥영화사는 20편의 영화를 만들었고, 그 영화들은 한국영화 흥행사를 다시 쓰거나, 국제영화제에서 주목받거나, 새로운 감독을 세상에 소개했다. 대기업자본과 금융자본이 들어오기 시작한 1990년대에 제작사의 자본으로 매년 평균 2편씩 영화를 만든 곳은 태흥영화사가 유일했으며,

---

젝트가 〈아제아제 바라아제〉 이후 기획되었으나 영화화되지 못했고, 1997년엔 정성산의 수기를 토대로 북한이탈주민(탈북자) 영화를 만들 생각이었으나 완성되지 못했다.

특히 임권택 감독은 1990년대에 7편의 영화를 태흥영화사와 함께하며 작품 세계와 흥행 역량, 국제적 인지도를 한층 높일 수 있었다. 그 시기에 임 감독은 이렇게 말했다. "사실 90여 편의 영화를 해 오면서 제작자가 나의 정신적 의지처로 작용한 적은 없었어요. (중략) 이(태원) 사장과는 삶을 지탱하는 가치와 목적이 밝은 쪽을 지향한다는 점도 같고, 동료 의식과 정신적 의지도 느낄 수 있습니다. 이제 삶의 종반부에 접어들어, 확실한 작품을 지원해 줄 수 있는 제작사와의 만남은 내게 무척 큰 힘이 됩니다."(송용덕, 1992) 감독이 의지할 수 있는 제작자. 당시 충무로에서 이태원이라는 인물이 지녔던 의미를 요약한 표현이다.

1990년은 태흥영화사로선 잊을 수 없는 해이다. 임권택 감독의 〈장군의 아들〉이 한국영화 흥행 기록을 13년 만에 갈아치운 것이다. 사실 임권택 감독은 〈아제아제 바라아제〉를 끝낸 후 다음 작품을 구상하는 데 많은 진통을 겪었다. 제작자는 감독에게 1년 정도 쉬는 건 어떠냐고 제안하면서, 그래도 완전히 쉴 순 없으니 "가벼운 마음으로 쉬운 영화를 한번 해 보라"고 권했다. 당시 이태원 대표는 뭔가 "남자다운 남자, 사내다운 사내"가 등장하는 영화가 필요하다는 생각에 "이럴 때 근사한 액션영화 한 편 나오면 잘될 것 같은데…"라며 사무실에 있던 홍성유의 소설《장군의 아들》을 임 감독에게 건넸다. 이를 임 감독이 수락하면서 영화 〈장군의 아들〉은 촬영에 들어가게 되었다.

이런 점에서 〈장군의 아들〉은 이례적인데, 감독의 아이템을 존중하는 태흥영화사에서 제작자의 기획이 강하게 작용한 드문 사례이다. 이 부분에 대해 임권택 감독은 이렇게 평가한다. "〈장군의 아들〉에서는 기획자로서 탁월한 능력을 갖고 있다는 생각을 하는 거요. (중략) 왜 그러냐면 60년대 액션 감독이 지금은 어떻게 달라졌는지 나 자신이 나를 점검해 보고 싶은 그런 생각을 일깨워 준 거요. 그런 끝에 돈을 벌었는데, 그거는 전혀 감독 자신이 하고 싶어서 한 것이 아니라, 시작서부터 완전히 그 사람(이태원)이 만들어 간 거요."[정성일, 2003] 신뢰하는 감독을 두고 모험을 할 줄 하는 사람. 〈장군의 아들〉을 통해 드러난 제작자 이태원의 면모이다.

〈장군의 아들〉에서 가장 큰 문제는 배우였다. 누가 김두한이 될 것인가? 이태원은 김두한 역에 최재성과 박중훈 중 한 명을, 하야시 역에 정보석을 생각했다. 하지만 감독의 생각은 달랐다. 알려진 배우들과 작업할 경우에 빠질 수 있는 매너리즘을 경계한 것이다. 그래서 신인 기용을 제안했고, 이태원 제작자는 100퍼센트 찬성했다. 물론 이전에도 태흥영화사는 신인배우에 인색하지 않았다. 〈기쁜 우리 젊은 날〉의 황신혜, 〈미미와 철수의 청춘스케치〉의 김세준, 〈그후로도 오랫동안〉의 정보석, 〈아제아제 바라아제〉의 진영미 등은 모두 첫 영화를 태흥에서 찍은 배우들이다. 〈돌아이〉 때도 네 명의 신인 여배우를 뽑았다. 하지만 〈장군의 아들〉은 1편에서 44명의 신인을 발탁하고, 3편까지 80여 명의 신인을 배출한 전무후무한 프랜차이즈가 된다. 주인공 박상민을 비롯 '하야시' 신현준, '김동회' 이일재, '신마적' 김형일, '쌍칼' 김승우 등이 이 영화로 데뷔했다. 2편의 송채환, 3편의 오연수도 신인 시절 〈장군의 아들〉로 여주인공이 되었다. 이후 태흥영화사는 캐스팅에 더욱 과감해져 〈서편제〉의 오정해와 김규철, 〈태백산맥〉(임권택, 1994)의 김갑수, 〈금홍아 금홍아〉(김유진, 1995)의 이지은, 〈미지왕〉의 조상기 그리고 〈춘향뎐〉의 조승우와 이효정까지 태흥의 신인 군단이 이어

사진 9 〈장군의 아들〉은 전적으로 제작자 이태원의 탁월한 기획 능력이 발휘된 사례이다.

진다.

〈장군의 아들〉 시리즈는 오픈세트로도 화제가 되었다. 〈장군의 아들 2〉(임권택, 1991) 제작 당시 벽제에 지었던 세트는 당대의 전차를 재현할 정도로 컸으며(약 3,000평 규모), 이는 영세했던 1990년대 초 충무로에선 상상하기 힘든 스케일이었다. 제작비 10억 3,012만 원 중 4억 4,900만 원(약 44퍼센트)을 투여한 결과였으며, 이 금액은 당시 일반적

사진 10 〈장군의 아들 2〉 촬영 당시 제작했던 벽제 오픈세트. 일제강점기의 전차를 재현해 화제를 모았
다. 영화평론가 정성일은 "〈장군의 아들 2〉의 영화적 주인공은 전차라고 말하고 싶을 정도"라
고 썼다.

인 한국영화 미술 비용의 5~10배였고[유지연, 1994], 웬만한 한국영화 한
편을 만들 수 있는 돈이었다. 하지만 〈장군의 아들〉은 3편까지 이어지
면서 매너리즘에 빠졌다. 임권택 감독은 1편에서 모든 이야기를 한 셈
이었고, 3편까지 이어진 건 제작자의 의지였다. 이 부분에 대해 이태
원은 이렇게 회고한다. "내가 잘못한 게 있어요. 이걸 1편만 했어야 하
는데 3편까지 만들면서 이 사람을 4년 8개월 동안 붙잡아 놓았으니….
하마터면 이 사람을 국제적으로 영화인들이 잊을 뻔했어요."[정성일, 2010]

〈장군의 아들〉 이후 다음 프로젝트는 〈태백산맥〉이었다. 하지만 노태우 정권 시절 이 영화는 아직 시기상조였고, 문화부 차관이었던 김동호는 이태원을 찾아와 제작을 미뤄 달라고 부탁한다. 〈비구니〉에서 시작해 〈노을〉, 〈도바리〉 그리고 〈태백산맥〉까지, 외압으로 프로젝트가 영향을 입은 네 번째 사례였다. 이에 제작자 이태원은 "이왕 이렇게 된 거 우리 자그마한 영화 하나 해 봅시다"라고 제안했고, 임권택 감독은 10여 년 전 읽었는데 판소리 영화를 누가 제작하겠나 싶어 포기했던 프로젝트라며 이청준의 원작을 가져왔다. 이태원은 읽자마자 어떤 감을 느꼈고, 그렇게 제작된 〈서편제〉는 한국영화 흥행 기록을 다시 한번 갱신한다. 이태원은 이렇게 회고했다. "〈서편제〉는 뭐랄까, 하늘이 내린 작품이라는 생각이 든다. 아무리 복기를 해 봐도 어떻게 우리가 그토록 절묘한 수를 두었을까 신기해지는, 그런 느낌이다."(이태원, 2005)

1993년 4월 10일에 개봉된 영화는 초반엔 큰 관심을 얻지 못하다가 서서히 뒷심을 받기 시작했다. 청와대 특별상영이 이어졌고, 김영삼 대통령 앞에서 판소리를 하는 오정해의 모습이 9시 뉴스에 나가면서 〈서편제〉는 갑자기 전국적 관심사가 되었다. 영국에서 돌아온 김대중 당시 민주당 전 총재까지 상영관을 찾으면서 흥행세는 가속되었다. 그 결과, 제작비 6억 원이었던 영화는 35억 원의 수익을 남겼고, 한국영화 최초로 서울 관객 100만 명을 넘겼으며, 1993년 제1회 상하이국제영화제에서 감독상과 여자배우상을 수상했다. 1994년 베를린국제영화제(이하 '베를린영화제')에 초청받은 〈서편제〉는 당시로서는 파격적인 22만 달러에 일본에 수출되기도 한다. 사실 해외 진출은 태흥영화사의 오랜 과업으로, 1980년대에 미국에 〈어우동〉이나 〈뽕〉 등의 작품을 팔기도

했지만 1~2만 달러가 고작이었다. 본격적인 시작은 러시아에서 4만 5,000달러를 받고 배급권을 넘긴 〈아제아제 바라아제〉였다. 〈서편제〉는 해외시장에서 태흥영화사가 거둔 가장 괄목할 만한 성과로, 2000년대에 칸영화제를 통해 태흥영화사의 해외 진출이 완성된다.[9]

　　그리고 마침내 〈태백산맥〉이 이어진다. 문민정부 시대가 열렸다고는 하지만, 이 영화에 대한 이념적 시비는 제작 발표부터 촬영 기간과 개봉 이후까지 내내 이어졌고 보수 단체의 갖은 협박이 있었다. 그런 상황에서 태흥은 영화를 지켰다. "〈태백산맥〉은 제작자의 뚝심 없이는

9　수출 외에도 태흥영화사는 1980년대부터 합작을 통한 해외 진출을 꾸준히 시도했다. 1988년엔 대만의 중앙전영과 태흥영화사가 무협영화인 〈자객춘추〉와 〈표마〉를 합작하려 했다(〈자객춘추〉 연출은 대만 감독, 〈표마〉는 임권택 감독 연출). 각 영화마다 제작비 100만 달러가 들어가는 대형 프로젝트로, 글로벌시장을 노린 계획이었다.[정중헌, 1988] 1993년엔 베르나르도 베르톨루치 감독의 4국 합작 프로젝트인 〈진시황〉에 참여했으나 작품이 무산되었다. 이외에도 민비를 다룬 한일 합작 프로젝트도 있었다.

탄생할 수 없었던 영화입니다. 엄청난 제작비뿐만 아니라 영화화에 대한 압력도 혼자서 감당했지요."[이선영, 1995] 임권택 감독의 말이다.

임권택 감독과 함께 1990년대 태흥영화사의 중요한 감독으로 기록되는 사람은 장선우 감독이다. 첫 만남은 〈경마장 가는 길〉이었다. "80년대 초에, 정부에서 영화제작자들에게 내려보낸 지침이 있어. 이런 애들 쓰지 말라고. 장선우, 여균동, 정지영…. 그 명단을 내 책상에 붙여 놓고 있었지. 나는 사실 출신이 부르주아인데, 또 나는 도둑놈인데, 이상하게 나를 의심하는 눈으로 보는 그런 놈들이 좋아. 《경마장 가는 길》 소설은 두세 장도 보기 힘들더라고. 똑같은 거 되풀이하고. 그런데 이렇게 좋은 영화로 나오더라고."[임범, 2004]

제작자 이태원은 농담처럼 영화를 '돈 버는 영화'와 '상 타는 영화'로 나누곤 했는데, 장선우 감독의 〈경마장 가는 길〉이 전자였다면 베를린영화제에서 알프레드 바우어상을 수상한 〈화엄경〉(1993)은 후자에 해당했다. 한편 박철수 감독의 〈오세암〉(1990)은 태흥영화사가 지닌 또 하나의 경향을 보여 주는데, 〈참견은 노~ 사랑은 오예~〉, 〈세븐틴〉(정병각, 1998)까지 가족영화 혹은 청소년영화의 흐름이 이어진다.

1990년대,
태흥의 힘든 시절

1990년부터 1994년까지 90년대의 전반부 5년이 태흥영화사의 정점이었다면, 1995년부터 1999년까지 후반부 5년은 힘든 시절이었다. 이

사진 12   1990년대 초 한국 사회에 포스트모더니즘 담론을 촉발시킨 하일지의 동명소설을 영화화한 〈경
          마장 가는 길〉. 한국영화의 지형을 일거에 바꾼 혁신적인 작품으로 평가된다.

것은 한국영화 부문 흥행 순위에서 명확히 드러난다. 전반부 5년 동안 태흥영화사 작품은 매년 흥행 10위 안에 반드시 들었다. 1990년엔 〈장군의 아들〉이 1위였다. 1991년엔 〈장군의 아들 2〉가 1위, 〈젊은 날의 초상〉이 5위였다. 1992년엔 〈경마장 가는 길〉[10]이 3위, 〈장군의 아들 3〉이 5위였다. 1993년엔 〈서편제〉가 1위, 〈화엄경〉이 8위였다. 그리고 1994년엔 〈태백산맥〉이 4위였다. 하지만 1995년 이후엔 임권택 감독의 〈창(노는계집 창)〉(1997)이 유일한 흥행작이다(1997년 3위). 서울 관객 기준으로 1990~1994년에 태흥영화사 영화는 총 284만 1,872명의 관객을 동원했는데, 이것은 이 시기 서울 관객 전체의 약 14퍼센트를 차지한다. 1편당 평균 관객은 20만 2,990명이었다. 서울 관객 10만 명만 넘어도 흥행했다고 평가되던 시절이니 대단한 성적이었다. 하지만 1995~1999년엔 1편당 9만 6,998명으로 떨어진다. 절반 이하로 줄어든 셈이다.

일단 제작 편수 자체가 전반부 14편에서 후반부엔 6편으로 줄었다. 임권택 감독의 〈축제〉(1996)와 〈창(노는계집 창)〉, 김유진 감독의 〈금홍아 금홍아〉, 송능한 감독의 〈세기말〉(1999), 젝스키스가 주인공을 맡은 〈세븐틴〉, 그리고 도저히 태흥영화사 작품이라고 할 수 없는 파격적인 작품 〈미지왕〉 등이었다. 여전히 임권택 감독과 동행하긴 하지만, 이 시기 태흥영화사의 라인업은 어떤 맥락을 느낄 수 없는 혼란 상태였다. 유일한 흥행작은 〈창(노는계집 창)〉이었는데, 이 영화는 상당 부분 영화

---

10   〈경마장 가는 길〉은 1991년 영화지만 연말에 개봉되어 1992년으로 이월되었다.

사진 13 1990년대 후반부의 태흥을 대표하는 작품 중 하나인 송능한 감독의 〈세기말〉의 한 장면.

사의 재정적 위기를 타개하려는 기획이었다. 임권택 감독은 1997년 당시 이태원 제작자가 영화를 계속할지 그만둘지 고민했다고 밝혔다. "〈태백산맥〉과 〈축제〉가 모두 흥행에서 실패를 했잖아요. 그때 태흥영화사에서 이런 소재를 제안한 거예요. 그런데 나도 〈티켓〉(1986)에서 미진했던 부분이 있었어요. 나빠져 가는 사회라는 어떤 구조, 이런 사회가 굴러가는 흐름 안에서 자기가 자꾸 몰락해 가고 때 묻어 가고 인성 자체가 타락해 가는 걸 알아차리지 못하는 사람들의 이야기를 기회가 되면 다시 한번 해야겠다는 생각을 한 거요."[정성일, 2003]

이 시기 태흥의 가장 큰 위기는 두 번째 받게 된 세무사찰이었다. 1996년 영화계 전반에 대한 비리 조사가 벌어져, 이때 곽정환과 이태원이라는 충무로의 두 보스가 구속되는 사태가 일어난다. 특가법상 조세포탈 혐의였는데, 〈서편제〉와 〈태백산맥〉 등을 배급하면서 실제보다 낮게 세금계산서를 작성하는 등의 방식으로 4억 8천만 원을 탈세했다는 것이다.[김홍중, 1996] 이는 제작사에겐 다소 억울한 일일 수 있었는데, 당시에는 지방업자에게 판권을 넘길 때 제대로 신고를 하지 않는 경우가 많았고 결과적으로 영화사의 탈세가 되었기 때문이다. 1986년에 이어 10년 만에 다시 세무사찰을 받은 이태원은 서울구치소에서 영화를 그만둘 생각을 하고 있었다. 그런데 전현직 영화기자들이 탄원서를 냈고, 안성기 · 강수연 · 황신혜 · 김갑수 · 오정해 등 '태흥사단'의 배우들이 직접 검사를 만나 석방을 간청했다. 평론계와 학계는 물론이고 영화계 전체가 제작자 이태원을 위해 하나가 되었고, 수백 명이 탄원서에 서명했다.

이는 그가 긴 세월 동안 영화인으로서 실천한 행동의 결과였다. 그는 제작자로서 손실을 감수하면서도 영화를 위해 과감한 시도를 했고, 영화를 통해 국위를 선양했으며, 충무로의 어른으로서 필요한 자리를 지켰다. 특히 1994년 한국영화제작가협회 초대 회장직에 취임하면서 스크린쿼터 사수 활동을 이끌었을 때, 10년 동안 태흥영화사의 중요한 수익원이던 외화 수입과 배급을 접는 용단을 내리기도 했다. 한국영화를 살려야 하는 상황에서 외국영화로 돈을 번다는 것은 모순이라는 것이었다.

이태원은 한 달 만에 보석으로 풀려났는데, 당시를 매우 인상적으로 회고한다. "보석 심사 재판에서 전봉진 부장판사가 '피고는 영화계가 필요로 하는 사람이기 때문에…'라고 할 때 온몸에 전율이 흘렀다. 들어갈 땐 파렴치범이었다가 나올 때는 사회적으로 대접받는 인사가 된 것 같은 착각이 들었다. 영화계를 떠나야겠다는 생각도 깨끗이 접었다. 좋은 영화, 관객의 사랑을 받는 영화를 만들어야겠다. (중략) 그런 다짐으로 또 10년을 흘러왔다."[11]

이 시기 태흥영화사의 변화는 자본에 대한 태도로 나타났다. "남의 돈을 투자 받아 영화를 만드는 건 내 체질이 아니다. 죽이 되든 밥이 되든 내가 틀어쥐어야 직성이 풀린다"[이태원, 2004]는 제작자 자신의 말처럼, 태흥영화사는 올드 충무로의 방식으로 자본을 조달해 영화를 만들었다. 하지만 1990년대에 대기업과 금융자본이 들어오면서 충무로의 지형도는 급변했다. 삼성영상사업단이 100억 원 규모의 제작비를 태흥영화사에 제안한 적도 있지만, 이태원은 "대기업 들어와도 어차피 노하우는 나한테 있다"[오동진·이지훈, 2001]는 생각으로 거절했다.

---

11 김무곤 교수는 1996년 이태원 사장의 구속과 석방 과정을 NQ(Network Quotient, 공존지수) 개념으로 설명한다. NQ는 타인과 함께 더불어 살아가는 능력을 의미한다. 김 교수는 "주변 사람들에게 주면서 생색내지 않는 사람, 아무리 자기가 어려워도 늘 주는 것을 좋아하는 사람"으로 이태원을 평가하며, 그런 성격으로 인해 곤경에 빠진 그를 영화계 전체가 돕게 되었다고 해석한다. "그는 영화에 대해서도 마찬가지로 처신한다. 남처럼 영악하게 돈 되는 일만 찾아다니지 않을뿐더러 좋은 영화를 만들든, 성에 차지 않은 영화를 만들든, 아니면 흥행만을 위한 영화를 만들든 간에 모든 공은 촬영에 참가한 스태프들에게 돌리고 허물은 자신이 뒤집어쓰는 사람이라는 것이 주변의 평가다. 이것이 바로 이태원 사장이 NQ를 만든 바탕인 것이다."[김무곤, 2013]

1990년대 후반에 오면 이태원 대표의 생각은 바뀐다. 직접 프로젝트를 선택해서 직접 투자하는 방식의 위험성을 줄이기 위해 외부 자본을 받아들이기로 한 것이다. 감독 중심에서 시스템 중심으로의 변화였다. "어떤 작품은 태흥영화사가 100퍼센트 제작할 수 있고, 또 다른 작품에서는 삼성이나 대우 같은 대기업과 공동 투자할 수 있으며, 또 다른 작품에서는 영화에 투자하고자 하는 다른 투자자들의 자본을 끌어들일 수 있다. 또한 다른 제작사에서 제작하는 작품이 좋을 경우, 태흥영화사가 일부 투자자로 투자에 참여할 수도 있다."[김경실, 1998] 이태원은 1년에 대여섯 편의 영화에 '태흥영화사'라는 크레디트가 들어가길 바랐다. 그 첫 실천은 임권택 감독의 〈춘향뎐〉. 창투사 미래에셋의 자본이 투여되었다.

2000년대,
칸영화제로 가다

2000년대의 태흥영화사는 임권택 감독과 함께한 세 작품으로 기억된다. 2000년의 〈춘향뎐〉, 2002년의 〈취화선〉, 2004년의 〈하류인생〉. 특히 〈춘향뎐〉과 〈취화선〉은 칸영화제 경쟁부문에 초청받고 또 수상한 최초의 한국 장편영화다. 사실 이태원은 1990년대 말 〈세븐틴〉이나 〈세기말〉 등이 흥행에 실패하자 제작자로서 실의에 빠졌다. 하지만 반대로 뭔가 이루어야 한다는 오기도 생겼다. 그런 의미에서 〈춘향뎐〉과 〈취화선〉은 그의 제작자 경력을 성공적으로 마무리하는 작품이었다.

"(〈춘향뎐〉의) 이번 칸 본선 진출로 임 감독과 나로서는 한을 푼 거나 다
름없다. 임 감독이 다른 제작자와 손잡지 않고 나를 믿고 따라와 준 것
도 고맙다. 이제는 일선에서 물러나도 좋다고 생각하고 그런 방향으
로 준비도 하고 있다."(이영기, 2000)

하지만 그에겐 새로운 목표가 생겼다. 칸영화제에서 황금종려상을
받는 것이었다. 그리고 2년 후 〈취화선〉으로 감독상을 수상했고, 레드
카펫에 임권택-이태원-정일성(촬영감독) 세 노인이 파안대소하는 사
진을 남겼다. 원했던 상은 아니었지만 이로써 제작자 이태원의 영화
인생은 정점에 오른 셈이었고, 이후 2년 후 박찬욱 감독이 〈올드보

이〉(2003)로 심사위원특별상을, 그리고 17년 후엔 봉준호 감독이 〈기생충〉(2019)으로 황금종려상을 수상했으니, 태흥영화사와 임권택 감독의 작업은 한국영화계의 소중한 첫걸음이었던 셈이다.

그리고 태흥과 임 감독의 마지막 컬래버레이션인 〈하류인생〉이 이어진다. 이 작품은 감독이 제작자에게 바치는 헌사다. "영화제작 때문에 만나서 자주 이야기를 했는데, 그때 가끔씩 당신이 산 이야기들을 해 줬다. 그걸 영화로 만들자, 이렇게 이야기한 건 아니지만 슬그머니 자신이 살아온 이야기를 하나씩 꺼내는 거다. 그걸 들으면서 '액션물을 제작하고 싶어 하는구나' 생각해 〈하류인생〉을 제작했다. 이태원 대표는 아마도 처음부터 내가 〈장군의 아들〉 같은 영화를 찍길 바랐던 것 같다."[임권택, 2021] 거친 시대를 맨주먹으로 살아간 주인공 태웅(조승우)의 모습은 젊은 날의 이태원이었으며, 항상 카메라 뒤에서 현장을 묵묵히 바라보았던 어느 제작자는 이제 스크린 속 캐릭터가 된 것이다.

▬ 태흥의 유산, 이태원의 자취

의미 있는 작업이긴 했지만 2000년대에 제작자 이태원이 만든 세 편의 영화는 모두 흥행에 실패했다. 미래에셋과 시네마서비스 같은 '남의 돈'으로 찍은 영화들이기에, 평생 자기 돈으로 영화를 만들었던 이태원으로선 어떤 미안한 감정이 들었을 것이다. 특히 〈취화선〉과 〈하류인생〉의 제작비를 댄 강우석 감독에게 그랬다.

임권택 감독의 100번째 영화인 〈천년학〉(2007)의 제작을 앞둔 상황에서 태흥과 임 감독의 결별 뉴스가 나왔고, 두 사람 사이가 틀어졌다는 얘기도 있었다. 그러나 이 시기는 제작자 이태원이 드디어 은퇴할 가장 적절한 시점이었다. 20년 넘게 충무로에 에너지를 쏟아부은 그는 어느새 나이 70을 바라보는 노인이 되었고, 어쩌면 박수 칠 때 떠날 수 있는 상황이었다. 당시 임권택 감독은 이렇게 말했다. "솔직히 말하자면 이태원 사장이 이제 제작에서 손을 뗐으면 하고 생각한 지 꽤 오래됐다. 어떻게 보면 여기까지 나 때문에, 나와의 우정 때문에 우물우물 온 셈이다. 이제 자유롭게 놔줘야 한다."[오동진, 2005]

"난 영화 잘 몰라요. 제작자가 아는 척하고 간섭하면 영화가 산으로 올라가요."[김두호, 2008] 제작자 이태원의 철학은 단순했지만, 실천은 힘든 것이었다. 그는 돈을 매우 좋아하는 사람이었고 돈 버는 데 탁월한 재능이 있었지만, 그만큼 돈을 쓸 줄 알았고, 영화라는 '돈이 필요한 예술'을 자신만의 방법으로 사랑했다. 그것은 영화에 대한 순수한 마음이었고, 특유의 자존심이었고, 사업가의 관점에서 먼 곳을 바라보는 투자였다. 흥행영화에 기뻐했지만, 모든 영화가 금전적 이익을 남기길 원한 건 아니었던 제작자. 그는 "어떤 사업을 하든 '돈 거짓말'을 해서는 안 된다. 돈 거짓말 한 사람치고 잘된 사람 못 봤다. 내 사업의 첫 번째 원칙도 신용이요, 두 번째 원칙도, 그리고 세 번째 원칙도 신용"[정순민, 2002]이라고 역설했다.

그는 한국영화계의 잊을 수 없는 스승이었다. 그는 "다시 태어난다면 학생을 가르치는 사람이 되고 싶다"[이태원, 2005]는 얘기를 간혹 했는데, 어쩌면 그 꿈은 이룬 셈이다. 태흥영화사에서 그가 제작한 36편의 영화들은 한국의 수많은 관객들에게 교사 역할을 했다. 우린 〈기쁜 우

사진 15
〈하류인생〉 오픈세트에서 함께 포즈를 취한 세 사람. 왼쪽부터 정일성 촬영감독, 이태원 대표, 임권택 감독. (사진: 《필름 2.0》)

리 젊은 날〉에서 마음 아픈 순애보를, 〈뽕〉에선 해학과 웃음을, 〈미미와 철수의 청춘스케치〉에선 젊은 날의 우정과 사랑을, 〈장군의 아들〉에선 액션의 쾌감을, 〈서편제〉에선 우리 민족의 한의 정서를, 〈축제〉에선 동화 같은 죽음을 접하고 배울 수 있었다. 그는 감독들의 후원자였고 배우와 스태프의 친구였으며, 현장의 젊은 영화인들에겐 아버지 같은 존재였다. 탁류의 시대에 일류의 영화를 일구어 낸 태흥영화사의 이태원. 그와 같은 뚝심 있는 제작자는 한국영화사에 다시 나오기 힘들 것이다.

part 2

태흥영화사가
남 긴 것

한 영화인의 뚝심이 만든 한국영화사의 진경

조준형
한국영상자료원

태흥이 만든
한국영화

"영화제작자로 만 20년을 보내면서 서른여섯 편을 만들었다. 아무도 한국영화의 장래에 승부를 걸지 않을 때 과감히 '베팅'한 게 적중했다. 나는 '이건 이기는 게임'이라고 확신했고, 게다가 운도 따랐다. 돈은 크게 못 챙겼지만 적어도 명예는 얻었다."(이태원, 2004)

청년 시절 영화계와 전혀 인연이 없었던 것은 아니지만, 이태원이 영화업에 본격적으로 뛰어든 것은 1974년, 경기강원의 지방 배급업자로서였다. 우연한 계기였다. 의정부 중심가에 상가를 가진 절친한 친구의 부탁으로 친구의 상가를 샀는데, 그곳 2층에 극장이 있었다는 것이다. 이를 계기로 이태원의 영화사업이 시작되었다. "돈을 긁어모았다"라고 회고할 정도로 성공적이었다.

태흥영화사가 제작업을 시작한 것은 1984년 초다. 아무나 영화제작을 할 수 있었던 시기가 아니다. 당시 영화법은 영화제작업(과 수입업)을 허가제로 엄격하게 관리하고 있었고, 이로 인해 정부의 허가를 받은 20개의 영화사만이 영화제작업과 수입업을 겸할 수 있었다. 그러던 중 20개사 중 하나인 김태수 대표의 태창영화사가 거액의 빚을 지고 부도 위기에 몰렸다. 채권의 상당 부분을 가지고 있던 이태원 대표는 8억 원을 지불하고 태창영화사를 매입했다. 선택된 20개 안에 들어가게 된 것이다.(임범, 2004)

그러나 독점적인 지위는 오래가지 못했다. 1984년 12월 개정되고 1985년 7월에 시행된 5차 개정영화법, 그리고 1986년의 6차 개정영화법으로 제작업과 수입업이 분리되고 자유화되기 시작했기 때문이다. 이후 1990년대 말까지 10여 년은 할리우드 직배사의 진출과 반대

투쟁, 대기업의 영화업 진출과 퇴조, 멀티플렉스의 탄생 등 한국영화 (산업)사를 통틀어 희대의 변혁기였다. 그리고 주지하다시피 이 변혁의 시기에 영화계의 세대교체가 일어났다. 단순히 주체의 변화가 아닌 거대한 시스템의 변화였다.

이러한 변혁의 시기에 태흥은 영화제작과 수입을 시작했고, 빠른 시간 내에 한국영화 제작 명가로 자리 잡았다. 물론 태흥이 당시 명필름이나 우노-싸이더스, 시네마서비스와 같이 새로운 한국영화를 이끌었던 제작사라고 할 수는 없다. 이들 새로운 세대의 영화사가 나오기까지 격심한 과도기를 든든하게 버텨 준 영화사였다는 것이 적절한 평가일 것이다.

태흥이 만든
영화들

한국영상자료원이 운영하는 KMDb의 기록에 따르면, 태흥영화사의 이름으로 검색되는 작품 수는 총 39편이다. 이는 이태원 본인의 증언

표 1 태흥영화사 제작 영화 연도별 개봉 편수

연도	1984	1985	1986	1987	1988	1989	1990	1991	1992	1993
작품 수	1	3	1	2	2	3	4	3	2	3
연도	1994	1995	1996	1997	1998	1999	2000	2002	2004	2018
작품 수	2	1	2	1	1	1	1	1	1	1

과 다른데, 그것은 다음과 같은 이유 때문이다.

우선 〈울지 않는 호랑이〉(이혁수, 1984), 〈사대소림사〉(박우상, 1984), 〈그 어둠에 사랑이〉(김주희, 1985) 등 태창에서 태흥으로 제작사 명의가 변경되면서 태창 시절의 작품을 뒷마무리한 영화 세 편이 있다. 그리고 공식적인 태흥의 마지막 제작 작품으로 이태원의 증언 이후에 제작된 〈우리는 썰매를 탄다〉(김경만, 2018)가 있다. 이 작품은 이태원 대표가 아니라 그의 아들 이효승이 제작했다. 이렇게 네 편을 빼면 이태원 대표가 제작한 영화는 35편인데, 그가 36편이라 회고한 이유는 단성영화사 이름으로 제작된 〈미미와 철수의 청춘스케치〉(이규형, 1987) 때문이다. 이 영화의 제작자는 단성영화사의 대표 이성호로 되어 있지만, 이태원의 회고와 관련 기사들에 따르면 이태원이 직접 제작했던 것으로 보인

표 2 태흥과 2편 이상 함께한 감독과 영화

감독(편수)	영화
임권택(11)	〈아제아제 바라아제〉(1989), 〈장군의 아들〉(1990), 〈장군의 아들 2〉(1991), 〈장군의 아들 3〉(1992), 〈서편제〉(1993), 〈태백산맥〉(1994), 〈축제〉(1996), 〈창(노는계집 창)〉(1997), 〈춘향뎐〉(2000), 〈취화선〉(2002), 〈하류인생〉(2004)
이두용(4)	〈장남〉(1984), 〈돌아이〉(1985), 〈뽕〉(1986), 〈업〉(1988)
곽지균(4)	〈두 여자의 집〉(1987), 〈그후로도 오랫동안〉(1989), 〈젊은 날의 초상〉(1991), 〈이혼하지 않은 여자〉(1992)
이장호(2)	〈무릎과 무릎사이〉(1984), 〈어우동〉(1985)
배창호(2)	〈기쁜 우리 젊은 날〉(1987), 〈꿈〉(1990)
이규형(2)	〈미미와 철수의 청춘스케치〉(1987), 〈어른들은 몰라요〉(1988)
장선우(2)	〈경마장 가는 길〉(1991), 〈화엄경〉(1993)
김유진(2)	〈참견은 노~ 사랑은 오예~〉(1993), 〈금홍아 금홍아〉(1995)

다. 이를 감안할 때 태흥영화사가 제작한 영화는 〈미미와 철수의 청춘 스케치〉와 이효승이 제작한 〈우리는 썰매를 탄다〉를 더해 37편으로 산정하는 것이 맞을 듯하다.

이 37편 중 2편 이상 참여한 감독을 꼽아 보자면, 역시 임권택 감독이 11편으로 압도적인 편수를 보이며, 이두용과 곽지균이 각 4편, 이장호, 배창호, 이규형, 장선우, 김유진 등이 각 2편을 함께했다.

쾌조의
출발

태흥이 태창을 인수한 후 영화제작 창립작으로 야심 차게 준비한 작품은 임권택 감독의 〈비구니〉였다. 주지하다시피 이 영화는 결국 불교계의 반대로 무산되었고, 완성작으로 선보인 제1호 제작 작품은 이장호의 〈무릎과 무릎사이〉(1984)였다.

처음 영화제작업을 시작할 때 이태원이 세운 전략은 두 가지였던 것으로 보인다. 하나는 기존 영화제작사에 비해 제작비를 높게 책정하여 소위 고급 영화로 승부하는 것이다. 그간 외화 수입쿼터를 획득하는 부수적 수단으로 치부되었던 한국영화의 위상을 정상화하는 동시에 그 미래에 "베팅"하는 것이다.

그는 본인이 "돈잔치"라 표현할 정도로 제작비에 돈을 아끼지 않았다. 이태원 대표가 제작비를 아끼지 않는 과감한 투자를 할 수 있었던 배경에는 좋은 영화를 만들면 관객이 외면하지 않는다는 믿음, 그리고 그 좋은 영화는 좋은 감독이 만들 수 있다는 믿음이 있었다. 이 믿음은 두 번째 전략으로 이어지는데, 바로 검증된 좋은 감독의 캐스팅이다. 이에 따라 그는 첫 파트너들로 임권택, 이장호, 배창호, 이두용 등 당대 최고의 감독들을 선택했다.

그의 전략은 매우 성공적이었다. 1호작 〈무릎과 무릎사이〉가 서울 개봉관에서 26만 3천 명을 동원하여 1984년 흥행 2위에 올랐다. 2호작인 이두용의 〈장남〉(1984)은 흥행 면에서는 부진했지만 작품성을 인정받았다.

당대 하이틴 스타인 전영록을 캐스팅한 3호작인 이두용의 〈돌아이〉(1985)는 액션영화의 새로운 시도를 보여 주며 8만 6천 명을 동원해 1985년 흥행 5위, 4호작인 〈어우동〉(이장호, 1985)은 1986년까지 흥행을 이어 가며 약 48만의 관객을 동원, 1986년 흥행 1위에 올랐다. 5호작인 이두용의 〈뽕〉(1986) 역시 1986년 흥행 6위, 6호작이자 이태원 대표 스스로 전혀 흥행을 기대하지 않았던 배창호의 〈기쁜 우리 젊은 날〉(1987)조차 거의 20만 관객을 동원하며 1987년 흥행 2위에 올랐다. 엄청난 타율의 흥행 기록을 질주하며 태흥영화사는 출발과 함께 가뿐하게 '제작 명가'의 반열에 올라섰다.

신인 감독과의
만남

1987년 흥행 1위작 역시 태흥영화사의 작품으로, 신인 감독 이규형의

〈미미와 철수의 청춘스케치〉였다. 신인 감독의 기용은 태흥이 새로운 시대에 접어들었음을 의미했다. 이는 어쩔 수 없는 선택이기도 했다. 1985년과 1986년 5차와 6차 영화법 개정 이후 영화업은 점점 자유화되었고, 저명한 감독들이 본인의 영화사를 만드는 것이 유행처럼 번졌다. 그 과정에서 이장호와 이두용이 태흥에서 독립했다(이두용은 독립 이후 태흥에서 〈업〉(1988)을 제작했는데, 태흥에서 먼저 제안했다 한다). 배창호는 기존의 흥행감독 이미지에서 탈피해 자신만의 예술 세계를 구축하는 중이었다.

한편 이태원 대표는 1986년 세무조사를 받으며 "돈보다는 폼나는 일"에 더욱 매진해야겠다고 결심했고, "안전제일주의"를 탈피해 신인을 발굴해야 한다는 사명감을 갖게 되었다. 이러한 상황에서 발굴된 감독들이 당대 청춘소설 작가로 각광받고 있던 이규형과 〈겨울 나그네〉(1986)로 화려하게 데뷔한 곽지균이었다.

이규형은 〈미미와 철수의 청춘스케치〉와 〈어른들은 몰라요〉(1988) 두 작품을, 곽지균은 〈두 여자의 집〉(1987), 〈그후로도 오랫동안〉(1989), 〈젊은 날의 초상〉(1991), 〈이혼하지 않은 여자〉(1992) 등 네 작품을 함께했다. 이 중 〈어른들은 몰라요〉는 22만 명 이상의 관객을 동원해 1988년 한국영화 흥행 3위를 기록했고, 〈그후로도 오랫동안〉은 19만 2천 명의 관객을 동원해 1989년 흥행 2위, 이문열 원작의 〈젊은 날의 초상〉은 17만 5천 명의 관객을 동원해 1991년 흥행 5위에 올랐다.

〈젊은 날의 초상〉은 제29회 대종상에서 작품상, 감독상, 촬영상, 조명상, 여우조연상(배종옥) 등 8개 부문을 휩쓴 화제작이 되었다. 그 외 온전한 신인은 아니었지만 〈단지 그대가 여자라는 이유만으로〉(1990)를 만든 김유진 감독을 기용하여 〈참견은 노~ 사랑은 오예~〉(1993), 〈금홍아 금홍아〉(1995)를 제작하기도 했다.

임권택과 만나
새로운 역사를 쓰다

그리고 1988년경, 태흥은 〈비구니〉 사건 이후 임권택과 다시 만난다. 〈아제아제 바라아제〉(1989)를 통해서다. 임권택과의 만남은 태흥의 새로운 출발을 의미했다. 1989년 이후 현재까지 태흥이 제작한 작품 24편 중 11편이 임권택의 작품이다. 〈아제아제 바라아제〉는 모스크바 국제영화제에서 여우주연상을 수상하여 세계적인 작가로서 임권택 감독의 위상을 공고히 한 영화였다.

임권택 감독과의 만남은 태흥의 전성기를 이끌었다. 우선 〈아제아제 바라아제〉의 다음 작품 〈장군의 아들〉(1990)이 공전의 히트를 기록했다. 이태원 대표가 60년대 액션으로 돌아가기 싫어하는 임권택 감독을 설득하여 기획한 이 작품은, 1990년 6월 단성사에서 개봉하여 68만 명의 관객을 동원해, 1978년 〈겨울 여자〉가 가지고 있던 58만 명의 흥행 기록을 12년 만에 깨고 새 역사를 썼다.

〈장군의 아들〉은 임권택 감독의 연출로 2, 3편까지 이어졌다. 속편은 1편의 조감독이었던 김영빈 감독에게 맡기기로 했던지라, 임권택 감독은 속편의 연출을 마땅찮아 했다고 한다. 그러나 이태원 대표의 설득으로 임권택 감독은 마지못해 연출을 승낙한다. 이에 대해 이태

원 대표는 이후 김영빈과 임권택 감독에게 미안한 마음을 표하기도
했다.

〈장군의 아들〉의 신기록은 오래가지 못했다. 1993년 4월 단성사에
서 개봉한 〈서편제〉(임권택, 1993)는 그해 10월까지 장장 196일을 상영하
며 당시로서는 상상하기 힘든 서울 개봉관 100만 명을 돌파하는 흥행
기록을 수립했다. 이태원 대표는 〈서편제〉를 일컬어 "내 인생의 금자
탑"이라며, "영화제작자로서 마지막 꿈이 있다면 〈서편제〉 같은 영화
를 다시 한 번 더 만들어 보는 것"이라 회고했다.

다른 한편 1990년대는 한국영화산업의 급변기이기도 했다. IMF 구
제금융 사태로 철수하기 전까지 삼성 · 대우 · CJ 등 다양한 대기업이
영화산업에 진출했고, 이들은 87년 6월항쟁 이후 새롭게 영화업에 진
출한 젊고 창의적인 인재들을 파트너로 삼았다. 신씨네, 명필름, 우노
등 젊은 제작사를 중심으로 기획영화 혹은 새로운 트렌드의 상업영화
가 등장했고, 1980년대 말 등장한 코리안 뉴웨이브의 주역들이 각광
을 받았다.

태흥이 이러한 흐름을 주도했다고 할 수는 없겠으나, 뉴웨이브를
비롯한 새로운 세대 감독들과 함께한 작품은 생각보다 많다. 대표적
으로 이명세의 〈개그맨〉(1989), 장선우의 〈경마장 가는 길〉(1991), 〈화엄
경〉(1993), 김홍준의 〈장미빛 인생〉(1994), 송능한의 〈세기말〉(1999) 등의
영화를 들 수 있겠다.

〈개그맨〉은 당대 한국영화계에서도 독보적으로 꼽히는 스타일리스
트인 이명세의 인상적인 데뷔작이었고, 〈경마장 가는 길〉은 90년대
초 한국영화계를 흔든 어쩌면 이 시기를 상징하는 작품이었으며, 〈화

엄경〉은 베를린국제영화제 알프레드 바우어상을, 〈장미빛 인생〉은 낭트3대륙영화제에서 여우주연상을 수상했다. 그리고 이태원 대표가 시대를 너무 앞서갔다고 안타까워한, 누구도 예상하지 못한 파격적인 컬트코미디 영화 김용태 감독의 〈미지왕〉(1996)도 있었다.

칸영화제 도전과 성취
그리고…

이태원 대표는 제작사를 설립하던 초기부터 주요 국제영화제, 특히 칸국제영화제(이하 '칸영화제') 수상을 꿈꾸었다. 이윤에 민감한 사업가의 이면에 영화예술의 창작 주체로서의 열정이 함께했던 셈이다. 그런 만큼 〈춘향뎐〉(임권택, 2000)이 칸영화제 경쟁부문에 입성했을 때 느낀 감회는 남달랐다. 칸영화제 시사회장에 들어섰을 때의 기분을 "아! 이제 됐다. 마침내 여기까지 왔구나. 더 이상 여한이 없다"고 회고했을 정도였다. 그러나 기대와 달리 〈춘향뎐〉이 수상에 실패하자 오기가 생겼다고 한다. 이는 임권택 역시 마찬가지였다.

그리고 2002년 〈취화선〉(임권택, 2002)이 다시 초청받았다. 〈취화선〉은 투자 과정부터 쉽지 않았다. 1990년대 후반 〈축제〉(임권택, 1996), 〈미지왕〉, 〈창(노는계집 창)〉(임권택, 1997), 〈세븐틴〉(정병각, 1998), 〈세기말〉, 〈춘향뎐〉 등의 제작 작품 중 〈창(노는계집 창)〉을 제외하고는 대체로 흥행에서 큰 성과를 거두지 못했다. 게다가 1996년 세무조사에 이은 추징액 징수로 태흥의 재정 상태는 더욱 악화되었다.

이런 분위기에서 예술가의 일대기를 담은 사극을 제작한다고 하자 투자가 제대로 이루어지지 않았던 것이다. 이태원은 일단 세트비를 사비로 충당하며 제작에 나섰고, 시네마서비스의 강우석 대표가 전액을 투자하면서 영화가 완성되었다. 강우석 대표는 임권택 감독의 다음 작품 〈하류인생〉(2004)에도 투자했다. 〈취화선〉이 칸영화제에 초청되었을 때, 이태원 대표는 이 영화가 황금종려상을 받으리라는 정보를 들었다고 한다. 그래서 감독상만 받았을 때 시상식 결과가 최종 단계에서 바뀌었다고 주장하기도 했다.

2004년 임권택과 이태원이 마지막으로 함께한 영화 〈하류인생〉이 개봉했다. 임권택 감독은 이태원 대표의 개인사를 영화화한 것인가라는 질문에, 감독과 정일성 촬영감독 등 그 세대 모두의 경험이 녹아 있는 영화라 했지만, 이태원 대표의 경험이 주를 이룬 것은 사실이다. 아쉽게도 이 영화는 이태원 대표가 제작한 마지막 영화가 되었다.

임권택 감독은 한 인터뷰에서 다음과 같이 이태원 대표를 평가했다. 짧은 회고 속에 그간의 세월 속에서 축적된 노감독의 동지애와 고마움의 감정이 배어 있다.

"이태원 씨는 내가 하자고 한 것에 한 번도 반대한 적이 없어요. 무엇을 하자고 하면, 그래, 하자였지. 그런 게 있고, 그다음에 일체의 간섭이 없는 거요. 영화제작 과정에서 일체의 간섭이 없는 거요. 속으로야 끓는 대목이 왜 없겠어요."(정성일, 2003)

그리고 이태원 대표의 아들 이효승 당시 전무가 제작을 맡은 장애

인 아이스하키 국가대표팀을 담은 다큐멘터리영화 〈우리는 썰매를 탄
다〉가 2014년 제작되어 2018년에 개봉했다. 이 영화는 현재 시점에서
태흥영화사의 마지막 작품이다.

❶ 무릎과 무릎사이

감독 이장호
주연 안성기 이보희 임성민
개봉연도 1984

태흥영화사 창립 기념작 〈비구니〉의 제작 중단 이후 제작된, 완성작 기준 1호작이다. 단성사에서 개봉하여 26만 3천 명 이상의 관객을 동원, 〈고래사냥〉(42만 6,221명)에 이어 1984년 한국영화 흥행 2위를 기록했다. 이장호 감독이 〈과부춤〉(1983)으로 흥행에 실패하고 제작자에게 기피 대상이 된 상황을 타개하고자 기획한 작품이라 한다. 신체언어에 대한 책을 읽다 무릎이 가진 새롭고 깨끗함, 음탕함이 결합된 이미지로부터 출발하여 문화적 강간이라는 개념에 착목했다고 한다. 이 주제의식을 제대로 전달하고자 이장호는 직접 정신과 의사로 출연했다.

나는 작품 시나리오가 완성돼서 투자를 끌어들이고 있었는데 영화평론 하시는 이명원 선생이 마침 이태원 사장이 〈비구니〉로 좌절하고 있으니 자기가 다리를 한번 놓아 보겠다고 하더라고요. 다리가 놓아지면 동업 조건으로 한번 일을 시작해 보라고 해서 거기에 따랐죠. 그 뒤로 이태원 사장에게 콜이 와서 만났더니 좋다고 해서 50대 50으로 나누고 일을 시작하게 됐죠. —— **이장호**(김홍준, 2013)

〈무릎과 무릎사이〉는 사회적 문제 제기를 위해 여성의 신체를 경유한 것일까, 아니면 여성의 신체를 탐닉하기 위한 알리바이로서 사회적 문제의식을 끌어들인 것일까? 어쩌면 1980년대라는 시대적 상황이 이 작품을 두 질문의 '사이' 어딘가에 존재하게 했는지도 모르겠다.(안시환, 2016)

프랑스 '낭뜨'영화제 초청참가작품
— 황홀한 꿈의 메시지! —
李長鎬 監督 각본
자전적 여성영화
TOUCH!!
향기가 나요,
당신의 영토, 나의 육감의 영역!
나는 당신을 침범할 수 있어요!
무릎과 무릎사이
Knee to Knee,
Knee and Knee!
●제작·기획/이태원
●촬영 서정민 ●조명 김강일 ●음악 정민섭 ●편집 현동춘 ●의상 오리지널·리
안성기, 이보희 임성민, 이혜영, 태현실
김인문, 김태환, 이인옥
태흥제1회작품

❷ 장남

감독 이두용
주연 신성일 태현실 황정순
개봉연도 1985

1985년 6월 단성사에서 개봉했다. 제23회 대종상 특별상 음향효과상, 제21회 백상예술대상 영화부문 특별상(김일해)을 수상했으나 당시에는 비평적으로 크게 인정받지 못했고 흥행에서도 실패했다. 〈피막〉(1980)과 〈여인잔혹사 물레야 물레야〉(1983)로 해외에서 인정받기 시작한 이두용 감독의 작품이라 공개 당시 해외에서 관심이 오히려 높은 편이었다. 이후 이 영화는 국내에서도 이두용 감독의 대표작 중 하나로 인정받았고, 2006년 한국영상자료원이 선정한 한국영화 100선에 포함되기도 했다. 이두용 감독의 증언에 따르면 이 영화 제작의 구체적인 계기가 있다. 잠실 고층 아파트에 부모님을 모시고자 어머님을 모시고 입주전 구경을 갔는데, 어머님이 관이 엘리베이터에 들어가지 않는다고 하자, 감독이 곤돌라로 내릴 수 있다 답했다 한다. 이에 어머님은 여기서 살지 않겠다고 답을 했고, 이두용 감독은 이 일화를 바탕으로 영화의 마지막 장면을 연출했다.

> 태흥영화사 이태원 사장님이 영화 한번 같이 하자고 연락이 와서, 내가 하고 싶은 걸 해도 되냐고 물었어요. 그쪽에서 오케이를 했고, 〈장남〉의 엔딩에서 곤돌라로 관이 내려오는 장면은 어머니 이야기를 토대로 쓴 거죠. (중략) 기교가 아닌 마음으로 만든 영화였어요. 이 사장님은 "이거 이 감독 영화네… 왜 남의 돈으로 자기 얘기를 하고 그래?"라며 농담을 하고 그랬죠. 영화 찍은 곳도 당시 내가 살던 집이었어요. 영화에 정말 내 생각이 많이 들어갔어요. 누나와의 관계, 동생과의 관계, 장남으로서의 삶…. ── **이두용**(김형석, 2016)

> 대가족제의 몰락에 대한 감동적인 보고서(김영진, 2007)

> 영화는 거의 막바지에, 곤돌라를 따라 삭막한 아파트의 외벽을 이리저리 부딪치며 위태롭게 내려오는 어머니의 관을 보며 처연히 우는 장남의 모습을 비추며, 이 잃어버린 전통에 대한 탁월한 애도의 순간을 보여 준다.(조준형, 2013)

태흥영화사가 남긴 것

❸ 돌아이

감독 이두용
주연 전영록 민복기 손은주
개봉연도 1985

1985년 8월 중앙극장에서 개봉, 서울개봉관에서 8만 6천 명의 관객을 동원하여 한국영화 흥행 5위를 기록했다. 당시 제작부에 있었던 방규식이 전영록을 주인공으로 한 영화를 찍자고 제안하고, 이에 이두용 감독이 전통적인 액션보다는 패션과 여자 보컬 그룹이 뒤엉킨 이야기의 아이디어를 내어 기획되었다. 이두용은 이 영화의 카 액션은 당시 충무로가 만들 수 있는 최대치라 증언했다.

이전까지 내가 우중충한 액션들을 했잖아요? 계속 그렇게 가면 안 될 거 같더라고요. 그래서 패션과 여자 보컬 그룹과 액션이 뒤엉킨 얘기를 해보면 어떨까 싶었죠. 윤삼육 작가가 썼는데, 그 양반도 전영록의 영화적 재능에 빠져 있더라고요. 그러면서 쉽게 풀려서 음악과 패션과 액션이 결합된 영화를 만들게 된 거죠. (중략) 방규식 씨는 아예 제목을 '또라이'라고 하자고 했는데, 윤 작가가 순화시켜서 '석아石兒', 즉 '돌아이'로 바꿨죠. 액션 면에서도 꽤 시도를 했어요. 지금 보면 엉성하지만, 이 영화의 카 액션은 당시로선 충무로가 만들 수 있었던 최대치였어요. 그 시대 젊은이들이 좋아할 만한 작품을 만들려고 했던 거죠. —— **이두용**(김형석, 2016)

〈돌아이〉(1985)는 전영록의 영화다. 이두용 감독의 대표작 중 하나이지만, 이 영화는 전영록을 논하지 않고는 설명할 수 없다.(허남웅, 2016)

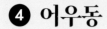

❹ 어우동

감독 이장호
주연 이보희 안성기 김명곤
개봉연도 1985

〈무릎과 무릎사이〉의 흥행 성공을 이어 가야 한다는 압박감에서 만들어진 영화. 1981년에 이미 영화 기획이 이루어져 현진영화사에서 판권을 가지고 있었다고 한다. 이장호 감독이 태흥영화사에 아이디어를 전달하고, 태흥이 현진에 기획비를 지불한 후 제작을 진행했다.(김홍준, 2013) 영화 개봉 이후 누군가 〈어우동〉이 민중사관으로 만들어진 운동권의 의식화된 영화라는 투서를 감사원에 넣어, 공윤에 의해 대폭 재편집당했고 당시 공윤 위원장이 물러나게 됐다는 일화가 있다.(김영진, 2007) 〈무릎과 무릎사이〉에 이어 이장호가 기획한 에로티시즘에 기반한 영화로 1985년 9월 단성사에서 개봉하여 다음 해까지 흥행을 이어 가 약 48만 명의 관객을 동원했다.

나는 '제작비에는 인색하게 굴지 말자'는 주의를 택했다. 〈어우동〉을 제작할 때는 당시 평균 제작비의 두 배 이상을 썼다. 영화에 나오는 한복도 당시 가장 잘나가던 이현정이라는 전문가에게 맡겼다. 실제로 이보희가 입은 의상을 보려고 극장을 찾은 관객도 많았다.(이태원, 2004)

이 영화의 색채 감각은 당시 여전히 기술적으로 열악했던 한국영화계에서 이례적인 것이었다. 의상과 미술 감각을 통해 재창조된 조선시대의 고증은 세련된 성애영화와 정치비판영화의 모호한 경계에서 다양한 성인층 관객을 극장에 불러들이는 요인이 됐다.(김영진, 2007)

〈무릎과 무릎사이〉가 자아에 대한 혼란을 겪는 여자의 느슨한 틈을 헤집고 들어가 그 틈을 통해 남성 관객에게 훔쳐보기와 사디즘의 욕망을 충족시키는 것이었다면, 〈어우동〉은 그 반대로 남성 관객들을 여주인공 앞에 무릎 꿇리고 마조히즘의 판타지를 강요한다.(김충국, 2018)

뽕

감독 이두용
주연 이미숙 이대근 이무정
개봉연도 1986

속편으로 이어지며 섹스영화로 평가절하되고 있으나, 실제로는 뛰어난 영상미와 구성으로 당대 높은 평가를 받았던 작품. 제24회 대종상영화제에서 각색상, 제22회 백상예술대상에서 영화부문 감독상, 제31회 아태영화제에서 여우주연상과 음악상 등 주요 영화제에서 수상했다. 1986년 2월 단성사에서 개봉하여 약 13만 7천 명의 관객을 동원, 그해 흥행 6위를 기록했다. 윤삼육 작가의 각색으로 화천공사, 합동영화사 등에서 영화화를 시도했으나, 번번이 시나리오 검열에 막혀 영화화가 좌절되었는데, 태흥영화사에서 일주일간 각색한 시나리오가 통과되어 성공적으로 제작이 가능해졌다.

시나리오를 들고 나와서 충무로를 걸어가는데 누가 툭 쳐요. 보니까 태흥영화사 이태원 사장이에요. 손에 있는 게 뭐냐고 묻더라고. 시나리오라고 했더니 한번 보자고 해요. 그래서 시나리오 주고 근처 다방에 앉아 있는데 전화가 왔어요. 당장 하자고. 그래서 다시 한번 고쳐서 심의 넣었더니 일주일도 안 되어서 합격이 나왔어요. 영화마다 임자가 있는 거죠. —— **이두용**(김형석, 2016)

'웃음'이야말로 〈뽕〉에서 공존하기 힘든 불균질한 요소를 결속하는 아교이자 영화에 활력을 제공하는 원천으로 기능하며, 이 영화가 성취하는 신선함의 중추를 담당한다.(박유희, 2011)

태흥영화사가 남긴 것

❻ 기쁜 우리 젊은 날

감독 배창호
주연 안성기 황신혜 최불암
개봉연도 1987

배창호가 태흥에서 제작한 첫 작품. 1987년 5월 단성사에서 개봉하여 19만 명의 관객을 동원, 그해 흥행 2위로 뜻하지 않는 성공을 거두었다. 제작자 이태원은 섹스 장면이 들어가지 않고 예쁘고 동화 같은 이 영화가 흥행에 실패할 것이라 확신했으나, 막상 영화가 개봉하고 흥행에 성공하자 배창호의 연출 판단을 인정했다고 한다. 제32회 아태영화제 남우주연상, 제8회 영평상 각본상(배창호)과 제작상을 수상했다. 현장 스틸사진을 포스터용으로 재활용하던 관행을 깨고 별도로 찍은 사진을 활용한 이 영화의 포스터는 화제가 되었다. 포스터용 사진을 찍은 사진작가 구본창은 배창호 감독의 동문이었다.

나도 이장호 데리고 〈무릎과 무릎사이〉나 〈어우동〉 했잖아. 그거 하면서 섹스영화에 눈을 떴어요. 그런데 그 뒤에 배창호하고 〈기쁜 우리 젊은 날〉 찍는데, 감독이 섹스는커녕 키스도 안 시키는 거야. 내가 야, 제발 포옹이라도 한 번 넣자고 그랬는데, 절대 말을 안 듣는 거야. 그래서 "이래 가지고 손님 절대 안 든다"고 소리 지르고 나와버렸어. 결국 그대로 개봉했는데, 아, 그런데 이게 되네. 밖에선 최루탄 터지고 난린데, 사람들이 이거 보러 몰려드는 거야. 개봉하고 사흘 뒤에 배창호하고 조감독 하던 이명세 불렀어. "야, 내가 졌다. 그래도 기분 좋다"고 그랬지. ── **이태원**(임범, 2004)

유연해진 롱테이크 연출 호흡과 일상생활에 대한 친밀한 관찰에 배창호 특유의 따뜻한 인간관이 더해진 수작.(김영진, 2007)

매우 신파적으로 보이는 드라마 속에서 당대에는 흔히 볼 수 없는 카메라워크와 미장센을 구축하고 있다. 전체 300컷 미만으로 이루어져 컷의 평균 지속시간이 길어졌음에도 지루하거나 고루하게 느껴지지 않는다.(조영각, 2011)

태흥영화사가 남긴 것

❼ 미미와 철수의 청춘스케치

감독 이규형
주연 강수연 박중훈 김세준
개봉연도 1987

당대 청소년들에게 인기를 끌던 소설 《블루스케치》의 작가인 이규형이 직접 연출해 화제가 되었다. 제작사는 단성영화사로 기록되어 있으나, 이태원은 자신이 제작한 영화로 꼽았고, 실제 당시 기사로 볼 때 태흥영화사의 제작으로 확인된다.(《조선일보》, 1987. 4. 11) 1987년 7월 서울극장에서 개봉해 26만 명의 관객을 동원, 그해 흥행 1위를 기록했다. 제26회 대종상 신인감독상, 신인연기상(김세준) 등을 수상했다. 이장호, 이두용, 배창호와 같은 최고 수준의 감독과 작업하던 이태원 대표가 세무사찰을 계기로 제대로 된 제작자로 변신할 것을 결심하고 신인을 발굴한 첫 시도의 성과가 이규형 감독이었다.

그때까지는 안전제일주의였다. 이장호(《무릎과 무릎사이》, 《어우동》), 이두용(《뽕》), 배창호(《기쁜 우리 젊은 날》) 같은 잘나가던 감독하고만 계약했다. 그런데 이제는 신인을 발굴해야겠다는 사명감이 생겼다. 세무사찰이라는 철퇴가 나를 '괜찮은 제작자'로 탈바꿈시킨 것이다. 그래서 발탁한 첫 타자가 이규형이었다.(이태원, 2004)

어른에겐 어딘가 서툴고 만화같이 보이지만 20대 안팎의 또래들은 배꼽을 쥐고 눈물을 흘렸다. 그도 그럴 것이 영화 속의 말 한 마디, 행동 하나가 그들 세대를 빼닮았고 감각에 맞아떨어졌기 때문이다.(《조선일보》, 1987. 6. 27)

❽ 두 여자의 집

감독 곽지균
주연 한혜숙 이미숙 강석우
개봉연도 1987

이규형 이후 이태원 대표가 신인 감독과 함께한 두 번째 작품. 곽지균은 이 영화를 포함, 태흥과 네 작품을 함께했다. 임권택 감독을 제외하면 가장 많은 편수다. 1987년 12월 단성사에서 개봉했고, 제26회 대종상 심사위원특별상, 제32회 아태영화제 여우주연상(이미숙)을 수상했다. 감독은 어머니의 죽음을 목도했을 때의 혼란과 허무함이 이 영화에 무의식적으로 배어 있다고 증언한 바 있다.

〈겨울 나그네〉는 너무 감성적이고 감상적이라는 생각에 〈두 여자의 집〉에서는 감성적인 부분을 많이 자제하려 했습니다. 세인의 평가를 떠나 저에게는 참 소중한 작품입니다. 관객과의 공감대 형성에 실패하긴 했지만 심리적인 부분을 많이 시도하는 등 새로운 여러 가능성을 타진해 보았죠. 그렇지만 결과적으로 〈겨울 나그네〉의 감상적인 부분은 자제가 되었지만 표현에 치중하다 보니 드라마 운반 과정에서 문제가 있었던 것 같습니다. 이 작품으로 각본은 직접 쓰지 않을 것과 관념적이고 심리적인 표현을 자제할 것 등을 배웠죠. —— 곽지균 (《스크린》, 1989년 10월호)

태흥영화사가 남긴 것

❾ 업

감독 이두용
주연 남궁원 강수연
　　　김영철
개봉연도 1988

1988년 5월에 단성사에서 개봉했다. 흥행에서 큰 성공을 거두지 못했고, 작품의 완성도 면에서도 감독 스스로 아쉬움을 표한 바 있다. 이태원 대표의 회고에 따르면 〈뽕〉에 이어 이미숙이 주연으로 예정되어 있었으나, 갑작스럽게 노출신을 거부하는 바람에 급히 강수연에게 부탁하여 영화를 찍게 되었다고 한다.

전생이라는 걸 영상으로 표현하는 게 당시 기술로선 참 힘들더라고요. 어떤 시도를 했다는 것 정도? 하지만 결과적으로 내가 세운 영화적 계산은 실패했죠. 열심히 만들긴 했는데, 단정 지을 수 없는 아이템에 손댄 거예요. 그러니까 작품적으로 딱 맞아떨어지질 않아요. — **이두용**(김형석, 2016)

❿ 어른들은 몰라요

감독 이규형
주연 김세준 김혜수
　　　최양락
개봉연도 1988

이규형이 태흥에서 제작한 두 번째 작품. 프랑수아 트뤼포의 〈400번의 구타〉, 소설 《꼬마 니콜라》, 《나의 라임 오렌지나무》 등에서 영감을 받았고, 감독 본인이 스웨덴에서 만난 한국 입양아들을 보고 만든 영화라고 한다. 1988년 7월, 단성사에서 개봉하여 개봉일부터 매진되는 등 화제를 모았고, 최종 22만 명 이상의 관객을 동원하여 그해 흥행 3위에 올랐다.

이 영화는 어린이들의 세계를 주축으로 10대들의 이야기, 그리고 어른들의 세계를 그리고자 합니다. 각기 다른 세대를 '사랑'이라는 끈으로 이어 주고 싶습니다. 저는 어른들에게 잃어버린 동화와 꿈의 세계를 되찾아 주고, 10대와 어린아이들에게는 아름답고 희망찬 그들의 세계를 확인시켜 주고 싶습니다. 끝으로 동심의 세계는 마음의 고향이며, 우리를 바르게, 참되게, 슬기롭게 해 준다는 것을 말하고 싶습니다.
── **이규형** 《스크린》, 1988년 5월호)

⑪ 아제아제 바라아제

감독 임권택
주연 강수연 진영미 유인촌
개봉연도 1989

〈비구니〉 촬영 중단 이후 태흥영화사와 임권택의 첫 번째 완성작. 〈씨받이〉(1986)로 베니스국제영화제, 〈아다다〉(1987)로 몬트리올국제영화제에서 수상한 임권택 감독은 이 영화로 다시 제16회 모스크바국제영화제에서 수상함으로써(여우주연상) 세계적인 감독의 지위를 공고히 했다. 또한, 〈씨받이〉의 베니스영화제 수상 이후 모스크바영화제에서의 연이은 수상으로 강수연은 '월드스타'라는 별칭을 갖게 되었다. 그 외 대종상 작품상, 여우주연상 등을 수상했다.

이 원작의 어떤 점이 그렇게 끌렸나요?
그 대승적 수행을 해 가는 것. 〈만다라〉에서 소승적 수행에 머물러 있는 승려들을 이야기했다면, 소설 《만다라》는 대승적 어떤 것으로 끝을 내고 있었지만, 나는 거기서 우선 자기 수행이 중요하다는 것으로 갔던 것이고, 그리고 나니까 승려 사회에 대해 찍어 가는 과정에서 좀 알아지는 게 있고, 그리고 대승적 수행을 해 가는 '비구니'의 얘기를 하려다 못한 끝이니까 언젠가는 그런 것을 해야지 하던 차에 한승원 씨 소설을 보니까 이제 그런 얘기를 하게 된 거요. —— **임권택**(정성일, 2003)

좌절됐던 비구니의 完成, 그 목마른 기다림!
죽음의 찬미냐?
삶의 찬미냐?
이 時代의 휴메니스트
巨匠
감독 임권택
베니스 여우주연상
수상
강수연
아제 아제
गते गते पारगते
바라아제
제작·기획 이태원
원작·각색 한승원
태흥영화주식회사 제작·배급

⓬ 개그맨

감독 이명세
주연 안성기 황신혜 배창호
개봉연도 1989

배창호의 조감독 출신 이명세의 데뷔작으로 배창호 감독이 직접 출연하여 화제가 되었다. 이태원 대표는 배창호와 이명세 두 사람을 떨어뜨려 놓기 위해 이명세를 데뷔시켰다고 회고한 바 있다. 1989년 6월 단성사에서 개봉했으나, 개봉 당시에는 큰 호응을 받지 못했다. 이후 이명세 감독의 후속작이 이어지며 재발견 된 작품이다. 2013년 한국영상자료원이 선정한 한국영화 100에 포함되기도 했다.

원래 배창호 감독의 〈깊고 푸른 밤〉을 내가 하려고 했어. 그런데 미국에서 찍으려면 달러화가 있어야 하잖아. 그때 외환거래법이 1만 달러 이상 못 가져나가게 했단 말이야. 그러니까 환치기를 해야 하는데 그때 〈비구니〉 엎어져서 여의치가 않았어. 그래서 다른 제작자가 했지. 거기서 〈황진이〉(1986)까지 했는데 이 영화를 보니까 너무 속이 상해. 황진이를 예수처럼 찍은 거야. 배창호랑 이명세랑 불렀지. 그때 둘 다 교회 다녔거든. 니네 둘이 같이 다니면 안 돼. 명세한테 그랬지. 너 떨어져. 내가 입봉시켜 줄게. 그래서 〈개그맨〉을 한 거야. ── **이태원**(임범, 2004)

〈개그맨〉은 사실상 〈개그맨〉 이전의 한국영화들과는 상당히 다른 작품이다. 분위기나 감수성 측면, 시각적 스타일과 구조적 측면, 그리고 의미에 있어서도 다르다.(토니 레인즈, 2016)

〈개그맨〉은 너무 일찍 도착한 영화였으며 흥행 성적이 좋지 않았지만 소수의 열광적인 지지를 받은 한국적 컬트영화였다. 오늘날 이 영화는 현실의 아이러니를 드러내는 이명세의 재능이 발아한 작품이자 감독 배창호의 명연기를 볼 수 있다는 점에서도 영화광들에게 회자된다.(김영진, 2007)

태흥영화사가 남긴 것

⑬ 그후로도 오랫동안

감독 곽지균
주연 강수연 정보석
　　　 김영철
개봉연도 1989

곽지균 감독이 태흥과 함께한 두 번째 작품. 1989년 9월 단성사에서 개봉하여 19만 2천 명의 관객을 동원, 그해 흥행 2위에 올랐다.

〈그후로도 오랫동안〉은 낮에는 인텔리 여선생이었다가 밤에는 환락가를 배회하며 남자를 찾아다닌다는 내용의 미국영화 〈미스터 굿바를 찾아서〉와 비슷하다는 얘기를 많이 듣는데, 그에 대한 감독님의 생각은?
인간의 생각이란 동양이건 서양이건 비슷할 수 있으니까 역시 비슷한 소재를 영화화할 수 있다고 봅니다. 여주인공의 낮과 밤의 변신이 비슷하다고 할까. 그 외 부분은 전혀 다르다고 봅니다. 미국영화에서 가계로 유전되는 몸이 뒤틀리는 병으로 인한 파행적인 행동이었지만 제 영화는 그것과 다르죠. 그리고 주제나 결말도 전혀 다르지 않습니까? ── **곽지균**(《스크린》, 1989년 10월호)

14 오세암

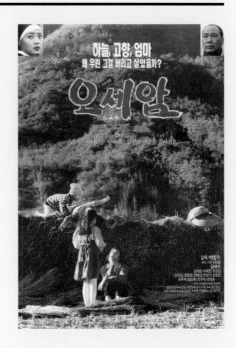

감독 박철수
주연 김혜수 심재림
　　　서예진
개봉연도 1990

박철수 감독이 태흥영화사와 함께한 유일한 영화. UIP 직배에 대항하는 작품으로 1990년 3월 단성사에서 개봉했다. 흥행 성적은 좋지 않았으나 영화진흥공사가 심사한 1990년 '좋은 영화'에 선정되었다.

〈오세암〉은 철저한 이분법의 영화입니다. 선과 악, 옳고 그른 것의 구분을 가하죠. 이는 문명에 대한 올바른 비판의 눈을 기르자는 것입니다. (중략) 제 작품들을 보면 인물부터 여러 가지 상황이 매우 상징적입니다. (중략) 〈오세암〉도 마찬가지입니다. 영화 전반부에 마치 신문의 사회면 기사들을 읽는 것과 같은 사건들을 나열하는데 이는 이러한 문명사회로부터 인간의 본질, 자연으로 시각을 돌리자는 메시지입니다. —— **박철수**《스크린》, 1990년 5월호)

❶❺ 장군의 아들

감독 임권택
주연 박상민 신현준 이일재
개봉연도 1990

〈돌아온 자와 떠나야 할 자〉(1972) 이후 거의 20년 만에 임권택 감독이 만든 액션영화. 이태원 대표가 처음 제안했을 때 임권택 감독은 그 제안을 불쾌해했으나, "진짜 사내를 보여 주자"는 설득에 넘어가 연출했다고 한다. 1990년 6월 단성사에서 개봉, 약 68만 명의 관객을 동원하여 〈겨울 여자〉 이후 13년 만에 한국영화 관객 동원 기록을 갱신했다.

"어떻게 된 게 사내다운 사내를 찾아볼 수가 없다니까요. 그렇지 않아요?" 임 감독도 고개를 끄덕였다. "이럴 때 근사한 액션영화 한 편 나오면 잘될 것 같은데…." 나는 어느새 임 감독을 '펌프질'하고 있었다. "액션 하면 임권택 말고 누가 있수? 이 책 한 번 보시우" 하면서 소설 《장군의 아들》을 내밀었다. (중략) 뒷날 들으니 당시 임 감독은 액션을 해 보라는 내 말이 서운했다고 한다.(이태원, 2005)

〈장군의 아들〉은 나의 영화 변화를 점검하고 싶어 만들었던 것입니다. 젊었을 때 만들었던 영화들은 흥행을 지향하는 것이기는 하지만 알맹이가 없는 부끄러운 것들이었습니다. 그때를 점검하고 반성하면서 잠깐 숨을 멈추는 의미로 만들었던 것입니다. 비록 알맹이는 없어도 60년대 액션에 격조를 불어넣고 싶었던 거지요. — **임권택**(《스크린》, 1991년 3월호)

이 영화는 말 그대로 영화이다. 임권택은 이 영화에 자기 자신이 알고 있는 거의 모든 영화적 방법을 동원한다. 명백하게 다른 장소에서 찍힌 서로 다른 쇼트들이 한 신 안에서 일사불란하게 자기의 자리를 찾아가고 그 안에서 김두한, 신마적과 구마적, 혼마찌깡의 하야시 일당들, 우미관 일대, 낙원회관의 여급들, 종로통의 상인들, 그 수많은 인물들이 만들어 내는 세상은 그 자체로 작은 우주이다.(정성일, 2003)

태흥영화사가 남긴 것

❶❻ 꼭지딴

감독 김영남
주연 정보석 최진실 박진성
개봉연도 1990

〈어른들은 몰라요〉의 주연을 맡았던 김혜수가 태권도를 잘하는 걸 알게 된 이태원 대표가 '여자 홍길동'을 콘셉트로 만들고자 시도한 영화. 이를 위해 본인이 아꼈던 〈어른들은 몰라요〉의 조감독이자 이규형 감독의 동기인 김영남을 감독으로 점찍었다. 원래는 홍콩에서 합작으로 영화를 만들어 홍콩영화로 수입한다는 계산이었으나 김혜수가 드라마에 출연하게 되면서 원 기획은 무산되었고, 국내에서 정보석 주연의 '(남자) 꼭지딴'으로 재탄생했다.(이태원, 2004) 이 영화는 당대의 스타 최진실을 캐스팅하여 화제가 되었다. 최진실은 유단자만이 가능한 장면을 빼고는 직접 실연했다.(《스크린》, 1990년 8월호) 여름방학을 겨냥한 청소년 영화로 1990년 7월 서울극장에서 개봉했다.

그때 내가 생각한 방식은 '꼭지딴'을 홍콩에서 현지 스태프와 연기자를 동원해 찍어 홍콩영화처럼 만든 다음 거꾸로 수입한다는 것이었다. (중략) 편법이지만 홍콩영화라고 하면 무조건 될 때니까 먹힐 것 같았다. 홍콩을 여섯 차례나 드나들면서 협상한 끝에 좋은 조건으로 계약할 수 있었다. 득의양양하게 귀국한 다음 날 '찬물'을 끼얹는 소식이 날아들었다. 김혜수가 TV 드라마에 출연하기로 계약했다는 것이다. (중략) 그때만 해도 배우들이 영화보다 TV를 선호해 더 이상 잡을 수 없었다. 결국 '여자 꼭지딴'은 물거품이 됐다. 하지만 완성된 시나리오를 버릴 수도 없고 김영남에게도 미안해 영화를 찍었다. 그렇게 해서 정보석 주연의 '(남자) 꼭지딴'이 탄생한 것이다.
(이태원, 2004)

태흥영화사가 남긴 것

17 꿈

감독 배창호
주연 안성기 황신혜 정보석
개봉연도 1990

배창호 감독이 〈안녕하세요 하나님〉(1987) 이후 3년의 공백 후에 내놓은 영화. 〈기쁜 우리 젊은 날〉에 이은 배창호와 태흥의 두 번째 작품이다. 이 영화는 1990년 9월 서울극장에서 개봉했으나 흥행적으로 성공을 거두지 못했고, 비평적으로도 큰 관심을 받지 못했다. 그러나 이후 재발견되어 "배창호의 예술적 야심이 완벽하게 구현된 영화"(김영진, 2017)라는 평가를 받았다.

그동안 재점검의 시간을 가지면서 무슨 영화를 어떻게 만들 것인가 하는 원칙적인 문제와 참 많이 씨름했습니다. 그러면서 제가 분명히 느낀 것은 세계영화가 이제는 '동양정신'에 대해 큰 관심을 쏟고 있다는 점입니다. 동양에 대한 관심을 담은 저의 첫 영화로 〈꿈〉을 택했습니다. (중략) 첫 번째 작품 〈꼬방동네 사람들〉(1982)에서부터 〈깊고 푸른 밤〉까지의 작품 성향이 드라마틱한 이야기의 서술이라는 외적 흥미에 치중했고, 〈황진이〉에서 〈안녕하세요 하나님〉까지가 영화적 표현의 내적 흥미를 추구한 것이었다면, 이번 〈꿈〉은 그 두 가지 요소를 다 함께 갖춘 영화가 될 것입니다. — 배창호(《조선일보》, 1990. 1. 6)

형식으로 추상화시킨 단단한 시각적 표상으로 깊은 인상을 주는 영화. 이 영화는 배창호가 늘 관심사라고 여겼던 '사랑'에 대한 또 다른 변주이자 배창호 영화의 중요한 흐름이 되는 종교적 각성의 테마까지 끌어들였다.(김영진, 2007)

‘愛慾’

꿈

태흥영화사가 남긴 것

⑱ 젊은 날의 초상

감독 곽지균
주연 정보석 이혜숙 배종옥
개봉연도 1991

곽지균 감독이 태흥에서 만든 세 번째 작품. 이문열의 원작소설을 영화화해 화제가 되었다. 1991년 3월 단성사에서 개봉하여 17만 5천 명의 관객을 동원, 그해 흥행 5위에 올랐다. 또한 제29회 대종상에서 작품상, 감독상, 촬영상, 조명상, 여우조연상(배종옥) 등 8개 부문을 휩쓸어 화제작이 되었다. 곽지균은 주인공 영훈의 성격과 젊은 날의 방황이 감독 본인의 경험과 비슷하다고 밝히며 감상적인 허무주의에서 벗어나 영훈을 통해 자기극복을 제시하는 영화를 의도했다고 밝힌 바 있다.

곽지균 감독은 〈젊은 날의 초상〉에 대해 한마디로 "이번 작품이 나에게 붙는다"라고 표현하고 있다. 영훈의 성격과 젊은 날의 방황이 자신의 경험과 비슷하기 때문이라는데, 〈겨울 나그네〉나 〈두 여자의 집〉이 관객들에게 감성과 심리적인 측면에서 공감대를 불러일으키려 했다면 이번 작품에서는 좀 더 구체적이고 사실적인 인물과 상황 전개를 통해 그 공감대를 넓히겠다고 말한다.(《스크린》, 1990년 7월호)

절망은 존재의 끝이 아니라 진정한 출발이다!

젊은날의 肖像

언문고리에 손길되어 머물다
열리지 않는 문앞에선 술을 이여
눈물호를까 고개 젓히다
술취해 지는 옛여인의 집이여

감독 곽지균

고뇌하는 영혼   성숙한 사랑   아픈사랑   순결한 사랑
정보석 이혜숙 배종옥 옥소리

제작·기획/이태원●원작/이문열●각색/장현수●촬영/정일성●조명/차정남

★태흥영화주식회사 제작·배급

⑲ 장군의 아들 2

감독 임권택
주연 박상민 송채환 신현준
개봉연도 1991

1990년 흥행 기록을 수립했던 〈장군의 아들〉 후속작. 원래는 전작의 조감독인 김영빈 감독에게 연출을 맡길 예정이었으나 흥행을 이어 가자는 이태원 대표의 설득으로 임권택 감독이 다시 연출을 맡았다고 한다. 1991년 7월 피카디리극장 등에서 개봉하여 약 36만의 관객을 동원, 그해 흥행 1위에 올랐다. 제30회 대종상 신인남우상(신현준), 제28회 백상예술대상 영화부문 신인연기상(이일재) 등을 수상했다.

1편을 찍을 때 2편을 염두에 두었나요?
나는 전혀 염두에 두지 않았고 그거를 (〈장군의 아들〉의) 조감독인 김영빈에게 미루었어요. 처음에 나는 나와도 좋고 안 나와도 좋고, 만약에 잘된다면, 누군가가 2편, 3편을 할 수 있는 여지를 둔 거지. 나는 1편으로 딱 손 털고 김영빈으로 하여금 2편 준비를 시켰어요. 여관에 들어가서 시나리오 작업도 하고 그랬는데, 그런데 이태원 사장이 모처럼 관객도 잘 들었는데, 거기는 감언이설을 잘하거든. (웃음) 그래 가지고 (다른 사람이 만들면) 관객들한테 배신 아니냐, 결국 그게 3편까지 간 거요. ── **임권택**(정성일, 2003)

태흥영화사가 남긴 것

❷⓪ 경마장 가는 길

감독 장선우
주연 강수연 문성근 김보연
개봉연도 1991

당시 한국사회에 포스트모더니즘 담론을 촉발시킨 원작 소설 덕분에 영화 역시 큰 화제를 낳았다. 1991년 12월 말 단성사에서 개봉하여 이듬해까지 약 18만 명의 관객을 동원, 1992년 흥행 3위에 올랐다. 제13회 청룡영화상 남우 및 여우 주연상, 백상예술대상 영화부문 연기상(강수연) 등을 수상했다.

다음에 만났더니 하일지가 쓴 《경마장 가는 길》이라는 책을 내게 건네주었다. 처음 몇 페이지만 읽고 팽개쳤다. 포스트모더니즘 소설이라나 뭐라나 하는데 도통 스토리가 없었다. "이런 걸 어떻게 할래?" 했더니 "지식인의 가식을 비판하는 게 재미있지 않습니까?" 했다. 자기도 '먹물'인 주제에 지식인을 공격하겠다니, 그 박력이 마음에 들었다.(이태원, 2005)

이 복잡하고 도저히 한 가지 잣대만으로는 잴 수 없는 우리 사회를 바라보는 또 하나의 시각이라 표현하고 싶습니다. 어떤 한 가지 정형이나 틀로 우리 현재의 상황을 표현하기에는 너무 복잡하고 커졌지요. —— **장선우**(《스크린》, 1992년 1월호)

기하학적으로, 길게 이어지는 숏과 공간의 확장성, 심리묘사를 배제한 표면의 양식화를 통해 장선우는 한국영화의 지형을 일거에 바꾸었다. 주인공 R이 느끼는 딜레마에 대한 양식화를 통해 멀찍이 앞서가는 물질의 진화에 호응하지 못하는 의식의 답보를 통찰한 혁신적인 작품이다.(장병원, 2018)

절망적인 삶, 그러나 아름다운 삶!

강수연　　문성근　　김보연
"선생님, 제가 정말 창녀인가요?"　　"너를 모욕해주고 싶은 충동이 든다"　　"남녀가 사는데 무슨 이유가 필요해예?"

포스트 모더니즘인가, 새로운 현실주의인가?

경마장 가는 길

감독 장선우

제작·기획/이태원 원작·각색/하일지 촬영/유영길 조명/김호조 음악/김수철 편집/김현 동시녹음/이영길
TX 태흥영화주식회사 제작·배급

태흥영화사가 남긴 것

㉑ 이혼하지 않은 여자

감독 곽지균
주연 고두심 박상민 이호재
개봉연도 1992

곽지균 감독이 태흥에서 만든 네 번째이자 마지막 작품. 1992년 4월 대한극장에서 개봉했으나 큰 호응을 얻지는 못했고, 감독 역시 완성도에 아쉬움을 표했다.

처음에는 줄기를 정확하게 잡았어요. 인생을 서서히 놓아 가야 할 시기에 들어선 중년 여성과 그 반대로 활짝 피어야 할 이십대 젊은이가 만나 교감을 나누는 과정에서 중년의 허망함과 시한부 청춘의 절박함을 그리고자 했어요. 그런데 첫 신부터 잘못 잡았어요. 부부 싸움으로 시작하는 게 아닌데, 중년 여성의 가정생활을 보여 주는 것은 그 캐릭터의 일부를 드러내 주기 위함이었는데 주객이 전도되어 버렸어요. 중간에 이게 아닌데, 하고 당황했는데 이쪽저쪽을 다 살리려다 실패한 전형이에요. 이 영화는 나중에 비디오로 보면서 면밀하게 분석했어요. 공들여 찍기는 했지만 묘사에도 너무 익숙한 것들이 많고. 그래서 〈장미의 나날〉을 하게 된 거예요. —— 곽지균
[김홍숙, 1993]

마흔세살의 사랑과 스물다섯살의 죽음

이혼하지 않은 여자

감독 곽지균

고두심 . 박상민 . 이호재

윤소정/김승우/장보규/한은진

제작·기획 이태원 각본 노효정 촬영 정일성 조명 차정남 음악 정성조 편집 김 현 동시녹음 이병하

태흥영화주식회사 제작·배급   DOLBY STEREO

㉒ 장군의 아들 3

감독 임권택
주연 박상민 오연수 이일재
개봉연도 1992

〈장군의 아들〉 연작의 마지막 작품. 1992년 7월 단성사에서 개봉하여 16만 명의 관객을 동원해 그해 흥행 5위를 기록했다. 제13회 청룡영화상 여자신인상 (오연수)을 수상했다. 그러나 임권택 감독 본인은 영화의 완성도에 큰 아쉬움을 표했다.

1편이 뜻밖의 히트를 하면서 피해를 본 건 〈장군의 아들〉 조감독이었던 김영빈이었다. (중략) 하지만 나는 "저 관객들이 다 임 감독을 보고 오는 것 아니겠소? 1편이 좀 됐다고 2편을 조감독한테 맡기면 건방져 보이지 않겠소?"라며 설득 아닌 설득을 했다. (중략) 결국 임 감독은 4년 8개월간 '장군의 아들' 시리즈에 매달려야 했고, 그 시간만큼 '칸영화제를 향한 꿈'은 미뤄졌다.(이태원, 2004)

뭐 3편은, 미안한 이야기지만, 이 영화는 그냥 회사에 밀려서 하게 된 거니까. 그러니 만들 생각이 전혀 없었어요! 그건 2편에서부터 없었다니까. (중략) 오히려 〈개벽〉이 아니었으면 3편이 좀 나았을 거요. 〈개벽〉이 아니었으면, 3편을 그렇게 헛으로 안 했을 거요. 근데 시간도 없고 이제는 1,2편에서 할 이야기는 다 해 버리고…. ── 임권택(정성일, 2003)

태흥영화사가 남긴 것

㉓ 서편제

감독 임권택
주연 김명곤 오정해 김규철
개봉연도 1993

태흥영화사의 황금기를 상징하는 작품. 〈태백산맥〉을 준비하던 중 정부의 반대로 여의치 않자 쉬어 가자는 의미로 기획된 영화였다. 초반 흥행은 부진했으나 당시 대통령 김영삼이 청와대에서 관람하고, 김대중 당시 민주당 전 총재가 단성사를 방문하여 관람한 후 걷잡을 수 없는 흥행 바람을 탔다. 1993년 4월 단성사에서 개봉한 이 영화는 그해 10월까지 장장 196일을 상영하며 당시로서는 상상하기 힘든 서울 개봉관 100만 명을 돌파하는 흥행 기록을 수립했다. 당시 세계화의 물결 속에서 '가장 한국적인 것이 세계적인 것'이라는 화두를 증명하는 작품처럼 인식되었고, 한국영화 담론뿐 아니라 사회 담론의 지형까지 바꾸었다.

영화제작자로서 마지막 꿈이 있다면 〈서편제〉 같은 영화를 다시 한번 만들어 보는 것이다. 그만큼 〈서편제〉는 내 영화인생의 금자탑이었다. 〈서편제〉 얘기를 하려니 벌써 가슴이 뛴다. 엔도르핀이 솟고 피가 뜨거워지는 것 같다. 〈서편제〉는 뭐랄까, 하늘이 내린 작품이라는 생각이 든다.(이태원, 2004)

〈서편제〉의 진도아리랑 장면이 나올 때는 임 감독의 롱테이크에 대한 자신감이 절정을 이룰 때가 아니었나 싶어요. (중략) 그때의 앵글은 평범한데 그 장면이 왜 살아난 걸까요. 바로 돌담, 까만색의 돌담이 푸른 하늘과 척박한 땅과 그 속을 걸어 나오는 인생들, 그 전날 물주에게 야단맞고 쫓겨나온 사람들이 자기 타령을 하면서 걸어 나오는 그 궁상이 자연의 척박함과 잘 맞아떨어졌기 때문이에요. — 정일성(이연호, 2019)

1993년은 서태지와 〈서편제〉의 한 해였다. 서태지의 '하여가'는 거리를 휩쓸었고, '길보드'에서는 하루 종일 이 태평소가 더해진 랩을 틀었다. (중략) 갑자기 옛것이 돌아왔다. 대통령 김영삼은 이 영화를 보고 울었으며, 판소리는 해방 이후 처음으로 사회적 담론의 중심에 들어섰다. 그것은 임권택이 뿌리로 들어가는 과정에 있는 수업이었다.(정성일, 2003)

㉔ 화엄경

감독 장선우
주연 오태경 원미경 이호재
개봉연도 1993

〈경마장 가는 길〉에 이어 장선우와 태흥이 함께한 두 번째 작품. 1993년 6월 대한극장에서 개봉했다. 흥행적으로는 큰 성공을 거두지 못했지만, 제32회 대종상 심사위원특별상, 감독상, 백상예술대상 영화부문 기술상(유영길) 등 다수의 영화제에서 수상했고, 무엇보다 베를린국제영화제에서 본상인 알프레드 바우어상을 수상하여 화제가 되었다.

1993년 〈화엄경〉이 완성됐을 때다. 상영시간이 2시간 20분이나 됐다. 불필요한 부분이 많아 보였다. 장선우 감독을 불렀다. "한 20분만 자르는 게 어때?" "안 됩니다. 영화 흐름을 보면 그냥 둬야 합니다." 한사코 고집을 부렸다. 하지만 나도 물러서기 싫었다. 주변에 물어봐도 길다는 의견이 많았다. 내 독단으로 필름을 자르기로 마음먹고는 편집기사까지 불렀다. 그러나 막판에 마음을 바꿨다. 다시 편집한다고 관객이 더 든다는 보장이 없는 데다 "이태원 사장은 감독을 믿어 준다"는 그동안 쌓아 온 '명예로운' 평판에 흠집을 내기도 싫었다.(이태원, 2004)

꽃의 영화, 눈물의 영화, 길의 영화!!
한줌의 재처럼, 가늘게 연명하는 人生들속에서 피어난―

화엄경

119

태흥영화(주)식회사 제작·배급

태흥영화사가 남긴 것

㉕ 참견은 노~ 사랑은 오예~

감독 김유진
주연 신현준 김혜선 서갑숙
개봉연도 1993

〈단지 그대가 여자라는 이유만으로〉로 화제를 모은 김유진 감독에게 이태원 대표가 함께하자고 제안하여 기획된 아동영화. 1993년 7월 국도극장 등에서 개봉, 흥행에서 큰 성과를 거두진 못했으나, 제14회 청룡영화상 감독상, 여우조연상(김혜선)을 수상했다. "주변에서 볼 수 있는 평범한 아이들의 이야기에 초점을 맞춰 김유진의 영화적 재능이 번뜩인 작품"이라는 평을 받았다.

〈단지 그대가 여자라는 이유만으로〉가 끝난 다음에 태흥영화 이태원 사장님이 부르더라구. 언제 한번 영화 같이 하자고 하시대. 그때 그래서 초등학생 4, 5, 6학년들 만나서 너희들 왜 싸우니, 월경은 언제 하니, 시시콜콜 인터뷰하면서 기획을 했어. 여름방학 때 개봉했는데, 가족끼리 손 붙잡고 올 줄 알았건만 썰렁하더라고. 그땐 아직 한국영화에 대한 신뢰도가 낮고, 가족끼리 삼겹살 먹기 바빴던 시대였나 봐. —— 김유진(김수남, 2015)

태흥영화사가 남긴 것

㉖ 장미빛 인생

감독 김홍준
주연 최명길 최재성 차광수
개봉연도 1994

임권택 감독의 조감독 출신인 김홍준 감독의 데뷔작. 임권택은 이태원 대표에게 특별히 데뷔를 부탁할 정도로 김홍준을 아꼈다고 한다. 1994년 8월 단성사 등에서 개봉했다. 제33회 대종상 각본상, 제15회 청룡영화상 여우주연상, 각본상, 신인감독상, 제31회 백상예술대상 신인감독상 등 다수의 수상을 기록했다. 낭트3대륙영화제에서 최명길이 여우주연상을 수상해 화제가 되었다.

그는 남들이 마다하는 허드렛일을 도맡아 했을뿐더러 꼼꼼하고 영화에 대한 지식도 많아 임 감독이 몹시 아꼈다. 오죽하면 "홍준이는 꼭 이 사장이 데뷔시켜 주소"라며 챙겼을까. 임 감독이 그런 부탁을 하기는 처음이었다. 결국 그는 〈장미빛 인생〉으로 신인감독상을 탔다.(이태원, 2005)

내 정신은 항상 80년대에 가 있다. 그 시대를 풍미했던 그림, 노래, 영화가 항상 유년기의 체험 못지않게 문화적인 체험의 원형으로 남아 있다. 그래서 난 첫 영화만큼은 나에게 가장 절실한 걸 찍고 싶었다. 꼭 80년대일 필요는 없지만 기왕이면 80년대를, 그것도 상업영화 안에서 찍고 싶었다.(김홍준, 2004)

80년대 후반의 삶을 대중문화 형식들과 그 수용자들을 통해 재구성하는 이 영화는 대중문화에 대한 영화적 논평(일상적 삶을 이해하게 해 주면서 또한 그 삶을 의미 있게 만들어 가는 과정으로서의 대중문화)이면서, 가리봉동이라는 공간과 그 주민들에 대한 성찰적 민속지라는 매우 흥미로운 형식을 띠고 있는 것이다.(김소영, 1997)

장미빛 인생

㉗ 태백산맥

감독 임권택
주연 안성기 김명곤 김갑수
개봉연도 1994

당대 최고의 베스트셀러인 조정래의 《태백산맥》을 영화화했다. 1992년 기획에 들어갔으나 당시 보수 정권의 반대로 제작에 착수하지 못했다. 촬영 기간 중에도 우익 단체의 반발로 고초를 겪었다. 1994년 9월 국도극장, 단성사 등에서 개봉하여 약 23만 명의 관객을 동원, 그해 흥행 4위를 기록했다. 제33회 대종상 심사위원특별상, 남우주연상, 음악상, 제15회 청룡영화상 작품상, 남우조연상, 제30회 백상예술대상 영화부문 대상(안성기) 등 다수의 영화제에서 수상했다. 임권택 감독은 원래 원작소설 4권까지 두 편으로 영화화할 생각이었다고 한다.

《태백산맥》의 영화화에 나는 처음엔 반대했다. 검찰이 이적표현물로 보는 예민한 작품을 굳이 할 필요가 있느냐는 생각이었다. 그러나 임 감독은 "공정하게 할 테니 걱정하지 말라"고 했고, 감독을 믿었던 나는 흔쾌히 동의했다.(이태원, 2005)

나는 《태백산맥》이라는 소설이 얘기하고 있는 그 시대를, 그런 소설이 아니었어도 내가 언젠가 감독 생활을 하는 동안에는 한번 영화로 담지 않으면 안 된다는 무슨 의무감 비슷한 그런 생각을 하고 있었을 땐데, 《태백산맥》을 읽으면서 내가 놀랐던 것은, 내가 어렸을 때 체험했던 일들이 어떤 배경에서 그렇게 이루어졌는지 몰랐단 말이오. 왜 저런 사태가 났는지, 어떤 배경에서 그랬는지를 몰랐던 것이 소상히 다루어져서 《태백산맥》을 읽으면서 정말 놀란 거요. —— **임권택**(정성일, 2003)

〈태백산맥〉이 임권택의 최고 걸작이라고 말할 수는 없겠지만, 그의 삶의 하나의 총결산인 것은 사실이다. 여기에는 평생 그를 뒤따라온 어린 시절 그해 여름의 무시무시한 기억을 비로소 떨쳐내고 처음으로 정면으로 마주 보는 용기에 찬 결정이 있다.(정성일, 2003)

태흥영화사가 남긴 것

㉘ 금홍아 금홍아

감독 김유진
주연 김갑수 김수철 이지은
개봉연도 1995

〈참견은 노~ 사랑은 오예~〉에 이어 김유진 감독과 태흥이 함께한 두 번째 작품. 1995년 4월 단성사에서 개봉했다. 이상의 일대기를 다룬 데다 높은 에로티시즘 수위 때문에 많은 관심을 받았으나 흥행 성공으로 이어지지는 못했다. 제34회 대종상 미술상, 의상상, 신인여우상, 제16회 청룡영화상 신인여우상 등을 수상했다.

뼈대로만 보면 지극히 상식적인 삼각관계죠. 그러나 반쯤 미친 것 같은 삶을 살았던 인물들이 벌이는 절박한 사랑의 이야기가 어느 영화보다 강렬할 겁니다. 이것은 말할 것도 없고, 빼앗긴 여자를 그저 멀리서 바라보기만 했던 구본웅, 천박하고 음란하고 백치미의 대명사 같았던 금홍의 별난 삶들이 영화적 재미를 안기는 요소죠. (중략) 이상은 금홍에게 늘 얻어맞기나 했던 무기력한 인물처럼 알려져 있지만 이번엔 자신의 존재에 끊임없이 고민하며 자기만의 문학세계를 끌어안고 있었던 예술가라는 점을 리얼하게 부각시켜 보고 싶습니다. ── **김유진**《조선일보》, 1995. 2. 5)

태흥영화사가 남긴 것

축제

감독 임권택
주연 안성기 오정해 한은진
개봉연도 1996

이청준 작가의 어머니 장례식 이야기를 듣고 시나리오를 써 가면서 촬영을 한 작품.(정성일, 2003) 1996년 6월 단성사 등에서 개봉했고, 제17회 청룡영화상 작품상과 감독상, 제33회 백상예술대상 감독상 등을 수상했다. 임권택 감독은 자신의 작품 중에서 상대적으로 박한 평가를 받은 작품으로 〈축제〉를 꼽기도 했다.

지금까지의 필모그래피 가운데 가장 폄하되거나 박한 평가를 받은 영화는 뭘까요.
뭣이냐, 생각을 해 봐야 하는데…. 나한테는 〈축제〉네. 복잡한 구조를 단순화하면서 주제를 전달하려고 무진 애를 쓴 작품인데 반응이랄 것도 없이 그냥 넘어가 버렸어요. (중략) 이청준 선생과 둘이 그런 얘기를 한 적 있는데 〈서편제〉보다 〈축제〉가 낫다고, 그이가 먼저 그런 말을 한 적이 있죠.(김영진, 2010)

이 영화는 그 자신을 위한 영화이며 어머니에게 보내는 사모곡이다. 이청준의 동화를 빌려 오고, 다시 한번 한국인의 생사관을 다루면서 장례에 대한 절차를 따라가는 이 영화에서는 죽음이라는 더할 나위 없이 무거운 의식과 동화라는 더할 나위 없이 순진한 두 이야기가 오가면서 이것이 저것에 간섭하고 저것이 이것을 거들기 시작한다. 이 두 개의 세계의 마주침 사이에는 주어진 세계와 가능한 세상 사이의 화해가 있다. (중략) 여기에는 세상에 대한 용서가 있다.(정성일, 2003)

삶과 죽음 그리고 남은 이들의 향연

감독 임권택

㉚ 미지왕

감독 김용태
주연 조상기 정상인 임지선
개봉연도 1996

제목부터 '미친 놈, 지가 무슨 왕자인 줄 알아'의 줄임말을 제목으로 삼았을 정도로 발랄하고 실험적인 작품. 1996년 12월 단성사에서 개봉하여 흥행은 실패했으나, 이후 한국 컬트영화의 한 획을 그은 영화로 재평가받았다.

난 열받을 때 사건이 나. 그때 아마 왜 늙은 애들 영화만 하냐, 젊은 애를 안 키워 주냐, 나한테 그런 압력이 있었던 것 같아. 그래서 몽땅 신인들로 가 보자. 감독, 촬영감독, 조명, 배우 다 신인으로 가자. 그 현장이 너무 재밌었어. 그런데 그 영화는 시기적으로 좀 빨랐어. —— **이태원**(임범, 2004)

〈서편제〉, 〈축제〉 등 임권택 감독 영화의 산실인 태흥영화사가 이번에 젊은 감각의 코미디 〈미지왕〉을 만든다. 충무로 메이저 영화사의 파격적 작품이 될 〈미지왕〉은 연출도 서태지 뮤직 비디오를 찍었던 신인 김용태 감독(33)이 파격적으로 맡는다. (중략) 시나리오까지 쓴 김 감독은 "평소 우리 주변에서 볼 수 있는 다양한 인간형들이 서로 충돌하면서 관객을 웃기는 코미디"라고 설명하며 "유명 영화의 명장면들을 패러디해 재미를 보태겠다"고 말했다.(《조선일보》, 1996. 6. 26)

태흥영화사가 남긴 것

㉛ 창(노는계집 창)

감독 임권택
주연 신은경 한정현 최동준
개봉연도 1997

이 영화는 〈티켓〉에서 미진했던 주제를 보완하고, 당시 세무조사를 받고 어려워진 태흥영화사에 재정적인 도움을 주려는 동기로 기획되었다고 한다. 1997년 9월 명보극장 등에서 개봉하여 약 41만 관객을 동원, 그해 흥행 3위를 기록했다. 제18회 청룡영화상 여우주연상, 촬영상 등을 수상했다. 제작 기간이 부족하여 시나리오를 그날그날 써 가면서 촬영할 정도였다고 한다.

〈태백산맥〉과 〈축제〉가 모두 흥행에서 실패를 했잖아요. 그때 태흥영화사에서 이런 소재를 제안한 거예요. 그런데 나도 〈티켓〉에서 미진했던 부분이 있었어요. 나빠져 가는 사회라는 어떤 구조, 이런 사회가 굴러가는 흐름 안에서 자기가 자꾸 몰락해 가고 때묻어 가고 인성 자체가 타락해 가는 걸 알아차리지 못하는 사람들의 이야기를 기회가 되면 다시 한번 해야겠다는 생각을 한 거요. 그런데 추석에 대 달라 이렇게 된 거야. 그때 이미 여름이 막 넘어오고 있는데, 내가 좀 더 시간을 가지고 했으면, 한 3개월만 시간이 있었어도 그렇게 안 되었을 거야. (중략) 결국 한쪽 목적(흥행)은 어느 정도 했다고 하더라도 내가 작품 안에서 하고자 하는 얘기가 전혀 소화도 안 되어 있고 뭣도 안 돼 있고 그렇게 하면서 간 거요. ── **임권택**[정성일, 2003]

그 무렵 임권택 감독이 윤락가로 흘러든 여인의 사연을 다룬 '노는계집 창'을 만들겠다고 했다. 추측컨대 임 감독은 내가 세무사찰을 받은 데다 현금 20억 원도 없어 쩔쩔매는 걸 보고 많은 생각을 했던 것 같다. 평소 내가 돈 얘기를 입 밖에 내지 않으니 형편을 몰랐다가 의외로 태흥영화사가 돈에 쪼들리는 데 놀랐던 게 아닌가 싶다. TV에서 '퇴출'당해 실의에 빠져 있던 신은경을 주인공으로 캐스팅했다. 이 영화로 나는 임 감독의 예상대로 추징당한 세금만큼의 돈을 벌었고 신은경도 재기에 성공할 수 있었다.[이태원, 2004]

㉛ 세븐틴

감독 정병각
주연 은지원 강성훈 김재덕
　　　고지용 이재진 장수원
개봉연도 1998

당대 가장 인기 있었던 아이돌 그룹 젝스키스 멤버들을 주연으로 기용하고, 일반인들의 소액투자제도를 도입하여 화제를 모았다. 1998년 7월 여름 성수기에 대한극장 등에서 개봉하였으나 화제성에 비해 큰 흥행 수익을 올리지는 못했다. 당시 인기 MC 김승현이 〈세븐틴〉이라는 영화가 제작된다는 소식을 듣고 젝스키스의 회사와 이태원 대표를 연결시켜 주었다는 일화가 있다.

2년 전 탈세 혐의로 구속됐을 때 공모주 방법을 생각해 냈어요. 극장주들에게 "나는 주주들에게 투명하게 밝혀야 할 입장이기 때문에 예전 관행대로 따라갈 수 없다"고 얘기했습니다. 제작비나 수익은 모두 인터넷 홈페이지에 띄워 공개할 생각입니다. 이제 캄캄한 데서 쥐처럼 놀던, 그런 제작 시대는 지났잖아요. —— **이태원**(동아일보 1998. 7. 14)

33 세기말

감독 송능한
주연 김갑수 이재은 차승원
개봉연도 1999

〈넘버 3〉(1997)로 큰 인기를 모은 송능한 감독의 두 번째 작품이다. 시나리오 작가로서 송능한 감독의 능력을 높이 산 이태원 대표는 '능력 있는 시나리오 작가'가 감독으로 데뷔하는 것을 못마땅해했으나 〈넘버 3〉를 본 이후 함께하자고 감독에게 연락했다는 일화가 있다. 1999년 12월 세기말 시점에 개봉하였다. 황금촬영상 시상식에서 신인감독상과 신인촬영상을 수상했다.

그땐 시나리오 작가가 몇 없었어. 송능한은 시나리오 정말 잘 쓰지. 〈넘버 3〉가 청룡상 신인감독상을 받은 거야. 그 뒤풀이 자리에서 신문사 사람들한테 "가뜩이나 시나리오 작가가 없는데 상 주면 작가는 누가 하냐"고 고함고함 질렀지. 영화도 안 보고서. 그래 놓고는 〈넘버 3〉 비디오를 봤거든. 이게 코미디를 넘어서는 걸작이야. 바로 전화했지. 너 빨리 와. 그리고 〈세기말〉을 찍었지. — **이태원**(임범, 2004)

㉞ 춘향뎐

감독 임권택
주연 이효정 조승우 이정헌
개봉연도 2000

임권택 감독은 〈서편제〉 헌팅 당시 조상현의 판소리를 들으면서 언젠가는《춘향전》을 영화화하겠다는 생각이 있었다고 한다.[정성일, 2003] 한국영화사 최초로 칸영화제 경쟁부문 본선에 올라 큰 화제가 되었다.

'아! 이제 됐다. 마침내 여기까지 왔구나. 더 이상 여한이 없다.'
2000년 5월 프랑스 칸영화제의 〈춘향뎐〉 시사회장. 영화가 끝나기 무섭게 1,000여 명의 관객이 모두 일어나 박수를 치기 시작했다. 순간 내 의식은 강력한 마약 주사라도 맞은 듯 구름 위를 떠돌았다. 지나간 시간이 파노라마처럼 스쳐갔다. '이거였나. 이런 것이었나. 오매불망 바랐던 칸의 꿈이 이런 거였나.' 물거품 같기도 벅찬 환희 같기도 한 복잡한 감정이 혈관을 타고 돌았다.[이태원, 2005]

난 어두운 시대에 살면서 아름답게 찍고 싶진 않았다. 늘 묵화의 느낌이 강한 화면이 됐다. 움직임도 별로 없고 빈 곳이 많은 쓸쓸한 화면. 〈춘향뎐〉에선 아름다운 한국적인 색을 마음껏 표현하겠다고 생각했다. 낮은 톤을 버리고 우리 색의 느낌이라면 극단적으로 화려해 보자는 것이었다. — **정일성**[허문영, 2000]

단정적으로 이야기하는 것을 허락한다면 (나에게) 〈춘향뎐〉은 결국 한국영화이다. 이건 마치 프랑스영화란 결국 장 르누아르의 〈게임의 규칙〉이라고 말하는 것과 같은 의미이다. 혹은 미국영화란 결국 존 포드의 〈역마차〉라는 것과 같은 의미이다. 또는 일본영화란 결국 오즈 야스지로의 〈만춘〉이라는 것과 같은 의미이다. 〈춘향뎐〉은 임권택의 그 모든 정수를 한자리에 모아 놓은 영화인 동시에 그 자신을 넘어서는 영화이다.[정성일, 2003]

태흥영화사가 남긴 것

㉟ 취화선

감독 임권택
주연 최민식 안성기 유호정
　　김여진 손예진
개봉연도 2002

오원 장승업의 일대기를 영화화한 작품. 무엇보다 이 영화는 칸영화제에서 최초로 본상(감독상)을 수상하여 한국영화의 위상을 세계에 알린 작품이다. 초기에 제작비를 구하지 못해 이태원 대표가 자비로 세트를 짓고 촬영에 들어갔는데 시네마서비스의 강우석 감독이 전액 투자를 결정했다고 한다.

왜 장승업이냐 하면, 내가 그래도 가장 가깝게 닿을 수 있는 사람. 이거는 뭔 얘기냐 하면 삶의 행적이 같은 부분이 있는 거예요. 고아라고 되어 있고, 어렸을 때부터 떠돌이살이, 담살이도 했다는데, 나는 물론 고아는 아니지만 어린 나이에 떠돌이를 산 것도 같고. 장승업 선생이 술을 그렇게 좋아했다는데, 엄청나게 술을 마셨다는데, 그런 부분에서는 나도 한때는 감독으로보다는 술꾼으로 훨씬 유명했으니까. ── **임권택**(정성일, 2003)

모든 정보망을 동원해 취재를 했다. 그 결과 최고상인 황금종려상이라는 정보를 입수했다. (중략) 20년간 그려 오던 꿈이 실현될 순간이었다. (중략) 그때였다. 스피커에서 "퀀택 림" 하는 소리가 흘러나왔다. 임 감독이 감독상을 공동수상한다는 것이었다. 잠시 어안이 벙벙했다. (중략) 뭔가에 홀린 느낌이었다. 시상식 직전 상이 뒤바뀐 게 분명했다.(이태원, 2004)

임권택 감독은 자신의 전작들을 빛낸 제재들—구도를 향한 방랑, 이식된 근대의 상처, 민초의 고난, 한국 전통문화의 복원—을 벽화처럼 망라하면서도 그들 모두를 초월한 순수한 미적 완성에의 갈망을 〈취화선〉의 중심에 둔다. 감독 본인의 말에 기대지 않더라도 명백히 임권택의 준자서전 격인 〈취화선〉은 그러나 정리와 회고가 아니라 자신의 영화미학을 혁신하려는 진땀나는 모험이다.(허문영, 2002)

태흥영화사가 남긴 것

㊱ 하류인생

감독 임권택
주연 조승우 김규리 김학준
개봉연도 2004

임권택의 99번째 영화이자 태흥과 함께한 마지막 작품. 임권택 감독은 이태원 대표의 개인사에서 아이디어를 받아 본인과 정일성 촬영감독 등의 경험을 녹여 놓았다고 증언한 바 있다.

사실 내가 〈증언〉 같은 내 영화 간판을 걸 정도로 내 환멸스런 삶을 포함해서 그 시대에 대한 어떤 호의적일 수 없는 감정들이 상당히 솔직하게 드러난 영화인 거요. 아까 얘기한 〈취화선〉 같은 영화가 가져야 할 덕목으로서의 격조 같은 것들은 잘라 내고 정직한 감정의 토로 심회를 찍어 낸 영화라고 보면 되는 거죠. —— **임권택**(정성일, 2003)

㊲ 우리는 썰매를 탄다

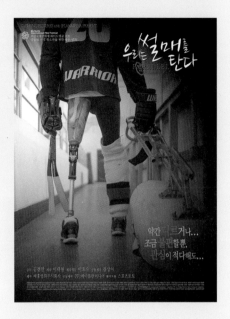

감독 김경만
주연 정승환 이종경 한민수
　　　 박상현 유만균
개봉연도 2018

스케이트 대신 양날이 달린 썰매를 이용하는 장애인 아이스하키 종목인 '파라 아이스하키' 국가대표팀이 장애인, 비장애인 종목을 통틀어 한국 아이스하키 역사상 최초로 2012년 세계선수권 대회에서 은메달을 수상하는 과정을 그린 다큐멘터리영화로 이태원 대표의 아들 이효승 당시 전무가 제작했다. 2014년 제작되었지만 평창 동계패럴림픽 개막 이틀 전인 2018년 3월 7일에 개봉했다.

상업영화를 주로 제작해 온 이효승 전무가 영화제작에 나서게 된 것은 우연한 기회에 지인의 소개로 선수들의 연습 현장을 보고서다. "현장에서 땀 흘리며 연습하고 난 선수들이 짬을 내 밥을 먹고 있는 모습을 보는데 속에서 뭔가가 움직이는 것 같더라고요. 몸도 불편한데 비장애인도 하기 힘든 과격한 운동을 열정적으로 하는 모습도 새로웠고요. 이건 내가 '파 봐야겠다는 생각이 들었어요." 《주간경향》, 2018. 3. 13)

혼란한
영화판에
승부수를
띄우다

이수연
한국영상자료원

태흥영화사에서
수입 · 배급한
외화들

현재 기록[1]을 통해 알려진 태흥영화사의 외화 수입·배급 편수는 총 46편이다. 또한 이 글의 작성을 위해 태흥영화사로부터 제공받은 목록에서는 직수입 외화 11편, 전국에 배급한 영화 33편으로 총 44편의 외화를 수입하거나 배급한 것으로 기록되어 있다. 알려진 자료와 태흥이 제공한 자료가 다르기 때문에, 여기서는 실제 심의 자료와 영화 홍보물(전단, 포스터, 신문광고), 신문 기사 등을 검토하여 태흥영화사가 수입 또는 배급한 외화 51편의 목록을 재정리했다.

사실 태흥영화사가 직접 제작한 영화도 아니고, 단지 수입하고 전국에 유통시킨 영화에 어떤 의미를 부여할 수 있을지 의문을 가질 수 있다. 그러나 다른 사람들이 만든 영화를(그것도 우리와 문화가 다른 외국의 작품을) 수입하고 배급한다는 것은 그 과정에서 작품을 고르고, 협업하고, 흥행 전략을 짜는 수많은 선택과 모험을 해야 한다는 점에서 해당 영화사의 가치관과 역량을 엿볼 수 있는 또 다른 창이다.

한편 태흥영화사의 수입·배급 외화 목록 가운데에는 실제 선전물이나 심의에서 태흥영화사의 이름이 빠졌거나, 수입자유화 이후 미국의 '20세기폭스'나 '컬럼비아픽처스'와 계약을 맺고 배급만 담당한 작품들도 있다. 이런 작품들을 통해 1980년대부터 1990년대 초까지 한국의 외화 수입 정책의 변화는 물론이고 한국영화계, 더 나아가 당시 한국의 사회적 변화 양상까지 들여다볼 수 있다.

145

---

1   유지연, 《한국 영화제작사 연구: 태흥영화사를 중심으로》, 단국대학교 석사학위논문, 1994, 93~95쪽; 이를 참고하여 작성된 권세미, 〈"태흥영화 기증 자료 컬렉션" 해제〉, 한국영상자료원, 2021, 20쪽.

'간접배급'과
'직접배급'

태흥영화사의 수입 작품들을 살펴보기 전에, 한국 영화산업에서 '배급'이 갖는 의미를 분명히 하고 갈 필요가 있다. 특히 '외화'의 배급은 국내에서 제작된 영화의 배급과 그 방식에서 오랫동안 차이를 보였기 때문에 여기서는 '배급'이라는 용어를 더 엄밀하게 구분하여 사용할 것이다.

1950년대 한국전쟁 와중에도 부산, 대구 등 전쟁의 피해가 상대적으로 적었던 지역을 중심으로 극장 흥행이 이어졌다. 특히 부산에 극장을 소유하고 있던 불이무역 사장이자 재일교포였던 이현수는 일본을 통해 외화를 수입하고, 동양영화사를 통해 극장에 영화를 배급하기 시작했다. 이후 동양(불이), 세기, 한국예술영화사 등 1950~60년대를 대표하는 외화수입사들은 모두 이와 같은 방식으로 외화의 수입과 배급을 각 지방에 설치된 지사와 극장을 통해 직접 담당했다. 다시 말해, 1986년 UIP United International Pictures (유니버설픽처스와 파라마운트픽처스의 합작사)의 '직배' 이전에도 사실 외화는 전국에 극장을 소유한 수입사에 의해 '직배' 방식으로 전국에 유통되고 있었다. 그러나 당시의 '직배'가 큰 저항을 불러일으키지 않았던 것은, 이들 수입사가 소유한 극장의 수가 그렇게 많지 않았고, 국가에서 수입 편수와 작품, 수입액 등을 강력하게 통제하고 있었기 때문이다. 그나마 이러한 직접배급 방식도 1960년대 후반부터 영화 사업이 침체되어, 지사를 유지하고 이를 통해 직접 필름을 배급하는 방식보다 국산영화를 중심으로 형성된 기존 배급망을 이용하는 간접배급 방식이 수익성 면에서 더 유리해지면서 점차 자취를 감추게 되었다.

그렇게 간접배급의 시대가 왔다. 간접배급 방식은 말 그대로 각 지방을 담당하는 배급사에서 영화 판권을 구매하여 권역별로 유통시키는 것을 말한다. 한국에는 크게 6개의 권역이 있는데, 서울과 그 주변(개봉관 제외), 경기·강원, 부산·경남, 대구·경북, 광주·호남, 대전·충청이 그것이다. 각 권역마다 배급을 담당하는 배급사들이 3~4군데씩 존재했으며, 이들이 해당 권역의 모든 영화 유통을 담당했다. 이러한 배급 방식은 외화보다는 제작부터 상영까지 한국영화 전반에 큰 영향력을 행사했고, 여러 차원에서 아주 오랫동안 한국의 영화산업을 지탱했다.

영화시장 개방과
'직배' 논란

그러던 중 1987년 7월 1일자로 시행된 제6차 영화법 개정에 '외화수입자유화'(해외 영화사의 국내 법인 설립 가능, 수입 상한가 폐지 등)가 포함되면서, 말 그대로 한국영화계에 엄청난 폭풍이 불었다. 가장 먼저 이 방침에 반대하고 나선 것은 당연히 영화제작사들이었다. 이들은 한국영화시장이 개방되면 미국의 대작 영화들이 물밀 듯 들어올 것이고, 그러면 한국영화는 더 이상 영화를 상영할 극장도 찾지 못하게 될 것이라며 우려를 표했다.

이러한 한국영화인들의 불안을 그저 기우로 치부할 수는 없었다. 이제까지 국가가 제한하고 있던 수입 편수가 풀리면, 한 해에도 수백 편의 영화가 제작되는 미국에서 엄청난 물량이 밀려들 것은 불 보듯 뻔했고, 이는 그만큼 한국영화가 설 자리가 없어진다는 것을 의미했다. 또한, 1987년 한국에 들어온 UIP가 주장한 '직배'라는 것은 한국에 만들어진 기존 배급망을 이용하는 것이 아니라, 자신들이 전국에 지사를 설립하여 그 지사를 통해 직접 영화를 배급하겠다는 것이었다. 이는 외화의 배급과 상영으로 발생하는 모든 수익이 미국 영화사들에게 돌아간다는 것을 의미했다(사실 과거 정부는 외화 수입으로 국내에서 발생한 수익이 다시 국내 영화제작에 사용될 수 있도록 우수한 한국영화를 제작한 영화사에 수입쿼터를 배정하는 정책을 시행했다. 물론 이 정책이 의도했던 방향대로만 작용한 것은 아니다). 당연히 국내 영화인들은 크게 반발할 수밖에 없었다.

그래서 영화인들의 우려대로 UIP가 실제로 1987년 한국에 지사를 설립한 직후 정말 '직배'를 실현했느냐 하면 전혀 그렇지 않다. UIP가 한국에서 완전한 '직배' 시스템을 구축한 것은 1999년에 이르러서다. 그때까지 국내에 들어온 어떤 외국 수입사도 실제로 '직배'를 하지 못했다. 당시 영화제작업을 비롯하여 수입업자, 극장흥행업자, 일반 시민에 이르기까지 직배에 대한 반감이 너무나 강력했기 때문에, 아무리 많은 자본과 물량을 자랑하는 할리우드 영화사라 하더라도 그들의 협조 없이는 한국에서 미국영화를 '직배'하기는커녕 상영조차 하기 힘든 것이 현실이었다.

결국 직배 초기에 대부분의 외국 수입사들은 '간접배급' 방식을 택하게 되었다. 제일 먼저 한국의 상황을 파악하고 눈치 빠르게 대응한 곳은 '20세기폭스'였다. 그들은 경강 지역 배급권을 갖고 있고, 서울 '단성사'를 관리하며, 일찍부터 영화제작을 통해 전국 배급망을 유지하고 있던 '태흥'과 손을 잡았다. 20세기폭스사는 단성사 사장인 이남규의 장남이자 단성사 부사장인 이성호가 설립한 '노마 인터내셔널'이라는 중개사를 통해 '태흥'과 5년간 간접배급 계약을 맺었다. 지금으로 말하면, 태흥영화사는 20세기폭스가 들여온 영화의 판권을 구매하고 배급권을 얻어 낸 것이다. 이는 후에 분노한 영화제작자와 배급업자들로부터 '위장직배'라는 비난을 들었지만, 엄밀히 말하자면 '위장'도 '직배'도 아니었다.

당시《한겨레》기사(1989년 7월 15일자)에 따르면, 이태원 대표는 노마 인터내셔널을 통해 20세기폭스 수입작인 〈빅Big〉(페니 마셜, 1988)을 3억 원에 샀다. 그는 이러한 판매 방식이 "극장과 직접 계약을 맺어 자기네 영화를 배급하는 망을 구성하는 UIP의 직배 방식과 다르다"고 강조했다. 이는 '직접배급'의 의미를 생각할 때 틀린 말이 아니다.

사실 대부분의 '직배 소동'에서 가장 큰 혼동을 일으키는 용어 중 하나가 '배급'이다. 앞서 언급한 것처럼 1950~60년대 외화수입사들은 수입과 배급을 함께 담당했기 때문에, 외화의 경우 '수입(제공)'과 '배급'을 딱히 구분하지 않았다. 그래서인지 '직배' 문제를 언급하는 신문기사에서도 배급을 국내 영화사에서 담당하더라도 수입사가 미국 회사면 이를 '직배'라고 말하는 일이 발생했다. 당시 직배에 반대하며 '미국영화 상영 반대' 운동을 펼치고 있던 국내 영화인들은 그게 어떤 방식이든 미국영화 상영을 허락했다는 것만으로도 배신감을 느꼈겠지만 말이다.

149

이러한 일련의 소동 속에서 태흥영화사는 1988년 2월 6일 개봉한 〈블랙 위도우Black Widow〉(봅 라펠슨, 1987)부터 1991년 7월 6일 개봉한 〈나 홀로 집에Home Alone〉(크리스 콜럼버스, 1990)까지 총 11편의 20세기폭스사 수 입작들을 전국에 배급했다. 그리고 20세기폭스와의 계약이 만료된 후 에는 미국의 '컬럼비아 영화사'의 영화들을 간접배급 방식으로 전국에 배급했다.

컬럼비아 영화사는 1989년 일본 회사인 '소니픽처스'에 인수되면서 국내 활동이 한동안 제한되었다. 그러나 '트라이스타픽처스'와 합병 후 '소니'의 경영 개입이 없다는 전제하에 1990년 10월 '컬럼비아트라 이스타'로 한국에 지사를 설립할 수 있게 되었다. 처음 '컬럼비아트라 이스타'는 1990년 〈고스트버스터즈 2Ghostbusters II〉(이반 라이트만, 1989)를 시 작으로 '세경흥업'을 통해 자신들의 영화를 배급했으나, 〈허드슨 호크 Hudson Hawk〉(마이클 레만, 1991; 1992년 2월 1일 국도극장 개봉)의 상영이 끝남과 동시 에 같은 해 3월부터는 태흥영화사를 통해 전국 배급에 들어갔다 (1993년 세경흥업은 폐업했는데, 배급 파트너를 바꾸게 된 가장 큰 이유는 세경흥업 의 경영난 때문으로 보인다).

이렇게 태흥을 통해 국내에 상영된 '컬럼비아 트라이스타'의 작품 으로는 1992년 3월 7일 개봉한 〈줄리아 로버츠의 유혹의 선Flatliners〉(조 엘 슈마허, 1990)부터 1993년 9월 4일 개봉한 〈피셔킹The Fisher King〉(테리 길리 엄, 1991)까지 총 24편이 있다.

태흥영화사가
직수입·배급한 영화들

사실 태흥영화사가 영화시장 개방 이전에 수입한 영화들의 면면을 보고 있자면, 이태원 대표 역시 이러한 '직배' 시스템의 도입이 결코 반갑지 않았을 것이라고 생각된다. 왜냐하면 '수입자유화' 이전, 태흥영화사는 갓 외화수입업에 발을 담근 회사라고는 믿어지지 않을 만큼 어마어마한 대작 외화들을 수입해 왔기 때문이다.

태흥은 1987년까지 한 해에 약 2편씩 총 8편의 영화를 수입했다. 이때 수입작들을 보면 가장 처음 수입·배급한 홍콩 무협영화 〈용등호약〉을 제외한 나머지 작품은 모두 미국영화들로, 〈터미네이터The Terminator〉(제임스 카메론, 1984), 〈카튼클럽The Cotton Club〉(프란시스 포드 코폴라, 1984), 〈실버라도 Silverado〉(로렌스 캐스단, 1985), 〈어젯밤에 생긴 일About Last Night…〉(에드워드 즈윅, 1986), 〈에이리언 2Aliens〉(제임스 카메론, 1986), 〈프레데터Predator〉(존 맥티어넌, 1987), 〈에이리언Alien〉(리들리 스콧, 1979) 등이다. 이 중 〈터미네이터〉, 〈에이리언 2〉, 〈프레데터〉는 모두 상영 당시 30만 이상(비공식 통계 포함)의 관객을 동원하며 엄청나게 흥행에 성공했다.

그런데 이 시기 수입작들 중에서 주목해서 보아야 할 것이 있다. 바로 〈실버라도〉와 〈에이리언 2〉의 실제 기록상 수입사들이다. 당시 신문광고와 전단에 따르면, 두 작품은 각각 대영영화사와 단성영화사의 수입작으로 기록되어 있다. 대영영화사는 서울의 중앙극장과 부산의 부영극장, 혜성극장을 운영하던 김인동이 대표로 있던 영화사로, 실제 〈실버라도〉는 중앙극장과 부영극장을 통해 상영되었다. 〈에이리언 2〉

를 수입한 단성영화사는 단성사 사장인 이남규가 세운 영화사로, 1987년 〈미미와 철수의 청춘스케치〉를 제작하기 전까지 제작한 영화가 한 편도 없었을뿐더러 수입한 외화도 1986년 〈에이리언 2〉가 유일하다.

그렇다면 이들의 수입작이 어떻게 태흥으로 가게 되었을까? 가장 쉽게 생각할 수 있는 것은 태흥에서 배급을 맡은 것이다. 앞서 이야기한 것처럼 태흥은 전국 배급망을 갖고 있었고, 외화 역시 이러한 간접배급 방식으로 전국에 유통되었기 때문에, 대영영화사는 자신들이 보유한 상영관인 중앙극장과 부영극장을 제외한 나머지 서울 변두리와 경기·강원, 대구·경북, 광주·호남, 대전·충청 등의 지역에 〈실버라도〉의 배급을 부탁했을 수 있다. 그러나 단지 그런 이유라면 태흥영화사가 보유한 외화 수입 목록에 '직수입 상영작'으로 분류될 근거가 없다. 그래서 당시의 외화 수입 관례들로 추론해 보건대, 애초 수입은 '태흥영화사'의 이름으로 이루어졌지만, '모종의 이유로' 태흥영화사가 해당 영화를 대영영화사에 양도했을 수 있다. 실제로 수입사가 바뀌는 것은 1970~80년대 외화 수입 관행상 그렇게 드문 일이 아니었다.

그러나 단성영화사의 〈에이리언 2〉 수입은 이런 소소한 사건의 일부로 보기 어렵다. 단성영화사는 단성사 극장주 이남규가 설립한 영화사로, 1967년 설립되었지만 1980년대 이전까지 특별한 활동을 하지 않았다. 1986년 영화사가 허가제에서 등록제로 바뀌며 외화수입 및 제작업으로 단성영화사를 등록하기는 하지만, 앞서 말했던 것처럼 실제 제작 영화는 1987년의 〈미미와 철수의 청춘스케치〉가 유일할뿐더러 수입 외화 역시 〈에이리언 2〉가 유일하다. 오랜 시간 활동이 미미했던 회사가 갑자기 어디선가 외화 한 편을 갖고 오는 일은 분명 어떻게 봐도 이상하다. 따라서 〈에이리언 2〉의 수입과 관련된 의문을 풀기 위해서는 20세기폭스-단성사-태흥의 관계를 좀 더 면밀히 살펴볼 필요가 있다.

당시 이태원 대표는 단성사를 임대운영하고 있었지만, 실제 주인은 어디까지나 이남규였다. 20세기폭스 입장에서는 자신들의 영화를 안정적으로 배급하기 위해서는 극장을 잡는 것이 좋다고 판단했을 것이다. 따라서 20세기폭스가 극장을 소유한 '단성영화사'에 먼저 수입을 제안하고, 배급망이 있던 태흥에서 영화의 수입과 배급을 담당한 것으로 추정된다.[2] 다시 말해, 20세기폭스-단성-태흥의 관계는 1989년 4월 20세기폭스사의 중개사로 '노마 인터내셔널'을 설립하면서 공식화되기는 했으나, 이미 그전부터 단성영화사를 통해 형성되어 있었던 것이다. 이렇게 추정해 보면, 태흥이 말한 20세기폭스와의 '5년 계약' 기한(1987~1991)도 맞아떨어진다.

마지막으로 태흥영화사에서 제공한 〈외국영화 수입 및 전국배급 현황〉에는 없지만, 앞서 언급한 유지연의 논문과 '태흥영화' 기증 자료 컬렉션 목록에는 태흥영화사 수입작으로 이름이 올라가 있는 두 작품 〈집

153

---

2 이처럼 미국 영화사가 국내 극장과 먼저 접촉한 후 극장을 소유한 영화사로 하여금 배급 대행사를 설립하게 한 경우는 비슷한 시기 오라이온-명보-평주통상의 관계에서도 찾아볼 수 있다. 국내에서 제작·수입·배급업을 하던 명보영화사가 엄연히 존재했으나, 오라이온은 '평주통상'을 거쳐 거래하기를 원했다. 모든 업무는 명보영화사가 담당했다. 20세기폭스와 태흥영화사의 관계에서 단성영화사(이후 노마 인터내셔널)의 역할이 이 '평주통상'과 유사했을 것이다. 공영민, 《2020년 한국영화사 구술채록연구 시리즈 주제사 3권 〈1960~1990년대 수입 외화의 변화-김진 편〉》, 한국영상자료원, 2020, 10~11쪽.

법선봉^{執法先鋒}〉(원규, 1987; 국내 개봉명 〈사대선봉〉)과 〈죽음의 승부Blocksport〉(뉴트 아놀드, 1988)는 각각 신한영화사와 신도필름의 수입작으로 태흥영화사가 배급을 위해 필름을 보유하고 있었던 것으로 보인다. 〈실버라도〉의 사례처럼 〈집법선봉〉의 경우에도 심의 서류를 보면 처음 장안영화사에서 영화를 수입하려고 했으나 수입 추천을 받지 못했고 몇 년 뒤 신한영화사에서 다시 수입 추천을 받아 수입한 것으로, 이후에 수입사 변경에 대한 내용이 없고, 〈집법선봉〉의 전단·포스터·신문광고에도 "신한영화사 수입·배급"으로 표기되어 있는 것으로 보아, 이 영화의 수입사는 신한영화사로 보아야 하며, 태흥영화사는 상영(단성사)과 배급을 위해 이 영화를 보유하고 있었던 것으로 추정된다.

〈죽음의 승부〉를 수입한 신도필름은 호남 지역의 영화 배급을 담당하던 정륭사가 대표로 있던 영화사로, 1980년대에는 태흥영화사의 호남 지역 배급을 책임지는 한편으로 영화 수입업을 겸하고 있었다. 〈죽음의 승부〉와 관련된 기록이 많이 남아 있지는 않지만, 포스터와 신문광고에는 수입·배급사가 "(주)신도필름"으로 표기되어 있고, 이 영화의 개봉관이 단성사였다는 점으로 보아, 〈죽음의 승부〉 필름 역시 상영과 배급 때문에 태흥영화사에 보관되고 있었던 것으로 보인다.

이상에서 살펴본 것처럼, 태흥영화사는 '수입자유화' 조치 이후 혼란스러운 한국 영화산업의 한가운데에서 자신만의 방식으로 새로운 시장에 적응해 갔다. 태흥영화사의 외화 수입·배급 작품들의 목록만 나열해 보아도 당시 변화하던 영화산업 지형과 이로 인해 영화인들이 갖고 있던 고민의 흔적들이 보인다. 영화제작자들은 당시 한국영화계로서는 꿈도 꾸지 못할 SF와 블록버스터 영화들이 줄지어 수입되는 상황에서 한국영화의 질적 문제를 고민했을 것이고, 극장주들은 '직배 반대운동'이 들끓어 오르는 상황에서 상영만 한다면 '대박을 칠' 영화를 놓치기는 싫어 서로 눈치만 보았을 것이다. 그 안에서 태흥영화사는 그들만의 선택을 했고, 그 선택이 1980년대 말부터 1990년대 초 한국영화계의 변화에 큰 영향을 미쳤다는 사실만은 분명하다.

용등호약
龍騰虎躍

감독 진전
제작연도 1983

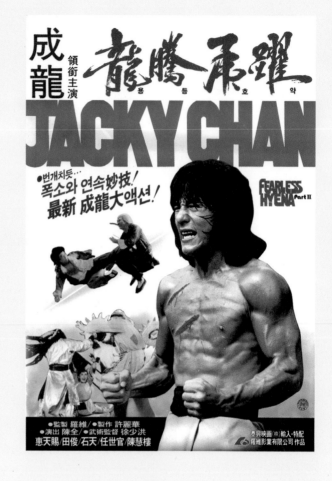

156

〈용등호약〉은 태흥영화사에서 처음으로 수입한 작품이다. 1984년 연말연시, 〈취권〉과 〈프로젝트 A〉의 성공 이후 한국에서도 최고의 인기를 모으고 있던 성룡 주연의 무협영화 두 편이 연달아 개봉했다. 지금에야 무슨 소린가 싶겠지만, 1990년대 초까지만 해도 "명절에는 성룡을 봐야 한다"고 할 정도로 국내에서 일명 '성룡 영화'는 온 가족이 편하게 모여 웃으면서 볼 수 있는 영화를 대표하는 이름이었다. 그러나 1984년 겨울은 달랐다. 다음에 소개할 영화 때문이다.

터미네이터
The Terminator

감독 제임스 카메론
제작연도 1984

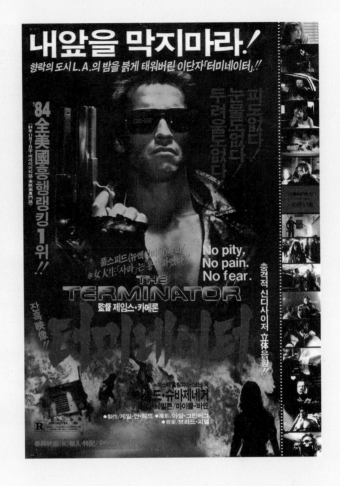

〈터미네이터〉는 1984년 12월 22일 크리스마스 특선으로 단성사에서 개봉했다. 1985년 제5차 영화법 개정을 앞두고 외화 시장이 뜨겁게 달아오르고 있었던 시기다. 크리스마스부터 신정까지 피카디리에서는 〈스카페이스〉, 국제극장 〈용등호약〉, 국도극장 〈스트리트 오브 화이어〉, 허리우드 · 명화 〈고스트버스터즈〉, 푸른극장에서 〈ET〉(재상영)가 개봉해 경쟁을 벌였는데, 〈터미네이터〉는 해를 넘겨 1985년 3월 15일까지 총 82일간 상영하며, 종영일까지 하루 관객 수가 5천여 명에 달하는 등 엄청난 흥행 성적을 거두었다.

에이리언 2
Aliens

감독 제임스 카메론
제작연도 1986

〈에이리언 2〉는 단성사에서 1986년 12월 24일 개봉한 후 1987년 3월 13일까지 무려 80일간 상영하여 총 29만 2,436명(영화진흥공사, 《1988년도 한국영화연감》 기준)의 관객을 동원했다. 사실 여기에는 비하인드 스토리가 있다. 1987년 2월 17일자 《동아일보》 기사에 따르면, 비수기인 2월에 관객을 동원하기 위해 신세계백화점과 계약을 맺고 특정 상품을 3만 원 이상 구매한 고객에게 〈에이리언 2〉의 무료입장권을 배포했다. 당시 외화와 국산영화의 입장료 차이도 관객이 영화를 선택하게 하는 중요한 요소 중 하나였다. 이런 식으로 외화에만 특별할인을 적용하거나 무료 입장권을 배포하는 것은 대작 영화에 관객을 동원하려는 일종의 '꼼수'였다. 수입자유화로 외화가 극장에 넘쳐나는 것을 막고자 정부에서 심의를 이용하여 수입 편수를 제한하자, 영화 한 편으로 최대의 수익을 올려야 했던 영화사들이 마련한 고육지책이었다.

프레데터
Predator

감독 존 맥티어넌
제작연도 1987

〈프레데터〉는 단성사에서 1987년 7월 17일에 개봉하여 1987년 9월 18일까지 총 64일간 상영되었다. 여름 바캉스 시즌을 타고 〈프레데터〉의 인기는 엄청났는데, 이전에 30만 관객을 달성했던 〈터미네이터〉와 〈에이리언 2〉가 각각 84일과 80일간 상영되며 이와 같은 관객 수를 이끌어냈다면, 〈프레데터는〉 비슷한 관객 수를 64일 만에 동원했다. 1987년 7월부터 수입 상한가 제한이 폐지되면서 이 영화는 무려 43만 달러에 수입되었는데, 이는 같은 해 수입된 외화 가격 중 두 번째로 높은 것이었다. 1982년까지 국내 수입 외화 가격의 상한선은 38만 달러였다. 〈터미네이터〉에 이어 〈프레데터〉까지 흥행하면서 아널드 슈워제네거는 '남성미 넘치는' 배우로 국내에서 인기가 급상승했다.

---

* 1983년 이 상한가를 넘어선다는 이유로 〈ET〉의 수입이 무산되었다. 당시 전 세계적으로 최고의 화제작이었던 만큼 모든 국내 수입사들은 〈ET〉의 수입권을 갖고 싶어 했다. 수입사 간 경쟁이 심화되며 수입 가격이 무려 150만 달러까지 올라갔으나, 1984년 〈ET〉의 수입 가격이 47만 달러로 책정되어 수입 상영이 가능해졌다(〈ET〉는 1984년 흥행 1위를 달성했는데, 동시에 4개 극장에서 최장 77일까지 상영되며 총 55만 9,054명의 관객을 동원했다). 그리고 1986년 너무 비싼 가격이 문제가 되어 결국 심의에서 수입 추천이 거부된 〈백 투 더 퓨처〉의 수입 가격은 49만 달러였다. 1987년 가장 비싼 가격에 수입된 영화는 〈오버 더 탑〉으로 49만 8천 달러에 거래되었다.

다이하드
Die Hard

감독 존 맥티어넌
제작연도 1988

〈다이하드〉는 단성사에서 1988년 9월 24일 개봉하여 1989년 3월 3일까지 161일이나 상영했다. 동원 관객 수는 총 70만 1,893명으로, 무려 2년(1989년~1990년)에 걸쳐 흥행 순위 1위를 달성했다. 추석특선으로 상영된 영화가 설 명절까지 상영된 셈이니 그 자체만으로도 정말 어마어마한 기록이었다(추석과 설은 당시 영화산업에서 중요한 성수기였는데, 이 영화 한 편으로 두 번의 성수기를 버틴 것이다!). 어딘지 불량해 보이고, 늘 비속어를 달고 사는 존 맥클레인이 "아내를 찾거든 전해다오, '미안해' 소리를 못한 것을 못내 안타까워했다고"라고 구수하게 말하는 광고 카피가 웃음 포인트.

빅
Big

감독 페니 마샬
제작연도 1988

〈빅〉의 포스터. 1980년대 후반, 부도심 지역에 새로운 중소형 극장들이 증가하면서 이들 극장은 '상영작 찾기' 경쟁에 돌입했다. 이에 대한 일종의 자구책으로 나온 것이 '연계상영'이었다. '연계상영'이란 오늘날 한 편의 영화가 멀티플렉스의 여러 관에서 동시에 상영되는 것처럼, 여러 극장에서(당시의 극장들은 대부분 단관으로 운영되었다) 동시에 개봉 상영하는 시스템이다. 〈빅〉은 단성사와 롯데월드시네마 2관에서 연계상영되었는데, 단성사에서 1989년 7월 15일부터 9월 12일까지 60일 동안 21만 4,519명, 롯데월드 2관에서 8월 12일부터 8월 25일까지 14일 동안 1만 1,480명을 동원했다.

지존무상
至尊無上

감독 왕정
제작연도 1989

1987년 〈영웅본색〉이 개봉하면서 한국에서 홍콩영화의 인기는 일명 '성룡 영화'에서 '홍콩 누아르'로 자연스럽게 옮겨 갔다. 그리고 그 인기를 이어받은 것이 〈지존무상〉으로 대표되는 '도박영화'였다. 1991년 영화진흥공사에서 실시한 '청소년들의 영화관람 실태 및 의식에 관한 조사'에 응한 청소년의 53.7퍼센트가 "홍콩영화를 좋아한다"고 답했으며, 이를 반영하듯 '청소년이 가장 좋아하는 외화' 1위는 〈영웅본색〉, 3위는 〈지존무상〉이 차지했다. 〈지존무상〉과 관련해서는 또 한 가지 재미있는 일화가 있다. 1989년 12월 개봉 한 달쯤 되었을 때, 〈지존무상〉 상영 도중 단성사에 정전이 일어났다. 극장 배전판이 완전히 타 버려 당장 복구도 불가능한 상황이었다. 이후 모든 회차의 상영이 취소되었으며, 이로 인해 영화를 관람하던 3회차 관객 일부와 4, 5회차 관객들에게 극장 측이 입장료를 환불해 주게 되었다(심지어 4회차는 매진이었다!). 그런데 환불을 받은 사람들 중 약 800여 명이 정신적 피해보상을 요구했다. 결국 이들에게 1인당 1만 원씩 보상을 해 주었는데, 이는 당시로선 매우 이례적인 일이었다.

택시 드라이버
Taxi Driver

감독 마틴 스코세이지
제작연도 1976

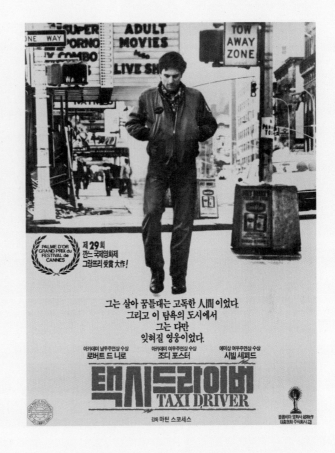

미국의 블록버스터 액션영화와 홍콩의 '누아르영화'가 계속해서 흥행을 이어 가자, 평론계와 언론은 폭력성과 선정성이 넘쳐나는 영화들이 한국 극장가를 장악해 가는 현상을 걱정하기 시작했다. 이를 의식해서인지, 1990년대 초 '칸영화제'와 '아카데미영화제' 수상작 몇 편이 동시에 수입되어 들어온다. 〈택시 드라이버〉도 그중 하나였다. 〈택시 드라이버〉의 제작년도를 고려했을 때 수입이 다소 늦은 감이 있는데, 이는 이 영화의 내용이 1970년대 한국의 삼엄한 검열을 통과하지 못할 것이라는 당시 수입업자들의 판단 때문이었을 것으로 생각된다.

단순히 수입이 가능해진 정도가 아니라 심의 기준 역시 이전보다 많이 완화되었는데, 이를 증명하듯 수입추천 심의위원회는 〈택시 드라이버〉에서 단 한 장면도 삭제하지 않고 그대로 수입을 허가했다.

다이하드 2
Die Hard 2

감독 레니 할린
제작연도 1990

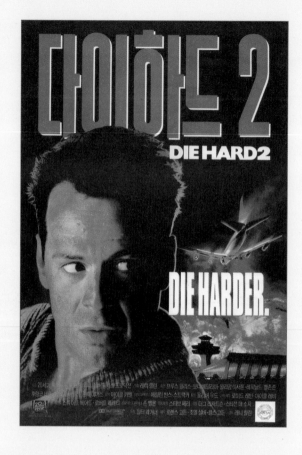

〈다이하드 2〉는 그야말로 직배 폭풍의 한가운데에서 개봉했다. 20세기폭스의 영화를 단독으로 배급한 태흥영화사는, 수입자유화로 혼돈의 도가니가 된 한국 영화산업 안에서 자사가 제작한 한국영화는 물론이고 배급을 맡은 외화까지 연이어 엄청난 흥행 수익을 올리고 있었다. 다른 흥행업자들이 이를 곱게 볼 리 없었다. 가장 먼저 이를 걸고넘어진 것은 서울극장주 곽정환 대표였다. 그는 뒤늦게 20세기폭스와의 계약을 가리켜 "위장직배"라며 이태원 대표를 비난했다. 그리고 이를 핑계 삼아 은근슬쩍 서울시네마타운(구 서울극장)을 비롯해 서울 시내 14개관에서 미국 UIP 수입작인 〈사랑과 영혼〉을 개봉했다. 그렇게 시작된 두 영화의 흥행 경쟁은 어떻게 끝이 났을까? 〈다이하드 2〉가 동원한 관객 수는 결코 적지 않았다. 크리스마스, 연말, 설까지 관객의 발길은 계속 이어졌다. 그러나 1991년 2월 14일, 〈사랑과 영혼〉은 한국 영화산업사상 처음으로 '백만'이라는 관객 수를 돌파했고, 총 관객 수 168만 3,265명(서울 기준)을 기록했다. 이 기록은 1998년 〈타이타닉〉이 등장하기 전까지 깨지지 않았다.

낙산풍
落山風
심의 제명 낙산풍음간항마

감독 황옥단
제작연도 1988

〈낙산풍〉은 임권택 감독의 영화 〈씨받이〉로 1987년
제44회 베니스국제영화제에서 여우주연상을 수상
한 배우 강수연의 해외 진출작으로 주목을 받았던
작품이다. 《조선일보》(1988년 3월 8일자) 기사에 따르면, 1988년 3월 대만 중앙전영사업유한공
사 임등비 사장이 태흥영화사와 합작영화를 제작하고자 내한했다(태흥영화사와 중앙전영이 합작 계
약을 맺은 작품은 〈자객춘추〉와 〈표마〉 두 편인데, 해당 제목의 개봉작이 없는 것으로 보아 실제로 제작되지는 않은
듯하다). 당시 합작 계획을 알리는 기자회견에서 임등비 사장은 "요즘 타이베이에서는 한국영화
에 대한 관심이 높고 특히 강수연 양의 인기가 대단"하고, "〈씨받이〉의 경우 지난해 150만 달러
의 수입을 올렸을 정도"라며, 1억 원의 개런티를 지급하고 영화 〈계절풍〉 출연 계약을 맺었다고
발표했다. 이 기자회견이 있고 얼마 후(같은 해) 이 영화는 〈낙산풍〉이라는 제목으로 대만에서 개
봉했다. 《1990년도 한국영화연감》(영화진흥공사)의 '제작사별 국내 · 국외 영화심의 현황'에 따르
면, 〈낙산풍〉은 1989년에 이미 수입되어 심의까지 완료되었지만 어떤 이유에서인지 1991년에
야 국내 개봉됐다.

무적쾌차
最佳賊拍檔

감독 진훈기
제작연도 1990

〈무적쾌차〉로 국내에 개봉한 이 영화의 원제명은 〈최가적박당〉이지만, 홍콩의 유명 경찰콤비 영화 〈최가박당〉 시리즈와는 아무런 관련이 없다. 당시 양자경의 〈예스마담〉으로 국내에서도 여성 주연의 액션영화들이 인기를 얻고 있었다. 〈무적쾌차〉는 여성 액션영화의 인기를 잇는 작품으로, 이 영화의 주인공인 대도유가리大島由加利(오시마 유가리)는 일찍이 국내에서 〈폴리스 마담〉(소산, 1987)으로 이름을 알린 바 있다(1980년대생에게는 〈바이오맨〉의 '파라캣'으로 더 친숙하다).

〈무적쾌차〉는 영보, 계림, 새서울, 진덕, 다모아 3관에서 상영되었는데, 이 극장들은 1993년까지 태흥영화사가 배급한 영화들의 주요 상영관이었다. 이 극장들이 모두 한국영화배급주식회사(대표 황두승)의 배급 라인이었다는 것을 생각해 보면, 이 시기 태흥영화사가 한국영배와 계약을 맺고 서울 변두리에 영화를 배급하고 있었음을 알 수 있다.

나홀로 집에
Home Alone

감독 크리스 콜럼버스
제작연도 1990

이제는 '해리 포터'에게 그 자리를 내주기는 했으나, 2000년대까지도 크리스마스에 '캐빈'을 만나는 것은 당연한 일이었다. 그러나 개봉 당시만 해도 〈나홀로 집에〉는 크리스마스 영화가 아니었다. 〈나홀로 집에〉는 방학을 맞이한 어린이 관객을 동원하기 위해 뜨거운 여름에 개봉하여 〈터미네이터 2〉와 치열하게 경쟁했다. 1991년 여름은 귀여운 '맥컬리 컬킨'과 미소년 '에드워드 펄롱'의 싸움이었다고 해도 과언이 아니다. 안타깝게도, 승리는 근소한 차이로 〈터미네이터 2〉가 차지했다(139일 상영, 91만 9,444명 관객 동원). 그러면 〈나홀로 집에〉는 언제부터 크리스마스의 대명사가 되었을까? 아마도 〈나홀로 집에 2〉가 1992년 크리스마스 시즌에 맞춰 개봉한 것이 그 시작으로 보인다(흥행 성적도 1편을 넘어섰다). 그리고 1994년 KBS 2TV에서 크리스마스 특선 영화로 〈나홀로 집에〉가 방영된 것을 시작으로, 이후 매년 공중파와 케이블 채널을 오가며 크리스마스에는 〈나홀로 집에〉와 〈나홀로 집에 2〉가 꾸준히 방영되었다.

영화 〈벅시〉의 신문광고. 왼쪽은 아카데미 수상작이 발표되기 전인 3월 28일자 광고이고, 오른쪽은 아카데미 발표 다음 날인 4월 1일자 광고이다.

영화 〈사랑과 추억〉의 신문광고. 오른쪽은 3월 28일자 광고, 왼쪽은 4월 4일자 광고이다.

벅시
Bugsy

감독 베리 레빈슨
제작연도 1991

사랑과 추억
The Prince of Tides

감독 바브라 스트라이샌드
제작연도 1991

1992년 3월 31일 열린 제64회 아카데미시상식은 다른 의미로 국내에서 초미의 관심을 모았다. 당시 아카데미시상식에서는 한국에서 1991년 6월 22일 명보극장에서 개봉한 〈양들의 침묵〉(평주통상 수입·배급)과 1992년 3월 14일 단성사에서 개봉한 〈벅시〉(컬럼비아픽처스 수입·태흥영화사 배급), 1992년 3월 25일 대한극장에서 개봉한 〈사랑과 추억〉(컬럼비아픽처스 수입·태흥영화사 배급), 아직 국내에 들어오지 못하고 있던 〈JFK〉가 아카데미 작품상을 놓고 경쟁을 벌였다. 이미 전년도 동원 관객 수 28만 1,133명(비공식 통계 48만여 명)으로 외화 흥행 순위 10위에 오른 〈양들의 침묵〉은 열외로 하더라도, 한창 국내 상영 중이던 〈벅시〉와 〈사랑과 추억〉은 아카데미 수상으로 더 많은 관객을 끌어모을 수 있었기에 수상 결과에 관심이 집중되었다. 특히 〈벅시〉는 이미 1991년 골든글로브 최우수작품상을 수상한 작품으로, 아카데미시상식에서도 무려 10개 부문에 노미네이트되어 이러한 기대를 더욱 끌어올리고 있었다. 하지만 아카데미는 〈양들의 침묵〉을 선택했다. 배급사가 이런 기회를 놓칠 리 없었다. 평주통상은 원래 예정되어 있던 〈시네마천국〉의 개봉을 미루고 재빠르게 〈양들의 침묵〉 재상영에 들어갔다.

 사실 과거 한국의 영화수입사들은 '아카데미 수상작'을 그렇게 좋아하지 않았다. 1980년대까지만 해도 '아카데미 수상작'이 크게 흥행한 경우가 없었기 때문이다. 그런데 이처럼 1992년 아카데미 수상작을 둘러싼 수입·배급사의 경쟁은 '관객' 자체가 변화했음을 보여 주는 것이었다. 1970년대 후반부터 문화원과 시네마테크를 통해 성장한 '시네필' 관객들은 아카데미와 칸·베를린·베니스 등의 국제영화제에서 작품성을 인정받은 영화들에 환호했다. 앞서 소개한 1990년 〈택시 드라이버〉, 그리고 이듬해 〈광란의 사랑〉과 〈늑대와 함께 춤을〉의 흥행 성공은 수입사들에게 '관객층의 변화'에 대한 일종의 확신을 주었다. 극장가는 여전히 블록버스터와 홍콩 액션무협영화들이 주류를 이루었지만, 한국의 상영관을 채우는 영화들의 성향은 조금씩 다양해지고 있었다. 영화사들은 이러한 수요 변화에 대응할 준비를 했다.

후크
Hook

감독 스티븐 스필버그
제작연도 1991

"스필버그는 믿어도 된다!!"
스티븐 스필버그가 국내에 처음 소개된 것은 1978년 〈죠스〉를 통해서다. 구정 시즌 개봉한 이 영화는 그의 이름을 영화 팬들의 뇌리 속에 확실히 각인시켰다. 그리고 1983년 〈ET〉는 영화가 보여 준 특수효과, 세계관, 연출력뿐만 아니라 국내 수입 과정에 얽힌 일화부터 흥행 성적에 이르기까지 단연 그해 최고의 화제작이었다. 이후 그의 작품은(스필버그가 연출한 작품이 아니더라도) 국내에서 개봉될 때마다 그의 이름을 앞세워 홍보되었고, 연이어 외화 흥행 순위 10위 안에 들 정도로 엄청난 인기를 얻었다. 이 영화들의 특징은 모두 여름방학 시즌을 노리고 개봉되었다는 것인데, 〈인디애나 존스〉 시리즈, 〈그렘린〉, 〈구니스〉 등이 모두 여름 시즌에 개봉하여 흥행에 성공하면서, 스티븐 스필버그의 영화는 '가족영화'로 이미지를 잡아 간다.
사실 〈후크〉는 이전 작품들이 보여 준 흥행 성적을 생각했을 때 크게 성공한 작품이라고는 볼 수 없는데, 이는 같은 해 여름방학 특선으로 경쟁한 작품이 디즈니 애니메이션 〈미녀와 야수〉임을 생각해 보면 쉽게 납득할 수 있다. 그러나 스티븐 스필버그는 이듬해 다시 한번 자신의 진가를 보여 준다. 〈쥬라기 공원〉으로.

포트리스
Fortress

감독 스튜어트 고든
제작연도 1992

그렇다면 미국영화 '직배'는 논란과 역기능만 초래했을까? 이제부터 '직배'가 가져온 순기능에 대해서도 살펴보자. 1980년대까지 한국의 관객들은 언론을 통해 미국의 제작 경향이나 화제작에 대한 소식은 그때그때 들을 수 있었지만, 막상 그 영화를 언제쯤 볼 수 있을지는 기약이 없었다. 어떻게 수입사가 정해진다 하더라도 수입 추천을 받지 못할 수도 있고, 검열에 통과하지 못할 수도 있고, 이 두 과정이 모두 진행되는 데에 어느 정도의 시간이 걸릴지 가늠할 수 없었기 때문이다. 게다가 수입사 입장에서는 미국이나 일본의 흥행 성적을 보고 영화를 수입해 오는 것이 더 안전했기 때문에 국내 수입에는 시간이 걸리곤 했다.

'직배'가 시작되면서, 영화 수입부터 상영에 걸리는 기간이 눈에 띄게 줄어들었다. 같은 해 미국에서 상영된 영화가 곧이어 한국에서 상영되는 경우가 늘어났고, 더 나아가 미국과 '동시개봉'하는 영화들이 나타나기 시작했다. 급기야 미국 현지보다도 한국에서 먼저 개봉한 영화들도 등장했는데, 〈포트리스〉가 그런 작품 중 하나였다. 물론 〈포트리스〉가 메이저급 영화도 아니었고, ('컴퓨터 액션'이 뭔지도 알 수 없고), 국내에서 좋은 흥행 성적을 거둔 것은 아니었지만, 이러한 변화 자체가(특히 일본보다 먼저 개봉한다는 것이!) 한국 관객들에게는 놀라운 일이었다.

비터문
Bitter Moon

감독 로만 폴란스키
제작연도 1992

매년 추석 극장가는 공식처럼 할리우드 블록버스터와 홍콩 무협액션영화들이 앞다투어 경쟁을 벌였지만, 1993년 가을에는 두 편의 색다른 영화가 그 틈을 비집고 들어왔다. 같은 해 칸영화제 황금종려상을 수상한 제인 캠피온 감독의 〈피아노The Piano〉(1993)와 로만 폴란스키의 〈비터문〉은 '연소자관람불가' 영화였음에도 불구하고 대담하게 온 가족이 영화관을 찾는 추석을 개봉일로 택했다. 그리고 각각 〈피아노〉는 개봉 9일 만에 약 7만 5천 명, 〈비터문〉은 추석 연휴 동안에만 5만여 명의 관객을 동원했다(심지어 〈피아노〉는 관객 수 40만을 넘어서며 다음 해로 상영이 이월되었다). 특히 당시 언론과 비평계는 두 영화의 관객이 대부분 여성이었다는 점에 주목했다. 《조선일보》 10월 29일자 기사에서는 이런 이례적인 현상을 두고 "여성팬들이 두 작품을 선호하는 이유는 … 종래와는 다른 '여성의 아이덴티티'가 거기 담겨 있기 때문"이라고 분석한다. 두 영화가 여성을 "수동형이 아닌 주관적인 개체로" 그렸기 때문이라는 것이다.
성애영화가 남성 관객의 전유물이라는 생각도, 여성 관객을 '고무신 관객'이라고 폄하하던 통념도 한국영화계에서 깨지고 있었다.

구름 저편에
Par-Dela Les Nuages

감독 미켈란젤로 안토니오니
　　　빔 벤더스
제작연도 1992

1995년 영화산업은 다시 한번 변화를 준비하고 있었다. 삼성과 CJ 등 대기업들이 영화계에 뛰어들기 시작했고, 해외 영화사들은 이들과 손을 잡았다. 또한 한국영화 제작업에서도 신진 영화사들이 생겨나며 새로운 바람을 불러왔다. 그리고 케이블 채널이 개국하며 대중이 영화를 만날 수 있는 창구가 더 다양해졌다. 대박을 칠 수 있는 대작 영화들은 대기업을 통해 배급되어 빠르게 비디오와 케이블 시장으로 흘러들어갔다. 외화 수입은 여전히 큰 수익이 나는 사업이었으나, 기존 국내 영화사들에게는 그 기회가 돌아가지 않았다. 여전히 일부 유럽영화와 예술영화들이 국내 수입사를 통해 들어오고는 있었으나, 할리우드 영화만큼은 수익을 내지 못했다. 〈구름 저편에〉는 유럽의 대표적인 감독 미켈란젤로 안토니오니와 빔 벤더스 공동 연출, 소피 마르소, 존 말코비치, 장 르노 등이 출연한 옴니버스 영화로, 감독부터 주연까지 화려한 크레디트를 자랑했지만 3만 3,168명의 관객을 동원하는 데에 그쳤다.

이에 한국영화 제작에서 이미 강세를 보이고 있던 태흥영화사는 굳이 외화 수입과 배급에 큰 힘을 쏟을 필요가 없다고 느꼈던 것 같다. 때문에 1995년 〈구름 저편에〉를 마지막으로 더 이상 외화 수입 및 배급을 하지 않는다.

태흥영화사史를
완성하는
또 다른 퍼즐

박진희
한국영상자료원

태흥영화사의
미제작 프로젝트

태흥영화사는 1980년대 한국영화계에 혜성처럼 나타나 새로운 활력을 불어넣었다. 창립작으로 준비한 〈비구니〉가 사회적 이슈와 맞물려 중단되고 그 대신 창립작이 된 〈무릎과 무릎사이〉가 대히트를 기록하면서, 이태원 대표는 창립 첫해부터 언론으로부터 '컨테이너'라는 별명을 얻었다. 그가 가는 곳마다 좋든 나쁘든 시끄러운 일이 벌어진다는 의미였다. 아이러니하게도 이태원의 태흥영화사는 〈비구니〉의 제작 중단으로 출발해 〈천년학〉의 제작 중단으로 마무리되었다. 영화가 엎어지는 것으로 시작한 영화제작사의 역사가 결국 영화가 엎어지는 것으로 마무리되었다는 이야기가 특별하다고 할 수는 없지만, 〈비구니〉와 〈천년학〉 그리고 그 사이에 있었던 수많은 좌절된 시도들은 단순히 한 영화제작사의 흥망성쇠가 아닌 한국영화사의 특정 국면을 상징한다고 볼 수 있다.

〈표 3〉은 태흥영화사가 언론보도 등을 통해 제작을 공식화했거나, 공식화하지는 않았더라도 시나리오 작업이나 캐스팅 등 어느 정도 제작을 진행하다가 결국 제작하지 못한 영화들을 정리한 것이다. 단, 표에 언급된 프로젝트들이 전부 태흥영화사가 직접 기획한 것이었다고 말할 수는 없으며, 이 표가 태흥의 모든 미제작 영화 프로젝트를 망라했다고도 할 수 없다. 태흥영화사는 수많은 시나리오가 오가는 유망한 영화제작사였고, 영화제작과 관련해 각기 다른 목적과 꿈을 가진 사람들이 아직 만들어지지 않은 영화를 놓고 자유롭게 논의하는 일은 얼마든지 있었을 테니 말이다.

이 글에서는 어느 정도 진용을 갖추고 영화화를 시도했던 영화 프로젝트들을 중심으로 태흥의 미제작 영화사史를 살펴보고자 한다. 이

미제작 프로젝트들을 살펴보는 것은 태흥영화사가 제작한 영화들 못지않게 태흥의 일면을 관찰하는 흥미로운 일이다.

표 3 태흥영화사의 미제작 영화 프로젝트
  (※ 태흥 기증 자료 및 각종 신문 기사를 기반으로 작성한 것임)

연도	제목	감독	각본	시나리오 보존 여부	기사 출처	비고
1984	비구니	임권택	송길한	O	중앙일보 1984.3.2	주요 몹 신 촬영 후 중단
1984	노을	임권택	송길한 (각색)	O	중앙일보 1984.7.18	〈비구니〉로 좌절한 임권택과 송길한이 시도하려던 영화
1985	무릎과 무릎사이 2	이장호	강철수	O		〈어우동〉 흥행 이후 기획
1985	우담바라	-	-		매일경제 1985.12.5	"〈비구니〉와는 다른 순수 종교영화" 제작을 시도했던 계획
1986	공포의 외인구단	이장호	지상학 (각색)			배우 모집까지 완료한 후 이장호 감독의 '판영화사' 창립작으로 넘김
1986	땅끝에서 오다	배창호	-		경향신문 1986.10.28	김성일의 동명 소설을 원작으로 함. 해외 로케 계획, 배우 교섭까지 진행
1988	도바리	임권택	김용옥	O	중앙일보 1988.5.28	안성기·강수연·김세준 출연 교섭, 1988년 6월 촬영 예정이었으나 무산
1989	민비 암살	임권택	이시도 도시로		조선일보 1989.6.11	쓰노다 후사코의 동명 논픽션을 한일합작으로 영화화하려던 계획
1993	아픔과 거품	정지영	-		조선일보 1993.1.1	최진실, 안성기 출연 거론
1997	제목 미정 ('길소뜸 후편')	임권택	-		한겨레 1997.1.4	탈북자 이야기를 통해 통일 이후의 남북 갈등을 짚어 보려던 영화
2005	천년학	임권택	이청준		씨네21	태흥에서 제작하다가 영화사 KINO2로 넘김
-	교주	이혁수	윤삼육	O		
-	제2의 무릎	이장호	박광수	O		〈어우동〉 이후 기획된 것으로 추정
-	아들의 겨울	김유진	여균동 (각색)	O		김주영의 동명 소설 원작
-	영자야, 내 동생아	이명세	이명세	O		이명세 감독이 80년대 초 군 시절에 구상한 영화
-	메이드 인 서울	박철수	이홍구	O		해외 입양아 문제를 다룬 드라마

미완성 영화로 시작된
태흥의 역사

한국영화계 발전에 한 획을 그은 태흥영화사의 시작을 알린 것은 아이러니하게도 '영화제작 중단'이라는 사건이었다. 〈흐르는 강물을 어찌 막으랴〉(1984)를 끝낸 직후 임권택 감독이 구상한 영화 〈비구니〉는 이태원 대표가 막 새 단장을 끝낸 태흥영화사의 창립작으로 낙점되었다. 〈만다라〉(1981)에서 정일성 촬영감독과 함께 소승적 수행에 머무는 승려들을 이야기했던 임권택 감독은 대승적 수행으로 나아가는 비구니 이야기를 해 보고 싶어 했고, 미국을 오가며 일을 쉬고 있던 배우 김지미가 주인공 역할로 의기투합했다.

　제작의 시작은 주인공 김지미와 주요 출연진의 삭발을 알리는 언론 보도였다. 김지미가 삭발하는 모습이 신문, 방송에 크게 나가자 얼마 안 있어 조계종 비구니 스님들을 중심으로 영화 〈비구니〉에 대한 거부반응이 나오기 시작했다. '영화 시나리오 내용이 비구니상을 아주 욕되게 묘사했기 때문에 시나리오 정정을 요구할 것이며 관계 당국에 상영 중지 진정 등을 통해 대응하겠다'는 것이었다. '거부반응'은 '반발'로, '반발'은 다시 '거센 반발' 혹은 '파문'이라는 표제로 빠르게 바뀌어 갔다. 영화계도 대책위원회를 구성해 "창작 자유를 침해한다"는 내용의 성명을 내고 대응했지만, '제목을 바꾸라'는 요구부터 '주인공을 바꿔라' '내용을 바꿔라' 등의 항의가 계속되었다. 사실 이러한 불교계의 움직임 이면에는 1980년 10월 27일 신군부가 자행한 대규모 불교 탄압, 이른바 '법난'에 대한 해소되지 않은 원한이 자리하고 있었

사진 16 영화 〈비구니〉 촬영 현장.

다. 불교계는 1984년 6월 10일 조계사에서 개최한 전국비구니대표대
회에서 불교재산관리법 철폐, 10·27 법난 공개사과, 불교 탄압 중지,
〈비구니〉 제작 중단 등을 요구하며 이를 공식화했다. 하지만 영화계도
영화에 등장하는 특정 직군의 항의로 상영 중지 혹은 영화 제명 변경
등의 소동을 빚은 〈도시로 간 처녀〉(김수용, 1981)와 〈포스트맨은 벨을 두
번 울린다〉(밥 라펠슨, 1982년 한국 개봉)를 거론하며, "번번이 당할 수만은 없
다"는 입장이었다.

급기야 동국대 '비구니회'가 태흥영화사를 상대로 영화제작 금지
가처분 신청을 냈고, 이를 둘러싼 네 번의 심리는 영화 〈비구니〉 파문

을 최고조로 끌어올렸다. 4차 심리 때에는 법정 밖에서 비구니 200여 명과 신도 300여 명이 시위를 벌이다가 경찰의 제압 과정에서 비구니 30여 명이 부상을 당하기도 했다. 피를 흘리며 쓰러지는 비구니들을 보고 이태원 대표는 다음 날 제작 포기를 선언했다. 이태원 대표는 "외설 여부를 법정에서 판가름 내는 것이 문화예술계를 위해 바람직한데, 도중에 제작을 포기해 버려 창작인들에게 미안할 뿐"이라고 사과했다.

〈비구니〉 소동의 여파는 이태원 대표의 제작 포기 선언 이후에도 한동안 계속되었다. 영화인들뿐만 아니라 예술인들 사이에서도 '창작 자유 제한'에 대한 우려의 성명이 나왔고, 가처분 심리 과정에서 빚은 충돌이 확대돼 서울변호사협의회와 한국영화인협회가 서로 맞고소하기도 했다. 〈수녀 아가다〉라는 영화를 준비하던 한 영화사는 개봉 후 일어날 말썽을 우려하여, 수녀들을 초청해 '사전 특별시사회'를 열고 영화 제목도 〈아가다〉로 바꿨다. 〈비구니〉의 제작 포기를 가장 아쉬워한 쪽은 재판을 맡았던 법원 관계자들이었다는 이야기도 나왔다. 전례 없는 이 사건을 심리하기 위해 일본영화 〈에로스+학살〉(요시다 요시시게, 1970)의 상영 중지 가처분 신청 판례를 수집하는 등 만반의 준비를 했다는 것이다.(《조선일보》, 1984. 6. 17)

〈비구니〉의 제작 중단 여파는 당사자들에게도 영향을 미쳤다. 애초 〈비구니〉를 직접 제작하려고까지 했던 배우 김지미는 울분의 표시로 가발을 쓰지 않고 다녔다고 한다. 임권택 감독은 송길한 작가와 함께 〈짝코〉(1983) 이전부터 영화화하고 싶어 했지만 우시장 세트를 지어야 하는 부담감에 포기했던 김원일 작가의 소설 《노을》의 영화화를 다시 시도하려다가 모종의 이유로 접어야 했다. 임권택 감독과 송길한 작가는 배우 김지미와 함께 〈길소뜸〉(1985), 〈티켓〉(1986)을 연달아 제작하며 〈비구니〉제작 무산의 아쉬움을 달랬다. 이태원 대표는 이태원 대표대로 〈비구니〉로 인한 여파를 극복하기 위해 〈우담바라〉라는 순수 불교영화를 제작하려 했지만 이 또한 불교계의 반발 조짐이 있어 포기했다. 이태원 대표와 임권택 감독은 결국 〈아제아제 바라아제〉(1989)로 비구니 이야기를 완결지었다(임권택 감독은 정성일 평론가와의 대담에서 〈비구니〉를 찍었다면 〈아제아제 바라아제〉는 절대 찍지 않았을 것이라고 말한 바 있다《임권택이 임권택을 말하다 2》, 현문서가, 2003, 31쪽). 응축된 에너지가 터져 나온 덕분인지, 임권택과 태흥이 본격적으로 협업하여 생산한 첫 결과물이었던 이 영화는 빛나는 성과를 거두면서 1990년대 태흥의 화려한 필모그래피를 예고하는 영화가 되었다.

태흥의 80년대
미제작 프로젝트

태흥의 1980년대 필모그래피는 제작이 불발된 〈비구니〉의 여파와 창립작 〈무릎과 무릎사이〉를 비롯해 〈어우동〉, 〈뽕〉 같은 성애영화, 〈돌아이〉, 〈기쁜 우리 젊은 날〉, 〈미미와 철수의 청춘스케치〉 같은 청춘영화로 채워져 있다. 주지하다시피 1980년대는 "낮에는 전두환의 폭압 정치에 맞서 돌을 던지고, 밤에는 전두환의 자유화 정책에 발맞춰 싸구려 에로영화를 보며 킬킬댔던"(심산, 《씨네21》, 2001년 296호) 각성과 환각의 시대였다. 태흥영화사의 80년대 필모그래피에도 이러한 시대적 기류가 어느 정도 묻어나지만, 제작되지 못한 영화 프로젝트에서도 그러한 기류에 바탕한 시도와 좌절의 그림자가 엿보인다.

이 시기 무산된 작품 중 〈도바리〉가 있다. 당시 고려대 철학과 교수 직을 사퇴한(1986) 직후였던 도올 김용옥이 쓴 시나리오 중 하나로, 수 배자가 되어 도망 다니는 운동권 학생을 일컫는 은어 '도바리'가 중심 소재이자 제목이다. 1987년과 1988년 사이 도올 김용옥이 쓴 시나리 오에는 '도바리' 외에도 '새춘향뎐', '깜동', '날개' 등이 있었다('깜동'은 1988년 유영진 감독의 〈깜동〉으로 영화화되었다). 〈도바리〉는 철학과 신입생 장혁진과 간호학과 학생 강현실, 철학과 교수 이용묵과 동아리 한얼 연구회 회장 김도일 등이 주요 등장인물이며, 1986년부터 4·13 호헌 조치가 있었던 1987년 상반기까지를 배경으로 한다. 부유한 가정에서 곱게 자란 혁진이 현실에게 반해 한얼연구회에 가입하면서 자연스럽 게 운동권 학생이 되지만, 모종의 사건들로 변해 가는 사람들의 모습 에 혼란을 겪다 비극적 상황을 초래한다는 내용이다. 당시 언론은 〈도 바리〉의 영화화 소식을 전하며 "이 영화가 순조롭게 관객 앞에 비쳐지 게 되면 우리 영화사상 처음으로 학생들의 데모와 기동 경찰대 등이 드라마로서 화면에 등장하게 된다. 이 작품은 성격상 어쩔 수 없이 데 모 장면이 상당 부분을 차지하게 되는데 과연 최근 완화된 심의(검열) 가 이를 어떻게 처리할 것인가에 초점이 모아지고 있다"고 그 기대를 드러냈다.(《경향신문》, 1988. 5. 24) 1988년 6월 말부터 촬영에 들어갈 예정이라 던 이 영화는 그러나 제작되지 않았다. 임권택 감독은 곧바로 88 서울 올림픽 기념 다큐멘터리 〈손에 손잡고〉(1988)의 제작에 투입되었고(김

사진 17 〈비구니〉의 오리지널 시나리오.

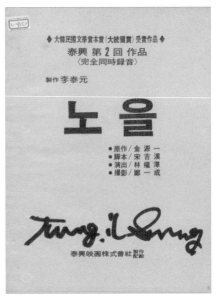

사진 18 〈노을〉의 오리지널 시나리오. 정일성 촬영감독의 이름이 씌어 있다.

사진 19 도올 김용옥이 쓰고 임권택 감독이 연출하기로 했으나 제작되지 못한 〈도바리〉의 오리지널 시나리오.

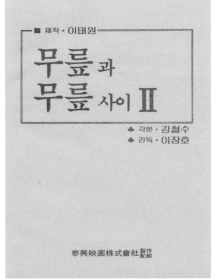

사진 20 이장호 감독이 준비하던 〈무릎과 무릎사이 2〉의 오리지널 시나리오.

용옥은 이 다큐의 내레이션 대본을 썼다), 올림픽이 끝난 뒤에는 〈아제아제 바라아제〉에 착수했다. 태흥영화사 역시 〈업〉(이두용)과 〈어른들은 몰라요〉(이규형)를 개봉하고 난 후 1988년 하반기에는 〈다이하드〉의 흥행으로 분주했다. 이태원 대표가 2004년 12월부터 2005년 3월까지 《중앙일보》에 연재한 '남기고 싶은 이야기들 – 영화 한 편 보고 가세나'라는 제목의 회고담에는 〈도바리〉 역시 "정부에서 막아" 도중에 포기해야 했다는 사정이 나온다. 〈비구니〉, 〈노을〉, 〈도바리〉, 〈태백산맥〉 모두 정부의 압력으로 포기했다는 것이다. 〈도바리〉는 성사되지 못했지만 임권택은 〈아제아제 바라아제〉에 대규모 학생 시위 장면을 넣었고, 〈개벽〉(1991)에 평생 '도바리' 같은 삶을 살았던 최시형 선생의 삶을 녹여냈다. 김용옥과의 협업은 이후 〈장군의 아들〉(1990), 〈개벽〉, 〈취화선〉(2002)으로 이어졌다.

이외에도 1980년대 태흥영화사에서는 〈무릎과 무릎사이〉, 〈어우동〉의 흥행에 힘입어 〈무릎과 무릎사이 2〉, 〈제2의 무릎〉 등의 성애영화가 많이 기획되었지만 영화화에 이르지는 않았다. 〈무릎과 무릎사이〉를 막 끝낸 이장호가 차기작으로 기획했던 이현세 만화 원작의 〈공포의 외인구단〉은 이장호가 독립해 세운 판영화사의 창립작으로 넘겨져 〈이장호의 외인구단〉(1986)이라는 제목의 영화로 재탄생하기도 했다. 배창호는 〈황진이〉(1986)를 끝낸 직후 태흥에서 김성일의 동명 추리소설을 원작으로 한 〈땅끝에서 오다〉를 차기작으로 추진했지만, 그 이듬해 그가 선보인 영화는 좀 더 대중적인 이야기인 〈기쁜 우리 젊은 날〉(1987)이었다.

185

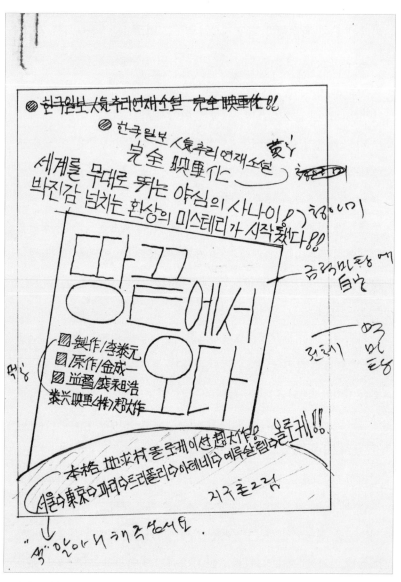

사진 21 배창호 감독이 준비하던 영화 〈땅끝에서 오다〉의 포스터 시안으로 추정되는 준비 자료.

1990년대 태흥의
다양한 스펙트럼

1989년 6월, 한국에 번역 출판돼 화제를 모은《민비 암살》이라는 논픽션을 영화화하겠다는 목적하에 일본의 시나리오 작가 이시도 도시로(石堂淑朗)가 한국을 방문했다. 그는 이마무라 쇼헤이 감독의 〈흑우〉(1989)의 각본을 쓴 중진 작가로, "민비를 통해 일본 사람을 재조명하겠다"고 했다. 그의 내한을 보도한 신문(《민비 암살》을 번역 출간한 당사자이기도 한)은 "이시도 씨의 시나리오에 임권택 감독, 정일성 촬영으로 내년(1990) 하반기 태흥영화사에서 제작될 예정"이라고 썼다. 이 한일 합작영화 계획은 1991년까지도 다른 신문에 언급되지만, '태흥의 1990년대 초'는 이태원 대표와 임권택 감독, 정일성 촬영감독 모두 〈장군의 아들〉 시리즈로 바빴던 때다. 특히 태흥영화사는 1989년 7월엔 강수연의 모스크바영화제 여우주연상 수상으로 매우 분주했고, 1989년 8월엔 〈장군의 아들〉의 신인배우 모집 오디션이 한창이었다.

 1990년대에 시도되었다가 미제작된 영화 프로젝트들은 다양하고도 단단했던 90년대 태흥의 필모그래피를 방증한다. 〈하얀전쟁〉(1992)을 마친 정지영 감독의 차기작이 될 전망이었던 〈아픔과 거품〉은 "압구정동 문화로 대표되는 20대 여성(최진실)과 기성세대(안성기)가 기차에서 우연히 만나면서 둘 사이의 가치관의 차이, 서로 다른 문화에서 비롯된 갈등을 그리는 로드무비 형식의 작품"이라고 언론에 소개되었지만 제작되지 않았다. 이후 정지영 감독은 〈금홍아 금홍아〉의 감독으로 내정됐으나(《동아일보》, 1993. 4. 23), 결국 정지영 감독의 차기작은 다른 영화사에서 제작한 〈헐리우드 키드의 생애〉(1994)가 되었고, 〈금홍아 금홍아〉는 김유진 감독에 의해 만들어져 1995년 개봉되었다.

이외에도 이명세 감독이 1980년대 초 군대 시절에 구상한 〈영자야, 내 동생아〉, 여균동 감독이 김주영 작가의 동명 소설을 각색하고 김유진 감독이 연출을 맡은 〈아들의 겨울〉, 해외 입양아 문제를 다룬 박철수 감독의 〈메이드 인 서울〉 등이 기획되었으나 제작으로 이어지지 않았다. 〈축제〉(1996)를 끝낸 임권택 감독은 탈북자 정성산의 수기를 바탕으로 〈길소뜸〉의 후편 격인 영화를 만들 것을 잠시 고려했으나, 〈창(노는계집 창)〉(1997)으로 차기작이 결정되었다.

마지막 미완성 프로젝트
〈천년학〉

2000년대의 태흥영화사는 〈춘향뎐〉(2000)을 발표한 이후로 줄곧 임권택 감독의 작품만을 제작했다. 임권택 감독의 100번째 작품인 〈천년학〉의 제작 계획은 2005년 3월 언론을 통해 알려졌다. 그해 11월에는 제작을 담당한 태흥영화사 사무실에서 아역배우 오디션을 진행하는 모습이 일간지를 통해 자세히 소개되기도 했다. 그러나 곧바로 다음 달인 2005년 12월 초, "이태원 대표가 〈천년학〉 제작에서 손을 떼기로 했다"는 내용이 언론에 보도되었다. 시네마서비스의 투자 계획, 그리고 철회, 롯데시네마의 전액 투자 계획, 그리고 부분 투자로의 계획 선회 등의 우여곡절 끝에 그 상태로는 제작할 수 없다는 이태원 대표의

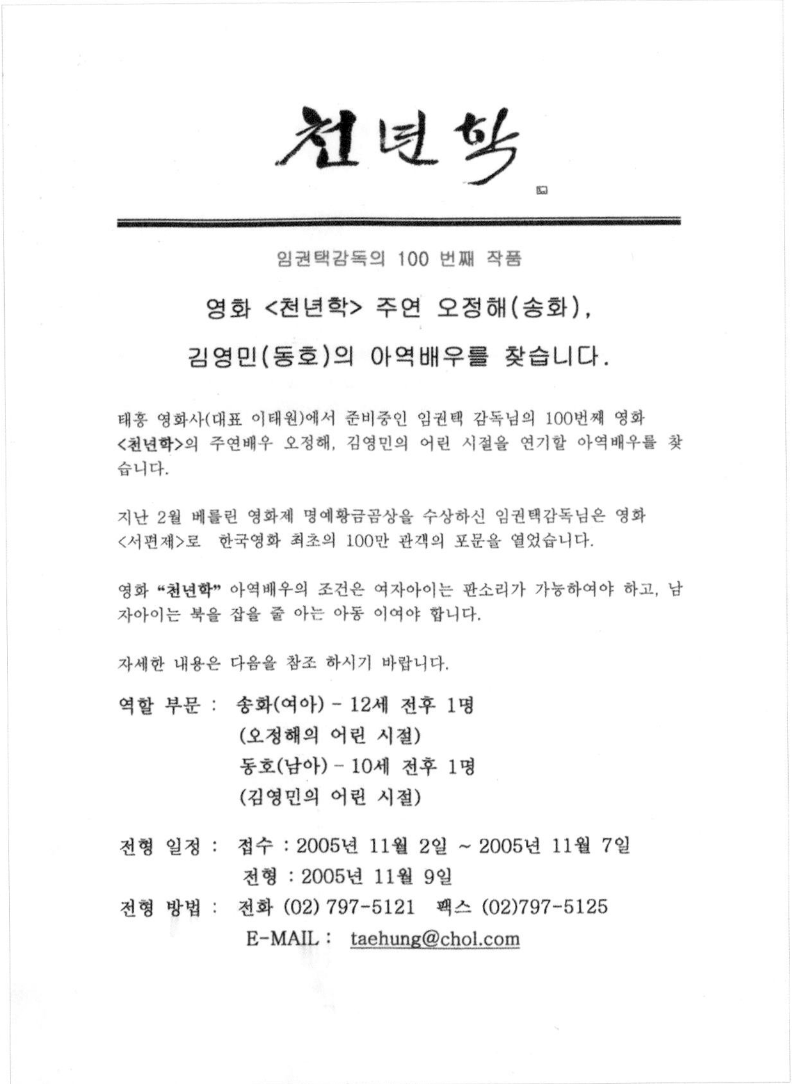

천년학

임권택감독의 100 번째 작품

영화 <천년학> 주연 오정해(송화),
김영민(동호)의 아역배우를 찾습니다.

태흥 영화사(대표 이태원)에서 준비중인 임권택 감독님의 100번째 영화 <천년학>의 주연배우 오정해, 김영민의 어린 시절을 연기할 아역배우를 찾습니다.

지난 2월 베를린 영화제 명예황금곰상을 수상하신 임권택감독님은 영화 <서편제>로 한국영화 최초의 100만 관객의 포문을 열었습니다.

영화 "천년학" 아역배우의 조건은 여자아이는 판소리가 가능하여야 하고, 남자아이는 북을 잡을 줄 아는 아동 이여야 합니다.

자세한 내용은 다음을 참조 하시기 바랍니다.

역할 부문 : 송화(여아) - 12세 전후 1명
           (오정해의 어린 시절)
           동호(남아) - 10세 전후 1명
           (김영민의 어린 시절)

전형 일정 : 접수 : 2005년 11월 2일 ~ 2005년 11월 7일
           전형 : 2005년 11월 9일
전형 방법 : 전화 (02) 797-5121 팩스 (02)797-5125
           E-MAIL : taehung@chol.com

사진 22 태흥에서 언론에 보낸 <천년학> 아역배우 모집 보도자료.

판단이었다. "이전 같으면 나중에 돈이 들어올 걸 바라고 일단 시작할 수도 있지만 지금은 사정이 달라서 그렇게 하기가 어려웠다." 《씨네21》, 2005. 12. 8)

태흥영화사에서 한국영상자료원에 기증한 〈천년학〉의 제작실무 자료엔 태흥에서 이 영화의 제작을 준비한 흔적이 남아 있다. 제작기획에서부터 마케팅 기획서, 협찬제안서, 예산서와 같은 매우 초기 단계의 기록부터 헌팅 장소 정보, 장소 구분표, 신 구분표, 오픈세트 제작 현황, 장흥 세트 주막 세트 공사 내역서, 테스트 촬영 자료 등 구체적인 자료까지 망라돼 있어 〈천년학〉이 태흥에서 촬영 직전까지 갔음을 알 수 있다. 이 중 '천년학 일정표'에 따르면 〈천년학〉은 2005년 11월부터 2006년 3월까지 제작할 예정이었다. 특히 장흥 세트에서 〈천년학〉의 촬영을 개시하고, 장흥의 한 문화시설에서 이를 기념하는 축하 공연을 개최할 계획까지 구체적으로 나온 상태였다. 하지만 2005년 12월 이태원 대표의 제작 포기 선언 이후 2006년 1월 초 다른 제작사가 〈천년학〉의 제작에 나서며 태흥은 최종적으로 물러나게 됐다.

한국영화계의 거장으로 군림하면서 국제영화제에서 인정받는 유일무이한 영화들을 만들어 냈던 성공한 제작자 이태원 대표에게 〈천년학〉의 제작 포기는 어떤 의미였을까. 방충식 부사장은 "〈천년학〉은 모든 공정의 20퍼센트 정도까지 진행을 했지만 작품성과 흥행성을 고려했을 때 승산이 없다고 생각해 중단한 프로젝트였다"고 말한다. 이 말은 〈천년학〉의 제작 포기 결정이 그 어떤 영화보다 쉬웠다는 말처럼 들린다. 실제로 이태원 대표가 〈천년학〉을 포기하게 된 진짜 원인은

190

한국영화계의 제작 관행에 불어닥친 거대한 변화 물결이었다는 점을 감안해야 한다. 자본의 힘은 이미 뚝심 있는 개인에게 창작의 주도권을 허용하지 않았다.

〈비구니〉와 〈천년학〉 사이를 채우는 미제작 영화의 역사는 분명 아쉬움과 미련의 역사이다. 2017년 전주국제영화제에서 공개된 〈비구니〉의 몹 신은 실로 대단했다. 〈비구니〉가 완성됐더라면, 〈도바리〉가 제작되었더라면, 〈노을〉이 만들어졌더라면, 〈아픔과 거품〉이 만들어졌더라면 하는 아쉬움을 가질 수밖에 없다. 존재하지는 않지만 만들어지길 바랐던 수많은 다른 상상의 영화들처럼 말이다. 하지만 역사에 '만약'은 없다는 유명한 경구를 떠올리며 애써 영화화되지 못한 이 프로젝트들을 아쉬워할 필요는 없다. 태흥이 기어이 만들어 낸 영화들 속에는 미제작 영화들에 담고자 했던 수많은 이야기들이 이미 담겨 때문이다.

박진희
한국영상자료원

〈무릎과 무릎사이〉부터 〈하류인생〉까지

전단으로 보는
태흥영화

태흥영화사는 1984년에 한국영화 화제작들을 제작하며 영화계에 출사표를 던졌다. 당시만 해도 '입도선매' 형태의 제작비 조달 방식이 여전히 영화판을 움직이고 있을 때였다. 배급은 주먹구구식이었고, 관객을 적극적으로 끌어들일 만한 체계적인 '기획'도 미비했다. 1985년 영화법 개정으로 영화제작사 설립이 허가제에서 등록제로 전환하면서 새로운 세대가 영화계에 진입하자 1980년대 후반부터 1990년대 초반에 걸쳐 한국영화계에는 점차 '기획'과 '시스템'이라는 것이 생겨나기 시작했다. 한국영화 제작 관행에서 조금씩 변화의 바람이 부는 동안 이태원이라는 한 독보적인 지략가를 중심으로 움직이고 있던 태흥영화사는 그 변화의 흐름에 무심했거나, 혹은 다른 영화사들과는 다른 자신들만의 자체적인 기획 시스템을 개발해 내고 있었다. 우선 지방 흥행업자들의 도움 없이, 제작자 본인이 자신의 자본력을 바탕으로 한국영화를 제작했다. 노하우는 거의 없다시피 했지만 이태원 대표는 그간 경기 · 강원 지역 흥행업자로서 다져 온 이력을 자양분 삼아 제작이라는 큰 과업도 척척 해치웠다. 태흥영화의 기획 · 제작 · 배급 · 홍보 등의 일련의 과정들이 전혀 분리됨 없이 덩어리째 움직이면서도 일사불란하게 맡은 바 역할을 완수했던 건, 큰 그림을 그리고 적재적소에 인재를 활용하며, 결정적일 때는 자신의 감을 믿고 나아갔던 이태원 대표의 독특한 캐릭터에 힘입은 바 크다.

전단은 영화를 홍보하는 데 있어 가장 기동성 있게 움직였던 홍보매체였다. 포스터는 큰길에 게시돼 멀리에서도 시선을 끌었고 신문광고는 신문을 읽는 이들에게 즉각적으로 호소할 수 있었지만, 전단은 학교 앞 · 전철역 앞 · 입시학원 앞에서 불특정 다수의 사람들에게 뿌려져 가장 먼저 잠재적 관객과 스킨십하는 매체였다. 이 글에서는 태흥영화의 전단을 통해 당시 태흥영화가 어떤 모습으로 관객과 만났는지를 살펴보려 한다. 마지막에는 태흥영화사 창립 때부터 〈하류인생〉까지 홍보 파트를 전담했던 송혜선 당시 홍보이사와의 짤막한 인터뷰를 덧붙였다.

① 무릎과 무릎사이

이장호·1984

"만지고 싶은 女性영화"

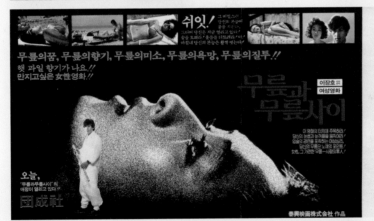

언어 **한국어** | 종류 **낱장** | 면수 **2면** | 크기 **38.8×17.9cm**

홍보 전단 한쪽에 '예쁜 무릎을 찾습니다'라며 태흥영화사에서 기획 중인 차기작에 출연할 여배우를 모집하는 공고가 있다. 영화도 홍보하고 배우 지망생들의 경쟁 심리도 자극하는 듯한 기묘한 카피. 이장호 감독의 아이디어였다고 한다.

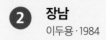

② 장남
이두용 · 1984

"Where did I come from?
Where am I going?"

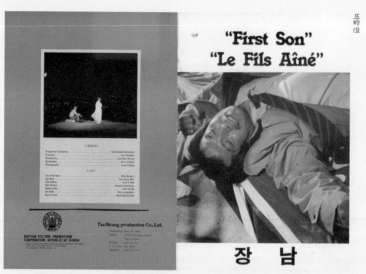

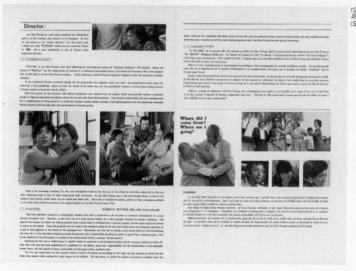

앞면·뒷면

펼친면·안쪽면

언어 **영어·불어**
종류 **2단 접지**
면수 **4면**
크기 **23.7×34cm**

해외 영화제 출품을 목적으로 영어, 불어가 혼용된 전단으로 제작되었다. 이 영화는 칸국제영화제에 초청되었다.

196

3 **돌아이**
이두용 · 1985

"나는 외로운 사냥꾼,
페미니스트, 또라이라 불러다오"

언어 한국어 | 종류 4단 접지 | 면수 8면 | 크기 13.2×18.9cm

현란한 이미지와 현란한 카피의 대향연이다. 이 책 157쪽의 〈터미네이터〉 포스터 문
구들과 유사한 비장한 느낌의 문구는 당시 이장호 감독 영화의 제작부장 출신이었
던 방규식 감독의 작품이라고.

4 **어우동**
이장호·1985

"계집이 사내를 죽일 때
칼을 쓰는 줄 아시나요?"

언어 한국어 | 종류 4단 접지 | 면수 8면 | 크기 11.1×20.1cm

어우동에 대한 새로운 해석을 요구하는 도발적인 문구부터 어우동의 매력을 표현한
만화 그림, 《성종실록》에 나온 실제 기록까지 다양한 정보가 넘쳐나는 것이 인상적
이다.

5 뽕
이두용 · 1986

"끼일까? 본성일까?"

언어 한국어 | 종류 2단 접지 | 면수 4면 | 크기 24.6×18.8cm

〈돌아이〉와 마찬가지로 비장미 넘치는 문구들이 가득한 방규식 감독의 스타일이 묻어나는 전단이다. "당당히 세계시장에 우리영화 〈뽕〉을 내놓았다. 아카데미, 깐느, 베를린, 시카고, 베니스에서 석권하고 싶다"는 솔직한 문구가 당시 한국영화계의 욕망을 보여 준다.

"How can one be so evil as to abandon such a love?"

정지 바깥 면

OUR SWEET DAYS OF YOUTH
TENDRE JEUNESSE

OUR SWEET DAYS OF YOUTH
TENDRE JEUNESSE

Tae Heung Production Co., Ltd.

정지 안쪽 면

OUR SWEET DAYS OF YOUTH
TENDRE JEUNESSE

Director's Filmography

Courte biographie du réalisateur

Filmography of Actor Ahn Sung-Ki

Filmographie de l'acteur Ahn Sung-ki

Filmography of Actress Hwang Shin-Hae

OUR SWEET
DAYS OF YOUTH
TENDRE JEUNESSE
•°기쁜우리 젊은날°•

언어 **영어·불어** | 종류 **십자 접지** | 면수 **2면** | 크기 21.5×30.3cm

배창호 감독의 친구였던 구본창 작가가 찍은 주인공 황신혜의 인상적인 프로필 사진(스카프를 두른 모습, 접지 바깥 면)이 이 영화의 모든 홍보물의 중심을 차지했고, 그만큼 많은 화제가 되었다. 이 작품 이후로 구본창 작가는 대부분의 태흥영화 포스터 제작에 참여하였다. 십자 접지를 다 펼치면 4절지에 가까운 크기로, 접지 가장 안쪽 면은 영화 포스터 느낌의 브로마이드로 제작되었다.

⑦ 미미와 철수의 청춘스케치
이규형 · 1987

"진한 감동과 함께 내리퍼붓는 소나기웃음"

바깥 면

202

고교 시절 MBC '장학퀴즈'에 출연해 기장원을 차지하고, 소설《청(블루 스케치)》와 동명의 영화로 데뷔한 소설가 겸 영화감독이면서 MBC 라디오 '별이 빛나는 밤에'의 고정 게스트로 청춘스타급의 인기를 누리고 있던 감독 이규형의 인기를 방증하는 전단이다. 전단을 가득 채운 '웃참 실패'를 유도하는 문구들도 이규형 감독이 직접 쓴 것이라고.

감동주의보!! "진한 감동과 함께 내리퍼붓는 소나기웃음! 때로는 곳에 따라 한때 대책없는 눈물! 서울극장북상중!"

강수연/가진 거라고는 매력밖에 없는 여자
박중훈/일명 돈키호테 (돈많고 키크고 호남이고 테크닉 좋은 남자) 라고 불리우는 사나이
김세준/늘 보물섬을 찾으려가야 한다는 캠퍼스의 어린왕자
최양락/사정없이 대책없이 무진장 왕창 인간적으로 웃기는 싸나이

청춘스케치가 저지른 잘못 3가지
① 종로3가 교통마비
② 웃기는 영화인줄 알았는데 왜 울려?
③ 데이트를 극장에서만 하게끔 만든다.

최성수/별년전 무명가수, 무명작가 사절. 늦은 밤 커피값도 없이 택시값도 없이 어느 전철 종점휴게실에서 밤을 지새우며 나눈 대화.
"힘 배상사람들은 왜 우리를 몰라주는 걸까?"
"바보야, 우린 대신 인간성이 좋잖아 히히."
얼마전 대설환을 이루었던 너의 콘서트장, 공허이 끝날어도 박수소리는 그칠 줄 모르는데 넌 무대 뒤에서 울고 있었지.
"혀... 지금 내 모습을 보시면 홍범아가 무척 좋아하실텐데..."

벗님들/난 어린 내 친구들 최성 화음이 잘 맞는 그들을 보지 못했네.
"이렇 우리 같이 일번씩 합시다!"
"아, 거 좋죠."
"그런데 사실 난 지금 캐런티 줄 돈은 없는데..."
"돈? 필요없어. / 우린 음악이 미치게 좋아서라고 같이 하는거야."
"좋았어! / 같이 저질러 봅시다!"

손현희/별년전 강변가요제에서 그녀를 처음 본 순간 같은 인상을 받았다. '아름답다는 새'를 부르는 손현희에게서 분위기(?)와 눈물(?)이 아름풍풍 흘러나왔어. 여자추수 하나를 백드러워도 내 친구로도, 그런 생각으로 외였다.
"머스 랜드(춘)、춘을 갈고 일 해 볼게나"
"어머 치 노래 봇물얘요"
바로 그 봇소리, 노래 봇부른다는 그 봇소리가 그렇게 죽어줄 수가 없었어. 그도록 설명이 공부만 좋아하여 아, 완벽한 지성미!

"감동과 눈물의 104분"
영화가 시작되면...

3분 경과, 규형이야야이 어떤 영화를 만들고 그렇게 방방뜨나 보비고 온 관객들 숨죽이고 기다린다. 또 다른 많은 관객들은 광고에 속으나 아닐까 몸이 긴장하는데.
10분 경과, "아주 재밌인데"하는 관객들의 반응이 나타난다. 그렇지만 지정도는 멀있어 하며 웃기면서도 웃고는 갈등의 시간.
20분 경과, 이제 마구 웃기 시작하는 용감한 관객들.
30분 경과, 주체없이 너무 큰소리로 웃는 사람, 옆사람을 마구 쳐버 웃는 관객들.
40분 경과, 이규형 녀석에 대한 의심의 구름은 말끔히 걷히고 시원시원하게 껄껄깔깔 호호히히.
50분 경과, 감독의 계산에 마음을 놓고 완전히 말려들고 속수무책으로 절실한 관객들. 까르륵 꽉 크륵크륵, 봉실봉실, 웃잇 히히히.
60분 경과, 관객들 웃고 즐기는 가운데 '가' 열 중간쯤에서 누군가 눈물 한방울을 '똑' 흘리기 시작한다.
70분 경과, '나' 열 앞줄에서도 숙죽하 흐느끼는 관객이 생기고 한명 한명씩 눈물을 쭈르르 흘리는 관객. 무던 관객들은 아직도 웃고 바들고 있다.
80분 경과, 어느 순간 관객석은 눈물의 도가니. 오징어를 씹던 관객은 오징어를 던지고 잉잉잉, 집에서 미처 손수건을 안가져온 관객들은 후회한다.
90분 경과, 에라, 모르겠어. 청비교 나발이고 눈고보자. 등목하기 시작하는 관객들.
104분 경과, 드디어 라스트 씬 잔내는 온통 눈물됨과 박수소리. 드디어 영화는 끝났다. 눈물을 지우는 거울을 들여다보는 여성관객들아! 뒤돌 가자! 말로는 그리면서도 눈이 둥둥 부은체 자리를 뜨지 못하는 남성관객들.

제작자 : 요번 일만 잘되면 2편 3편 계속 밀어줄께.
감 독 : 이게 잘되야 어떻게 올해는 결혼을 할텐데...
배 우 : 우와! 이거 하면 틀림없이 스타돼겠구나 얼씨구나하고 출연했습니다.

지금 불것인가? 몇년후 TV명화극장에서 불것인가? (TV는 검열이 까다롭읍니다.)

슬픔 나누고
사랑 곱하고
괴로움 빼고
웃음 더하고

언어 한국어 | 종류 2단 접지 | 면수 4면 | 크기 15.5×22.2cm

203

태흥영화사가 남긴 것

(8) **두 여자의 집**
곽지균·1987

"The Possibility of the recovery of humanism"

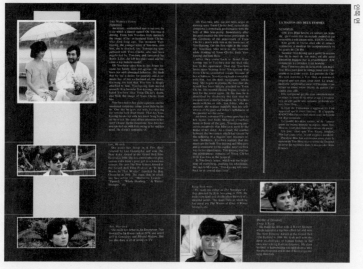

언어 **영어·불어**
종류 **2단 접지**
면수 **4면**
크기 **20.8×29.6cm**

영화의 분위기를 반영하듯 어딘지 모르게 음울하고 미스터리한 느낌으로 제작
되었다.

204

"끈질긴 色業의 오랏줄"

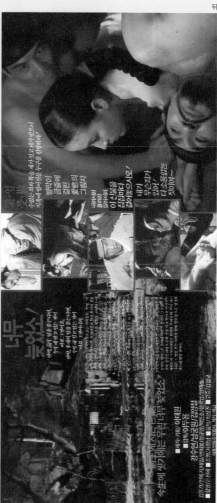

언어 **한국어** | 종류 **낱장** | 면수 **2면** | 크기 **17.1×37.2cm**

강수연의 강렬한 표정과 커다란 '業'이라는 글자에 짓눌려 있는 다른 등장인물들의
모습이 세로형 전단으로 잘 표현되었다.

⑩ 어른들은 몰라요
이규형·1988

"성인 관람불가"

카드 1

카드 2

206

언어 **한국어**
종류 **카드형 2종**
면수 **2면**
크기 **6.1×9.1cm**

전단은 제작되지 않았고, 카드만 두 종류로 발행되었다. 이규형 감독의 얼굴이
크게 들어가 있는 모습이다.

"Come, Come, Come Upward"

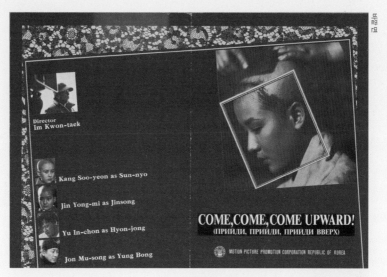

언어 **영어 · 러시아어**
종류 **2단 접지**
면수 **4면**
크기 **21.6×30.2cm**

이 전단은 영화진흥공사가 모스크바국제영화제용으로 제작한 것이다. 이태원 대표는 1989년 모스크바국제영화제 현장에 가서야 이 전단에 태흥영화사 이름이 빠져 있다는 것을 알게 되어 속상함을 내비치기도 했다.

앞

뒤

언어 **한국어** | 종류 **낱장(카드형)** | 면수 **2면** | 크기 **6.2×9.1cm**

주인공 3인의 얼굴을 각각 인쇄한 카드형 전단 3종이 제작되었다.

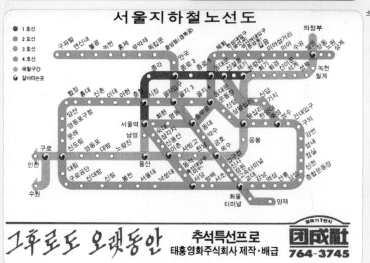

언어 **한국어**
종류 **카드형 2단 접지**
면수 **4면**
크기 **6.5×9cm**

전단 1종, 카드 2종이 제작되었다. 울긋불긋 아기자기한(?) 규모의 당시 서울 지하
철노선도를 뒷면에 배치해 실용성을 높였다.

14 오세암
박철수 · 1990

"잃어버린 어른들의 초상"

앞

뒤

언어 **한국어** | 종류 **낱장** | 면수 **2면** | 크기 **17.1×37.2cm**

수채화 그림 같은 아름다운 스틸사진을 내세운 앞면 이미지가 매우 인상적이다.

15 **장군의 아들**
임권택 · 1990

"진정한 男兒들의 호탕한 세계"

언어 **한국어** | 종류 **2단 접지** | 면수 **4면** | 크기 **26×19cm**

영화 속에서 발췌한 장면과 구본창 작가가 찍은 프로필 사진을 활용해 전단 바깥쪽
을 장식했으며, 안쪽 면에는 오픈세트를 넣어 영화의 스케일을 보여 주고 있다.

16 꼭지딴
김영남 · 1990

"사랑은 세월을 잊고
義理는 죽음을 잊었다"

언어 한국어 | 종류 2단 접지 | 면수 4면 | 크기 19×17.8cm

전단상에서 '꼭지딴' 정보석보다 최진실이 더 부각된 것이 특징적이다. 특히 1989년
전파를 탄 모 전자회사 광고 한 편으로 일약 대스타로 발돋움한 최진실의 당찬 액션
연기 모습이 전단에도 일부 반영돼 있다.

"서라벌 하늘 아래 펼쳐지는
사랑과 욕망"

앞

뒤

언어 **한국어** | 종류 **낱장** | 면수 **2면** | 크기 **17.8×37.9cm**

구본창 작가가 찍은 아름다운 영화 스틸사진을 메인 이미지로 내세웠다.

"절망은 존재의 끝이 아니라 그 진정한 출발이다"

앞   뒤

언어 한국어 | 종류 낱장 | 면수 2면 | 크기 17.1×37.2cm

〈꿈〉에 이어 세로로 기다란 형태의 낱장 전단 형태로 제작되었다. 이러한 형태의 전
단은 1991년 이후로는 나오지 않았다.

214

> **"거침없이 쪽바리들을 줘팼던 진짜 사내.
> 그 강한 남자의 또 다른 투혼"**

언어 **한국어**
종류 **2단 접지**
면수 **4면**
크기 **18.7×25.5cm**

접지 기준 바깥쪽을 표지 개념으로, 안쪽을 내지 개념으로 활용하고 있다. 표지에 이미지를 빼고 글자로만 승부하려고 한 것은 기존의 태흥 전단 스타일을 감안하면 무척 새로운 시도. 바깥쪽 뒷면과 안쪽 면에 구본창 작가가 찍은 멋들어진 프로필 사진이 들어 있다.

"포스트모더니즘인가,
새로운 현실주의인가?"

앞

절망적인 삶, 그러나 아름다운 삶!

216

스틸사진 여러 장을 활용해 구성하던 기존의 한국영화 전단과 달리, 홍보물 활용 목적으로 별도로 세팅해 찍은 사진들을 기반으로 하여 미니 포스터 느낌으로 제작되었다. 구본창 작가가 작업한 가장 유명한 태흥의 홍보물 중 하나.

언어 **한국어** | 종류 **낱장** | 면수 **2면** | 크기 **25.4×37.4cm**

21 **이혼하지 않은 여자**
곽지균·1992

"당신의 눈을 보면 살고 싶어요"

앞  뒤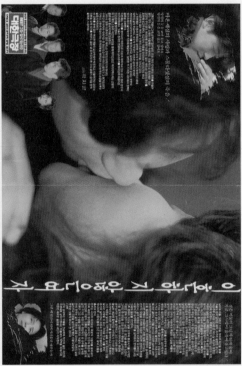

언어 **한국어** | 종류 **낱장** | 면수 **2면** | 크기 **25.2×37cm**

'액션스타' '김두한' 박상민의 멜로드라마 연기 변신에 포인트를 둔 느낌의 전단으로
제작되었다. 박상민은 터프가이 이미지를 떨치고 멜로물 캐릭터를 소화하기 위해 체
중 감량을 시도했다고 한다.

"혼마찌깡 최종결투"

언어 **한국어**
종류 **2단 접지**
면수 **4면**
크기 **18.5×25.7cm**

219

오픈세트를 배경으로 한 주요 등장인물의 프로필 사진이 전단의 앞뒷면을 모두 장식하고 있다.

"거장 임권택이 '93 칸느를 노크한다"

유봉이 송화에게 닭을 삶아 먹이는 촬영이 있던 날, 촬영에 앞서 포스터를 촬영했
다. 포스터 촬영이 처음이었던 신인배우 오정해는 〈심청가〉를 수십 번 연속해서
부르면서 감정을 잡았고, 결국 멋진 포스터가 탄생할 수 있었다.

언어 한국어 | 종류 2단 접지 | 면수 4면 | 크기 19×25.5cm

"꽃의 영화, 눈물의 영화,
길의 영화"

언어 **한국어**
종류 **2단 접지**
면수 **4면**
크기 **19×25.7cm**

인물의 표정과 제목의 선명한 표기를 강조하는 전형적인 태흥영화 홍보물 스타일
을 보여 준다.

25 참견은 노~
사랑은 오예~

김유진·1993

"학원은 노~ 전자오락은 오예~!"

언어 **한국어**
종류 **2단 접지**
면수 **4면**
크기 **18.8×25.8cm**

1993년의 모든 영화상을 〈서편제〉가 쓸어 담던 와중에, 모두의 예상을 깨고 제 14회 청룡영화상의 감독상을 거머쥐었던 김유진 감독의 연출 실력을 미리 맛볼 수 있게 하는 재기 넘치는 전단.

26 장미빛 인생
김홍준·1994

"세상 사람들은 우리를
'쓰레기'라고 부르지"

바깥 면

한국영화의 살아있는 힘, 〈장군의 아들〉〈서편제〉의 태흥영화사제작.

최재성 (황동팔 역)
군복차림의 공박을 넘어 첫주연으로 〈장미빛 인생〉을 선택하였다. 엄마만큼 성숙한 이미지로 돌아왔는지 사랑 기대된다. 극중에서는 사고뭉치 안화방에게 몸을 맡기는 영화 역할, 안화방 아주머니의 마음을 사랑하게 되는 인물로 우직하면서도 인간미 넘치는 역을 맡았다.

최명길 (마담 역)
탤런트, DJ 영화배우로 '86년 대종상 여우주연상. '90년 MBC 라디오 DJ대상 등 인기반출하나 상복도 많은 배우 최근 SBS-TV 〈결혼〉으로 방송 활동을 마치고 〈장미빛 인생〉에 온힘을 기울이고 있다. 안화방 아주머니 이라는 색다른 역을 완벽하게 연기했다는 주위의 평이 자자하다.

차승수 (기철 역)
동국대 연극영화과를 졸업하고 MBC 20기 탤런트로 〈우리들의 천국〉〈무인지 새아 파람새이〉 등 다수의 드라마에 출연했다. 영화는 첫 데뷔작, 강인하고 이지적인 반면 파토하고 여린 성격의 노동운동가역을 잘 소화해 내고 있다.

이지형 (유민 역)
KBS 14기 탤런트로 출발 〈사랑의 사랑〉에 출연중이다. 극중에서 유약한 작가 지망생이면서 공안기관에 쫓기게 되는 인물이다. 바디오, 무방지, 안화에 대해서는 해박한 지식을 가지고 있다. 다방 종업원 미스오와는 사랑하는 사이가 된다.

김홍준 감독
1956년생 서울대학교 인류학과를 졸업하고 임권택 감독 연출부로 〈개벽〉〈장군의 아들 2·3〉〈서편제〉의 조감독을 지냈다. 저서로는 〈영화에 대하여 알고 싶은 두세가지 것들〉(일형: 구하영)이 있고 〈장미빛 인생〉은 그의 처녀작이다.

조동익 음악
한국 언더〈그라운드 음악界의 실력파 조동익의 영화음악 데뷔작, 70년대 포크의 록과 발라드적 감수성을 기타연주 그의 음악세계는 이미 그가 직접 참여한 〈어떤날〉 1, 2집 그리고 베이스 연주자의 판타자로 참여한 수많은 앨범들에서 증명된 바 있다. '아름답고 서정적인 가리봉 장미' 가 이번 영화음악에 거는 그의 목표.

'80년대 가리봉동'의 인류학적 탐구에 대한 열정이 감지되는 전단. 〈서편제〉 이후 대내외적인 변화를 추구했던 태흥영화사가 새롭게 만든 불꽃 모양 로고가 처음 등 장하는 전단이기도 하다. 영화 본편에도 역시 당시 갓 제작한 태흥영화사 CI 영상 이 삽입돼 있어 화제를 모았다.

입장료 1,000원의 심야만화방,
밤참으로 라면한그릇,
재떨이 속에 파묻힌 꽁초….
그래도 행복하게 살아가려는
소박한 군상들의 꿈.

■ 연출의 변

■ 줄거리

장미빛인생

언어 한국어 | 종류 2단 접지 | 면수 4면 | 크기 19×25.7cm

태백산맥
임권택 · 1994

"우리 영화의 우뚝 선 봉우리"

언어 **한국어**
종류 **2단 접지**
면수 **4면**
크기 **19.1×25.7cm**

〈서편제〉 이후 처음 내놓는 임권택 감독의 작품인 만큼 그의 이름, 얼굴, '연출의 변'
이 비중 있게 소개되고 있다.

28 금홍아 금홍아
김유진·1995

"이 땅 최초의 자유로맨스"

바깥 면

안쪽 면

언어 **한국어** | 종류 **3단 접지** | 면수 **6면** | 크기 **25.2×16.6cm**

227

태흥에서 해외용 전단을 3단 접지(총 6면)로 만든 사례는 더러 있었으나 국내용 전단을 3단 접지 형태로 만든 것은 이 영화가 처음이다. 배우들의 매력적인 표정을 클로즈업으로 포착한 사진이 많이 활용되었다.

태흥영화사가 남긴 것

축제
임권택·1996

"삶과 죽음,
그리고 남은 이들의 향연"

바깥 면

감독뿐 아니라 제작자 이태원의 이력을 구체적으로 제시하고 있는 점, 캐스트와 스태프의 이름을 자세하게 기재한 점이 특이하다. 영화 포스터와 전단 표지에 동일하게 활용된 단체사진은 구본창 작가의 아이디어였다.

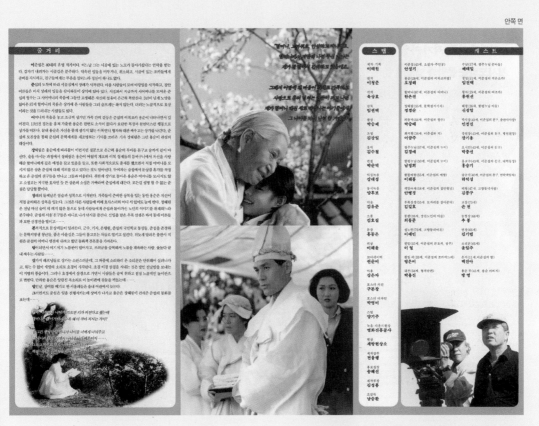

언어 **한국어** | 종류 **3단 접지** | 면수 **6면** | 크기 **13.7×29.5cm**

"부킹 넣고 싶은 영화"

태흥에서 〈기쁜 우리 젊은 날〉 이후로 오랜만에 선보인 십자 접지형 전단. 다 펼치면 4절지에 가까운 크기로, 1980~1990년대 유행했던 '브로마이드' 같은 느낌을 준다. 그래픽노블 혹은 서브컬처 매거진 스타일의 디자인도 눈길을 끈다.

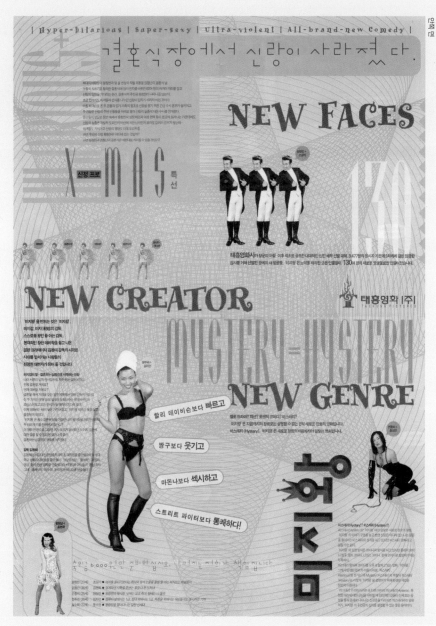

언어 **한국어** | 종류 **십자 접지** | 면수 **2면** | 크기 **21×29.7cm**

"미지왕은 만화영화가 아닙니다"

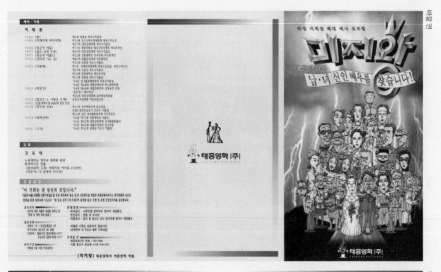

언어 **한국어**
종류 **3단 접지**
면수 **6면**
크기 **14×24cm**

영화 홍보를 위한 전단이면서 신인배우를 모집하는 공고 전단이기도 하다. 개성 있
고 끼 넘치는 신인배우를 모집해 영화를 만든다는 점을 어필하고, 엽기적인 느낌의
만화를 이용해 영화의 정서를 전달하면서 영화를 브랜딩하고 있는 점이 인상적이다.

"세상에서 가장 오래된 직업을
가장 신선한 연기로 펼치는 사람들"

언어 **한국어** | 종류 **3단 접지** | 면수 **6면** | 크기 **18.4×29.8cm**

233

한국 매매춘의 역사를 짧게 기술하면서 이 영화 또한 주인공의 70년대, 80년대, 90년대 삶을 연대기적으로 표현했다는 점을 어필하고 있다.

32 세븐틴
정병각·1998

"열일곱 살에는 누구나 자기가
서 있는 장소에서 전투를 치른다"

언어 한국어 | 종류 낱장 | 면수 2면 | 크기 20.9×29.7cm

이태원 대표는 여름 성수기에 이 영화를 개봉시켰다. 언론 인터뷰에서는 "작품성으로 평가하지 말아 달라. 할리우드영화와 맞붙어 아주 밀리지만 않는다면 족하다"는 입장을 보이기도 했다. 당시 최고의 그룹이었던 젝스키스에 의한, 젝스키스를 위한, 젝스키스의 영화. 신용카드 예매 방식을 안내하고 있는 점이 눈에 띈다.

33 세기말
송능한·1999

"3류 세상에도 신세기는 온다"

언어 **한국어** | 종류 **3단 접지** | 면수 **6면** | 크기 **17.6×24.7cm**

도덕적 해이를 겪는 다양한 인물군을 보여 주는 영화인 만큼 영화 속 인물 소개에 공을 들였다.

235

춘향뎐
임권택 · 2000

"이 시대 젊은이를 위한 모던 시네마"

언어 **한국어** | 종류 **4단 접지** | 면수 **8면** | 크기 **11.1×20.3cm**

멀티플렉스 극장의 가판대에 비치하기 좋고 한손에 가볍게 쥘 수도 있을 정도의 세
로로 길쭉한 4단 접지 형태의 전단이다. 인터넷이 대중적으로 보급되던 시기에 걸맞
게 영화 〈춘향뎐〉 홍보 홈페이지 주소가 명기돼 있다.

"2002년 칸의 선택! 그 이유가 있다"

개봉 당시

언어 **한국**
종류 **2단 접지**
면수 **4면**
크기 **21×29.7cm**

장승업이 지붕 위에 걸터앉아 있는 포스터 이미지를 중심으로 영화의 정보를 전달하는 데 집중하고 있다.

언어 **한국어** | 종류 **낱장** | 면수 **2면** | 크기 **21×29.7cm**

낱장으로 하여 앞면에는 포스터 이미지, 뒷면에는 임권택 감독의 칸국제영화제 감독상 수상 장면을 넣었다. 영화의 정보보다는 '칸 수상작'이라는 역사적 성취를 강조했다.

238

언어 **한국어** | 종류 **낱장** | 면수 **2면** | 크기 **21×29.7cm**

239

영화의 인물과 내용, 그리고 '거장' 임권택 감독에 관한 정보를 골고루 부각시키고 있다.

240

이태원 대표는 수많은 영화의 카피를 직접 뽑았다. 이태원 대표의 삶을 모티브로 만든 이 영화의 카피 역시 직접 뽑았다고 한다.

언어 **한국어** | 종류 **낱장** | 면수 **2면** | 크기 **21×29.7cm**

"홍보 아이디어는
기획 단계에서 다 나왔죠"

송혜선 PL엔터테인먼트 대표는 첫 직장이었던 경기극장협회 때부터 이태원 대표와 함께 일하기 시작해 창립작 〈무릎과 무릎사이〉부터 〈하류인생〉에 이르기까지 사실상 이태원 대표의 모든 영화 경력을 옆에서 함께한 태흥영화사의 산증인이다. 태흥영화사 실무의 핵이라고도 할 수 있는 인물로, 2000년경 〈춘향뎐〉이 끝난 후 독립해 자신의 회사인 PL엔터테인먼트를 차렸지만 〈취화선〉(2002)과 〈하류인생〉(2004)의 홍보 전담으로 마지막까지 이태원 대표와 함께했다. 이후 소속 배우였던 조승우의 뮤지컬 〈지킬 앤 하이드〉 출연을 계기로 뮤지컬에 관심을 갖게 되면서 2007년 김선영, 윤공주, 최민철, 홍광호 등을 영입하여 본격적인 뮤지컬 배우 매니지먼트 사업을 시작했다. 2016년엔 자라섬 뮤지컬 페스티벌을, 2017년과 2018년에는 스타라이트 뮤지컬 페스티벌을 개최하며 국내 최초로 야외 뮤지컬 축제를 선보였다. 2019년에 창작 뮤지컬 〈스웨그에이지: 외쳐, 조선!〉을 제작했으며, 2021년에는 〈스웨그에이지: 외쳐, 조선!〉의 공연 실황 영화를 롯데시네마에서 개봉시켰다.

242

송혜선 대표는 '이태원 사장님'을 가장 가까이서 보좌했던 태흥의 핵심 인력으로서 이번 인터뷰에서 기꺼이 그 시절 이야기를 들려줬다. '송혜선 대표'가 아닌 '태흥 송 실장'으로부터 듣는 태흥의 홍보물 이야기.

박진희(이하 '박') 태흥영화사에 계시면서 처음 작업한 홍보물은 무엇이었나요?
송혜선(이하 '송') 홍보 일은 〈비구니〉 때부터 했어요. 그때 호텔에서 제작발표
회를 했는데 기자들 부르는 일부터 시작했죠. 노하우가 없으니까 전화번호
부를 보고 기자들한테 전화를 했어요. 그러다 보니 한 신문사에는 발행인에
게 전화를 하게 된 거예요. 엄청 혼났죠.(웃음) 다행히 '임권택', '김지미'라는
이름 때문에 기자들이 어떻게든 알고 다 왔지만, 완전히 '맨땅에 헤딩'이었
어요. 홍보 일 자체를 누구에게 배운 게 아니고, 선배가 있었던 것도 아니고,
어떻게 해야 되나 공부하면서 터득해 나갔던 것 같아요.
〈비구니〉 소동이 끝나고 이태원 사장님이 미국에 가셔서 직접 〈터미네이
터〉를 사오셨어요. 터미네이터가 눈알 도려내는 장면을 어찌나 실감나게
설명하시던지요. 당시 외화는 주로 일본 잡지에 나오는 광고를 보고 똑같이
전단을 만들면 됐어요. 문제는 〈터미네이터〉는 일본에서 하기 전에 우리
가 먼저 하는 바람에 참고할 게 없었다는 거예요. 미국에서 보낸 작은 선재
물 박스에는 스틸사진만 몇 장 있었고요. 그래서 청계천을 뒤져서 아널드
슈워제네거 관련 자료를 다 찾아서 얼기설기 만들었어요. 그렇게 〈터미네
이터〉 전단이 만들어졌어요.
박 외화는 일본 전단을 참고해서 만들었다면, 한국영화 전단은 어떻게 만드셨

나요?

송 한국영화 홍보물은 저희가 영화 기획 단계부터 함께 구상을 했어요. 저는 처음부터 홍보만 맡았던 건 아니고, 일종의 이태원 사장님 어시스턴트였어요. 책(시나리오를 일컬음) 보는 일부터 시작해서 기획하고 캐스팅하고 프로덕션 진행하고 홍보 포인트 잡는 일까지 전부 같이 하는 식이었어요. 외화는 해외 전단을 참고해서 만들었기 때문에 작업이 그렇게 재미있진 않았어요. 하지만 한국영화 홍보물은 제 아이디어와 창의력이 반영될 수 있는 작업이라 재미있었어요. 대본 보는 단계에서 '포스터는 이 장면에서 건져야 되겠다' 그런 게 다 나왔어요. 〈취화선〉 같은 경우를 보면 〈취화선〉의 뻘밭, '거기서 못 건지면 끝이다.' 이런 생각으로 촬영장에 가는 거죠. 사장님은 영화 시작하면 골프 등 모든 취미를 다 끊으시고, 현장에만 계셨어요. 저도 현장에 다 따라갔었고, 현장에서 홍보 방향을 짜기도 했죠.

물론 태흥영화사 초반부터 그렇게 하지는 못했어요. 그때는 제작부장님들이 주로 홍보물 만드는 아이디어를 많이 내셨어요. 방규식 실장님(이장호 감독의 제작부장), 김진문 실장님(임권택 감독의 제작부장)이 계셨는데, 그 두 분이 홍보물 방향도 많이 정하셨죠. 방규식 감독님이 홍보 쪽으로 재능이 많으셔서 〈터미네이터〉 전단 만들 때 메인 사진을 정하신 것도 그 분이었죠. 〈돌아이〉, 〈뽕〉처럼 카피가 많은 스타일은 전부 방규식 감독님이 하셨어요. 최종 결정은 물론 이태원 사장님이 하셨고요. 사진 한 장, 문구 하나하나 다 컨펌하셨어요. 관객들이 어떤 사진을 좋아할지를 가장 많이 고려하셨죠.

박 그럼 카피 같은 것도 기획 단계에서 결정이 되는 경우가 많았겠네요?

송 그렇죠. 대본 보는 단계에서 나오죠. '한마디로 이러이러한 영화다'라고 정의가 가능한 영화가 대부분 성공하더라고요. 이태원 사장님께서 그렇게 한마디로 그 영화를 정의하는 걸 좋아하셨고, 카피도 잘 만드셨어요. 수많은 영화의 카피를 직접 만드셨지만 예를 들어 〈하류인생〉의 카피, '하류 아닌 놈 있으면 나와 봐' 같은 것도 직접 뽑으셨어요. 홍보 쪽으로 탁월한 감이 있으셨어요.

박 당시 한국영화 홍보물이라고 하면 포스터, 전단, 라디오CM 말고 또 뭐가 있었나요?

송 TV CF도 있었고요. 신문광고가 굉장히 컸어요. 특히 스포츠지 광고요. 전단은 길에서 뿌리기 위해 만들었어요. 새벽에 아르바이트를 동원해서 학교 앞, 전철역 앞, 입시학원 앞 같은 데서 뿌렸어요. 다 소진할 때까지 뿌렸죠. 멀티플렉스가 생긴 후에야 극장 내에 비치하는 관행이 생겼지, 그전엔 전단을 극장에 비치하진 않았어요. 이미 전단을 갖고 오는 사람들에게 전단을 줄 필요가 없었던 거죠.

웃기면서도 씁쓸한 기억인데, 전단 뿌리는 아르바이트생들 감시를 잘해야 했어요. 가끔 포장마차에 가면 우리 영화 전단이 오징어나 튀김 같은 것을 감싸고 있었거든요.(웃음) 아르바이트생들이 전단을 포장마차에 넘긴 거죠. 그걸 보면 굉장히 씁쓸하죠.(웃음) 포스터는 주로 큰길에 붙였어요. 포스터 붙이는 아저씨들이 사장님 댁이 어딘지, 전무님 댁이 어딘지 파악해서 주로 그런 지역 위주로 붙이고는 했어요.(웃음)

〈기쁜 우리 젊은 날〉 전단을 보며) 이 영화는 대박을 친 게 황신혜 씨, 안성기 씨 사진 때문이에요. 그때는 카드 형태로 된 전단에 달력을 넣는 형태를 많이 제작했어요. 6개월짜리, 1년짜리. 그때는 휴대전화가 없었으니까 달력으로 해서 주면 사람들이 카드를 버리질 않았어요. 〈기쁜 우리 젊은 날〉 때 배창호 감독님이 친구인 구본창 작가를 데려와서 배우들 사진을 찍었는데 그걸 홍보물에 넣어서 대박을 쳤죠. 그때부터 구본창 작가하고 계속 포스터 작업을 했어요.

저는 스티커, 티셔츠도 많이 제작했어요. 조그마한 스티커를 만들어서 지하철역 같은 데 가서 막 붙여 놓고 나오는 거예요.(웃음) 티셔츠는 〈어우동〉과 〈뽕〉 이미지를 앞뒤로 넣어서 홍보용으로 만든 적도 있고 〈장군의 아들〉 때도 만들어서 여기저기 활용했죠. 저는 팔고 싶었는데, 사장님은 그런 걸 왜 파냐고, 나눠 주라고 하셔서 영화 보러 오는 관객 분들에게 선착순으로 나눠 드리곤 했어요.

포스터 만드는 원칙 중에 하나가, 사장님께서는 제목을 흘린 글씨로 쓰는 걸 싫어하셨어요. 무슨 글씨인지 멀리서도 잘 보여야 하고, 주인공 얼굴이 선명하게 보여야 한다고. 이것만은 확실히 지키라고 하셨어요.

영화 홍보에 있어서 굉장히 큰 변화가 있었던 시점은 〈취화선〉 때였어요. 당시에 홈페이지를 잘 만드는 게 엄청난 이슈가 되었어요. 예를 들어 요즘 메타버스를 어떻게 활용할 것인가가 이슈인 것처럼, 당시에는 홈페이지가 정말 중요했어요. 저만 해도 〈취화선〉 홈페이지에 엄청 심혈을 기울여서 결국 상을 탔어요. 제49회 칸국제광고제 필름이벤트프로모션 부문에서 은사자상을 받았죠. 백지의 모니터 위에 그림을 그려 나가는 방식으로 홈페이지를 구성했고, 화선지에 먹물이 번지는 효과 등을 통해 한국화의 특징을 살려 낸 그런 홈페이지였어요. 그런데 그게 2002년이다 보니까, 제가 사장님과 임권택 감독님에게 전화로 상 받은 사실을 알렸는데 그 두 분은 "아, 그래? 축하해" 그러시면서 월드컵 보기 바쁘시더라고요.(웃음)

박 2020년에 《더 뮤지컬》에 인터뷰하신 내용을 보니까 지금 뮤지컬 하시면서도 이태원 사장님의 방법론을 많이 활용하고 계신 듯하더라고요.

송 제가 뮤지컬 쪽으로 와서 활동하고 있지만 첫 직장이 영화계였고 영화 쪽에
서 20년을 있었다 보니까 여전히 프로젝트 처음 시작할 땐 영화 중심으로
생각하는 부분이 있어요. 2021년에 제작한 뮤지컬 〈스웨그에이지: 외쳐,
조선!〉이라는 작품도 처음에 지인의 추천을 받아서 보러 갔을 때 "영화화하
면 재미있겠네" 했어요. 그런데 그 지인이 "영화 쪽 아이디어가 아니라 뮤지
컬 쪽 아이디어로 좀 생각해 달라"고 하더라고요.(웃음) 결국 대학교 졸업작
품이었던 그 작품을 제가 창작 뮤지컬로 제작했어요. 그 후에는 코로나 시국
이기도 하고 제가 영화를 했던 사람이니까 카메라 10대와 지미집을 동원해
서 뮤지컬 실황을 찍고 극장 상영용으로 만들어서 롯데시네마를 통해 배급
하고 개봉을 했어요. 뮤지컬은 부가사업 모델이 많이 없는데, 저는 〈스웨그
에이지: 외쳐, 조선!〉의 스트리밍 배급을 기획하면서 적자를 안 봤어요. 이
작품을 한국영상자료원에 납본했을 땐 너무 기뻤죠. 이런 식으로 뭔가 위기
가 왔을 때나 돌파구가 보이지 않을 때 제가 이태원 사장님께 배우고 훈련받
았던 것을 떠올리면서 '사장님이었다면 이럴 때 어떻게 하셨을까?' 생각해요.
사장님은 본인이 제작한 본인 영화를 정말 많이 봤어요. 100번도 더 본 것
같아요. 그러고는 매번 울고 나오세요.(웃음) 좋아하는 장면이 있으면 그 장
면 나올 때만 들어가서 금방 보고 나오기도 하시고요. 저도 뮤지컬 일을 하
면서 공연을 아주 많이 봐요. 드레스 리허설도 다 보고, 첫 주 공연 다 보고.
모니터가 승부라고 생각하기 때문이에요. 이태원 사장님도 그러셨어요. 제
작한 영화를 계속 보시고 관객 반응 다 보시고. 그래야만 다음 작품에 대한
기획도 하게 된다고 하셨죠. 계속 모니터하는 거예요. 끊임없이.

박 이태원 사장님께 배운 것에 대해서 조금만 더 알려 주신다면요?

송 사장님과 함께 일하던 시절에 저는 책을 정말 많이 봤어요. 배급회사로 시작

한 거니까요. 제작사들한테 대본을 받아서 투자할지 확인하고 입도선매하시는 그런 과정을 옆에서 봤고, 그 결정 과정에서 저는 책을 정말 많이 봤어요. 제작 결정이 되든 안 되든 모든 영화의 책을 보는 거예요. 그게 지금 뮤지컬을 하는 데도 정말 큰 도움이 되고 있어요. 제가 운영하는 회사에 소속된 배우들에게도 '배우는 책을 볼 줄 알아야 한다'라는 걸 항상 강조하고 있어요.

이태원 사장님의 업적이 많이 있지만, 가장 큰 업적 중에 하나가 한국영화를 성수기 시즌에 개봉하기 시작한 거예요. 신문광고도 크게 많이 하셨고요. 〈어우동〉은 추석 때, 〈뽕〉은 구정 때. 그전에만 하더라도 한국영화는 외화에 밀려 시즌 개봉이 어려웠어요. 비시즌에 개봉했고, 신문광고도 크게 못 나갔죠. 이두용 감독님이 〈뽕〉 광고가 신문에 5단 통광고로 나온 걸 보고 굉장히 좋아하셨대요. 자기 영화도 이렇게 크게 나오는 날이 왔다고요. 그렇게 성수기에 개봉하고 광고를 크게 했기 때문에 흥행이 잘된 것도 있었죠. 사장님께서는 개봉 첫날 첫 회 상영 때 반드시 극장에 가셨는데 첫 회에 오는 사람들을 보고 '이건 중박이다, 이건 대박이다'라는 걸 아셨어요. 온몸의 감각이 그런 쪽으로 굉장히 발달해 계셨어요. 영화를 개봉하면 관객들 관찰하시는 게 일이었는데, 첫날 첫 회를 보기 위해 줄 서 있는 관객에게 가셔서 "당신 얼굴을 내가 기억했으니까 가서 밥 먹고 오라"고 밥값을 주기도 했어요. 어떤 사람이 와서 이 영화를 보나, 저 사람이 몇 번을 오나 이런 것도 자세히 보셨고요. 〈장군의 아들〉을 여러 번 보러 오는 관객이 있었는데, 어느 날부터는 그냥 들어가라고 하시기도 했고요.

사장님은 당시 영화를 담당했던 기자들과도 좋게 지내셨는데, 우리 영화 기사를 잘 내달라는 목표로 접근한 게 아니라, 평소에 한국영화는 우리 스태프들, 배우들뿐만 아니라 기자들도 함께 같이 만드는 거라는 말씀을 자주 하셨어요. 〈서편제〉 때 어떤 시상식에서 사장님이 상 받으시면서 수상 소감으로 "이 영화는 우리나라 문화부 기자들이 도와주셔서 잘됐다"고 말씀하신 적도 있어요. 기자는 칭찬의 대상이 아니잖아요. 그런데 사장님은 기자들의 공로가 있다고 판단하셨고, 그것에 대해 감사해 하면서 적극적으로 표현을 하셨어요. 사장님이 만들고 싶어 하셨던 영화 중 하나가 영화기자를 주인공으로 하는 영화였어요. 성공한 제작자 뒤에는 그를 인정해 주고 때로는 자극시켜주는 영화기자가 있다는 내용으로요. 영화기자는 문화를 만들고 사회를 만드는 데 공헌하지만 기자에게 돌아가는 건 없죠. 결국 만들진 못했지만 영화기자를 주인공으로 하는 영화를 만들고 싶다고 자주 얘기하셨어요.

박 마지막으로 '태흥 송 실장' 시절을 떠올리며 한 말씀 해 주신다면요?

송 저는 영화를 만드는 사람들의 영혼, 촬영 현장에서 그들의 진지한 모습, 어떤 고민 속에서 이걸 찍었는가, 그런 과정이 홍보에도 들어가야 한다고 생각해요. 그러려면 영화 현장에 반드시 가야 하죠. 물론 홍보 경력자 출신의 제작자도 있고 제작부 출신의 제작자도 있지만 어떤 파트 출신이든 제작자의 일은 의자에 앉아서 할 수 있는 일은 아니라고 생각해요. 요즘은 워낙 업무가 분업화되어 있긴 하지만 제작자라면 전체를 관통해서 생각할 수 있어야 한다고 생각해요. 정말 감사한 게, 저는 이걸 처음부터 사장님에게 배웠다는 거예요. 지금도 그걸 곶감 빼먹듯 사용하고 있어서, 그게 너무 감사해요.

part 3

영화인들이
말하는 태흥과
이태원의 시대

태흥영화사, 2001년 그해 겨울, 혹은 한국영화사의 마지막 고전적 제작 양식에 관한 기록

정성일
영화평론가
영화감독

〈취화선〉 촬영 현장
취재기

태흥영화사가 2002년에 제작한 임권택 감독, 최민식 주연의 〈취화선〉 현장에 곧장 방문하는 대신 몇 가지 전제를 공유해야 할 것 같다. 어떤 전제? 먼저 상황을 설명하고, 그런 다음 과정을 보충해야 할 것이다. 왜 상황이 먼저인가요. 두 가지 서로 다른 상황이 있다. 하나는 시장의 상황이다. 반문할지 모르겠다. 왜 산업의 상황이라고 하지 않았나요. 2002년은 한국영화산업의 단계에서 애매한 이행의 과정 아래 놓여 있었기 때문이다. (게다가 이 이행의 과정에 대해서는 대부분 사실관계처럼 다루면서 거기서 멈춘다. 하지만 여전히 그 과정에서 벌어진 순환구조의 교란과 재구성에 대해서 충분히 설명되지 않았다) 다소 지루하더라도 이걸 먼저 이해해야 이제부터 설명할 〈취화선〉의 현장, 태흥영화사의 제작 작동 방식이 설명될 수 있기 때문에 참고 읽어 주길 바란다.

'2002년'이라는
한국영화의 특정한 시기

우리는 먼저 영화 앞까지, 〈취화선〉 앞까지, 현장 앞까지 되돌아 나와야 한다. 하지만 여기서 너무 멀리 가고 싶지 않다. 상황은 2002년이 영화에서 (따분한 표현이긴 하지만) 잉여가치를 만드는 과정이 (오로지 극장을 중심으로 한 구체적인) 상업자본으로부터 (극장들을 수직 계열화하고 네트워크를 공간적으로뿐만 아니라 시간적으로 독과점 형태로 재구성한) 산업자본에로 옮겨 가는 이행의 거의 마지막 단계에 이르고 있었다. 이 과정에서 영화사들은 독립성을 잃어 가면서 빠른 속도로 돈의 흐름이 만들

사진 23 〈취화선〉은 영화가 잉여가치를 만드는 과정이 수직계열화한 극장산업을 중심으로 한 산업자본으로 이행되어 가는 거의 마지막 시점인 2002년에 제작되었다.

어 내는 방향에 따라 (엄밀한 표현은 아니지만 그 과정에 놓였던 영화사들의 자조적인 표현을 빌리자면) '하청 프로덕션'과 '납품업체' 둘 중 하나의 길을 따라갔다. 물론 영화사들은 2002년, 아직은, 일정 정도 상대적 자율성을 가지고 있었지만 자신들의 예고된 운명을 충분히 감지할 수 있었다. 극장 중심의 재생산 구조로 성립한 전통적인 시장은 1987년 할리우드 직배사의 진출로 붕괴되기 시작했고, 그런 다음 뉴미디어산업에 뛰어든 기업들에 의해 거의 파괴되었으며, (그들은 뉴미디어의 미래가 소프

트웨어 경쟁으로 이어질 것으로 예상했다. 그리고 영화가 그 중심에 놓이게 될 것이라고 생각했다. 하지만 이 판단이 오해라는 것을 깨닫는 데 오래 걸리지 않았다. 그들은 IMF 시기를 기준으로 대부분 철수하였다) 그 파괴의 결과 '이후'에 (그렇게 말하긴 했지만, 일부 겹치면서) 자칫 시장에서의 경쟁이 가져올 수 있는 국면의 긴장과 예상하지 못한 사건, 목전에 둔 폐업의 수순과 서로 다른 이해관계에 따른 이합집산 속에서의 이견들에도 불구하고 (전혀 없었다고는 말할 수 없겠지만) '손에 피를 묻히지 않고서도' 어부지리를 얻은 (이미 잘 알고 있는 대로) CJ, 쇼박스, 롯데, 세 개의 자본으로 재편되었다. 과정은 법의 테두리 안에서 예절 바르게 진행되었지만 무자비했고, 결과적으로는 건너편 전통적인 시장에서 어리둥절해하며 구경하던 극장과 제작자들에게 폭력적으로 집행되었다. 그들은 기존의 극장과 공존하는 대신 그들 자신의 극장을 새로 만들고 전국적인 배급 구조를 다시 설계하였다. 고작 10년 사이에 해방 이후 생겨난 전국 극장들 대부분이 사라졌다. 그 과정에서 (지리적 위치와 상관없이 관례적으로 부르는 표현에 따른) 충무로 영화사들의 '앙시앵레짐'은 빠른 속도로 해체되어 갔다. 태흥영화사는 '앙시앵레짐'에 속해 있었다.

2002년,
태흥영화사의 자리

여기서 다른 하나의 상황이 함께 설명되어야 한다. 태흥영화사는 이 이행의 과정에서 거의 마지막까지 자신의 영화사를 고수한 제작사 중

의 하나이다. 아니, 차라리 이렇게 말해도 괜찮을 것이다. 태흥영화사
가 임권택의 〈천년학〉(2006) 제작을 포기하면서 그 이후 영화제작을 중
단했을 때 한국영화에서 '앙시앵레짐'은 끝났다. 2002년은 사후적으
로 설명하면 이행 시기의 마지막 단계에 이르고 있었지만 그때는 모
두들 '이후'에도 계속해서 공존할 것이라고 낙관적으로 (낭만적으로?)
생각하고 있었다. 왜냐하면 시장 전체의 상황에서는 거의 마지막 단
계에 이르고 있었지만 그 상황 안에서 태흥영화사는 매번 자신의 정
체성을 지키면서 성공적으로 제작 과정을 수행해 오고 있었기 때문이
다. 물론 여기에는 태흥영화사의 정체성은 무엇인가, 라는 까다로운
질문이 기다리고 있다는 것을 알고 있다. 여러 가지 설명이 가능하겠
지만 어떤 경로를 우회해도 결론은 매우 기이하게 대답할 수밖에 없
다. 회사를 인격적으로 설명하는 것은 매우 불합리하거나 단지 비유
적인 차원에서 멈추어야 한다. 그런데 '앙시앵레짐'에 속하는 영화제
작사들은 회사의 대표, 관습적으로 제작자, 라고 부르는 자리가 바로
그 제작사와 등치관계에 놓여 있었다. 이 '레짐'의 회사들이 자신의 지
분을 상장한다는 것은 상상할 수 없는 행위였다. 회사의 대표는 대부
분 한 사람이었으며, 그는 회사의 지분 전체를 소유하는 것이 관례였
다. 음미하듯이 읽어 주길 바란다. 태흥영화사는 대표 이태원의 영화
사이다. 2002년에 태흥영화사는 '하청 프로덕션'이 아니었으며, 또한
'납품업체'도 아니었다. 이것은 긍정적인 설명이다. 하지만 바로 그것
이 부정적인 대답으로 돌아왔다. 태흥영화사는 시장에서 점점 외곽으
로 밀려나고 있었다. 1993년에 제작한 〈서편제〉가 시장에서 태흥영화
사의 마지막 상업적인 성공작이 되었다. 세 개의 체인망을 독점한 기

업에게 태흥영화사는 다루기 까다로운 상대일 뿐만 아니라 자신들이 판단하는 대중들의 취향에서 점점 멀어지고 있다고 판단되었다. 물론 시장에서 고립되는 것과 독립된 지위를 갖는 것 사이를 주의 깊게 구별해야 할 것이다. 태흥영화사는 이행의 과정에 합류하지는 않았지만 (강우석이 대표로 있는) 제작사 시네마서비스를 경유하여 기업의 자본이 흘러들어오는 것을 거절하지 않았다.

두 개의 상황이 그려졌다면 마치 2002년의 풍경 속에서 감상하듯이 태흥영화사를 바라보자. 그러면 태흥영화사의 영화, 라고 호명하는 순간 어떤 독특한 경험의 기분이 떠오르는가. 그걸 '아우라'라고 불러도 좋을지는 모르겠다. 다소 소설처럼 쓰는 나를 용서하기 바란다. 거기서 당황스러울 정도로 (서로 다른 이름, 서로 다른 제목, 그들 사이의 서로의 차이에도 불구하고) 동시대에 도착하는 시간이 지연된 열차를 타고 다소 늦게, 때로는 멀리서, 하여튼 다가가면서, 스크린이라는 창문을 물끄러미 쳐다보고 있는 것만 같은 기분이 감돈다. 이 표현이 애매하다는 것을 나도 알고 있다. 하지만 만일 이 표현을 개념화시킨다면 그때는 이 기분을 망칠 것이다. 어쩌면 내게 충고할지도 모르겠다. 그건 당신이 태흥영화사와 임권택의 영화를 제한적으로 연결시켰기 때문일 거예요. 그리고 그 표현은 태흥영화사를 괄호 쳐도 성립하지 않나요. 사라져 가는 것에 대한 향수와 슬픔에 잠겨서 바라보는 시선은 물론 임권택 미학의 정수이며 강박적인 테마이다. 하지만 바로 그것이 임권택의 영화들 중에서도 태흥영화사에서 제작된 영화들 속에서, 마치 영화 자체에 어떤 후광을 불어넣기라도 하듯이 설명하기 힘들 정도의 대중적인 공감을 끌어내거나(〈장군의 아들〉, 〈서편제〉) 예술적인 성공을

259

거둔 것은(〈서편제〉, 〈취화선〉) 마치 자본과 예술 사이에서 설명하기 힘든 공명 현상이 있었던 것처럼 설명하고 싶은 유혹을 느끼게 만든다. 나는 그 영화들만을 셈한 것이 아니다. 태흥영화사가 임권택의 영화만을 제작한 것은 아니다. 이두용(〈장남〉, 〈돌아이〉, 〈뽕〉, 〈업〉), 이장호(〈무릎과 무릎사이〉, 〈어우동〉), 배창호(〈기쁜 우리 젊은 날〉, 〈꿈〉), 이명세(〈개그맨〉), 곽지균(〈젊은 날의 초상〉, 〈그후로도 오랫동안〉), 장선우(〈경마장 가는 길〉, 〈화엄경〉)가 태흥영화사에서 영화를 만들었다(나는 태흥영화사의 모든 목록을 열거한 것은 아니다). 나는 이 영화들에서 같은 기분을 느껴 본다. 하지만 21세기가 시작하는 2000년 이후 태흥영화사는 임권택의 영화만을 제작하였다. 나는 이 과정에서 (다소 무리하더라도) 하나의 가정을 끌어내고 싶다. 어쩌면 이 기분은 태흥영화사의 제작 목록에서 의도적이지는 않았겠지만 (그래서 무의식적으로 작동했다고 말해 보고 싶어지는데) 처음에는 친근감과 위화감을 느끼는 구별의 분류로 시작해서, 하지만 점점 더 엄격하게, 하나의 게이트키핑, 어쩌면 일종의 최종심급, 처럼 하나의 기준이 된 것은 아닐까, 라는 질문을 해 보고 싶어진다. 태흥영화사의 기준. 누구의 기준? 이태원의 기준.

〈취화선〉이라는
한 사례

이제 과정을 설명할 차례이다. 한 편의 영화가 만들어지기 위해서는 계속해서 과정을 통과해야 한다. 게다가 그 과정은 서로 다른 차원에

사진 24 이태원 대표는 "장승업은 곧 임권택이며, 최민식이고, 정일성이고, 또 내 이야기이기도 하다"고 말한 바 있다.

서 서로 다른 방법으로 서로 다른 경로를 통해 간섭당한다. 차라리 간섭은 과정의 일부라고 하는 편이 옳을 것이다. 종종 영화에 관한 이론이나 비평은 언제나 최종 결과로서의 영화만을 만나기 때문에 이 과정을 간과한다. 물론 충분히 이해할 수 있다. 이 과정은 제작백서를 제공하기 전에는 알 수가 없다. 그걸 제공한다고 해도 그 행간을 읽는 것은 또 다른 문제이다. 더 중요한 실제적인 상황의 이해에 대한 요구가 있다. 이 간섭의 과정이 얼마나 영화를 원래의 출발점, 이런 표현이 허락된다면, 원형으로부터 궤도를 이탈시키고, 이탈로부터 다시 시작해야 하며, 거기서 계속해서 바깥의 간섭이 영화 안에서 처음에는 포함되지 않았던 새로운 덧셈을 해 나가는지를 건너뛰면 안 된다. 여기서 간섭은 단순하지 않다. 때로 이 간섭은 돌이킬 수 없는 출발의 중심을 차지하거나 프로덕션에서 결정적인 (때로는 직접적으로 때로는 간접적으로, 때로는 노골적으로 때로는 은밀하게) 개입의 역할을 해낸다. 영화에서 과정은 그 단계를 지나고 나면 되돌아올 수 없기 때문에 (물론 되돌아올 수도 있다. 그러나 만일 그렇게 되면 즉시 제작비의 문제로 다가온다) 간섭이라는 덧셈은 결과에 이르면 구별할 수 없는 영화의 일부가 된다. 이때 과정에서 간섭은 항상 갑과 을의 형태로 개입한다. 영화제작 과정에서 모든 사람은 각자가 서로 다른 각자에게 갑과 을의 관계이다. 간섭은 계약관계에서 갑의 요구이기 때문에 대부분 을은 수용한다. 갑과 을이 얼마나 깊은 예술적인 이해에 기반한 협조적인 작업을 하는가, 라는 것은 만족스러운 계약, 이후의 이야기이다. 과정과 개입에 대해서 이렇게 말하기는 했지만 실제로 현장에서 진행되는 모습은 그 둘이 분리해 내기 어려울 정도로 서로 얽혀 있다. 단지 복잡해서일뿐만 아니라 결정의 위계질서가 매번 위치를 교대하기 때문이다. 그래서 하나의 결정을 정식화시켜 놓으면 다음 하나는 그 정식을 부정하는 과정을 태연자약하게 보여 줄 것이다. 그리고 여기에 수많은 변수들이 알리바이처럼 따라온다. 여기서는 어떤 정식화도 요구하지 말아 주기 바란다. 먼저 한 가지 단서를 달아야 할 것이다. 이건 하나의 사례이다. 〈취화선〉이라는 경우. 그런 맥락에서 나는 지금 불가능한 기록을 시작하는 중이다. 왜 불가능한가. 모든 현장은 각자 다르다. 여러 가지 이유가 있다. 상식적인 설명. 이미 충분히 예상한 대로 그 영화의 줄거리가 다르고, 줄거리의 시대가 다르고, (조선시대와, 일제강점기와, 한국전쟁과, 우주공간이 무대인 서로 다른 영화가 같은 문제를 안고 있을 리가 없다), 같은 장르 안에서도 그걸 연출하는 감독들마다 다르고, (그들은 동일한 문제조차 서로 다르게 상상하고, 이해하고, 해석한 다음 서로 다른 해결 방법을 찾을 것이다) 무엇보다도 결정적으로 모든 것이 동일하다고 해도 (같은 영화사 안에서조차 서로 다르게 결정된) 제작에 허용된 규모의 경제라는 문제가 따라올 것이다. 거기서 차지하는 영화제작사, 라는 (가장 단순하게 표현하자면) 회사가 이 문제들을 어떤 고리로 서로 연결하는 것일까, 라는 질문이 맨 앞에 있다.

〈취화선〉
촬영 현장 방문

먼저 관찰자로서 내 지위에 대해서 설명해야 할 것 같다. 내가 임권택의 영화 현장을 처음 방문한 것은 1987년 풍정흥업에서 제작한 〈연산일기〉를 촬영할 때였다. 이듬해 임권택은 태흥영화사에서 〈아제아제 바라아제〉를 찍었다. 이 영화는 임권택이 태흥영화사에서 찍은 첫 번째 영화이다. 원래 계획대로라면 1984년 〈비구니〉를 찍었을 것이다. 그러나 이 영화는 조계종의 반대로 제작이 무산되었다. 임권택은 〈아제아제 바라아제〉 이후 1991년 〈개벽〉을 제외하면 2006년 〈천년학〉을 제작 중단할 때까지 11편을 태흥영화사에서 연출했다. 아쉽게도 나는 〈아제아제 바라아제〉의 촬영 현장 진행을 보지 못했다. 〈취화선〉

은 임권택이 태흥영화사에서 연출한 10번째 영화이며, 그가 연출한 98번째 영화이다. 그리고 태흥영화사가 제작한 33번째 영화이다. 촬영 현장은 제작 외부에 놓여 있는 방문객에게 (홍보를 위하여 개방하는 하루, 혹은 마케팅 플랜에 따른 몇 차례의 초대를 제외하면) 대부분 닫혀 있다. 내가 〈취화선〉 현장을 장기 방문할 수 있었던 것은 영화주간지 《씨네21》이 준비한 기획의 도움 때문이었다. (당시) 편집장 허문영은 내게 "〈취화선〉의 촬영 현장에 장기 체재하면서 임권택의 영화 진행 과정을 취재해 달라"는 청탁을 했다. 허락을 받기 위해 방문했을 때 〈취화선〉의 프리프로덕션은 대부분 마무리된 단계였다. 그러므로 나는 〈취화선〉의 기획 단계에 대해서 알지 못한다. (이 단계에 대해서 세 분, 제작자 이태원, 임권택 감독, 정일성 촬영감독을 각각 인터뷰했다. 각자의 입장에 따라 기억의 일부가 일치하지 않았다) 이미 시나리오가 완성되어 있었다. (하지만 현장에서 계속 수정을 하였다. 이건 임권택의 현장 진행 스타일이다) 시나리오는 170신으로 이루어져 있었다. 이 시나리오는 불완전한 것이었는데 내게 시나리오를 건네주면서 "엔딩은 아직 결정되지 않았다"고 조감독이 일러 주었다. 오원 장승업 역의 최민식을 비롯한 대부분의 배역도 결정된 상태였다. 촬영 장소의 헌팅 중 일부는 결정되었지만 촬영이 시작된 다음에도 제작부가 다른 장소들을 계속해서 추가로 찾고 있었다. 하지만 〈취화선〉의 많은 장면들은 경기도 양수리 종합세트장에서 진행되었다. 양수리에 오로지 〈취화선〉 촬영을 위한 세트장이 세워졌다. (〈취화선〉 촬영이 끝난 다음 세트장을 양수리에 기증했고, 양수리에서 2019년 10월 종합세트장을 폐쇄할 때까지 그 자체로 필모그래피가 될 만큼 많은 영화(의 일부)를 여기서 찍었다) 공식적인 첫 촬영은 2001년 7월 16일이지만 이미

사진 25 〈취화선〉 촬영 현장에서 정성일 영화평론가(오른쪽)가 임권택 감독(왼쪽)을 인터뷰하고 있다. (사진: 김재영. 사진 제공: 《씨네21》)

테스트 촬영을 시작한 다음이었다. 이 날짜는 일종의 제작발표회 형식으로 홍보 효과를 위해 기자들을 초청한 자리였다. 이 촬영 분량은 영화에 사용하지 않았다. 《씨네21》에 기고한 글은 그해 11월 7일에 끝나지만 나는 (마감 원고를 넘긴 다음) 그 이후에도 촬영 현장에 머물렀다. 〈취화선〉은 양수리 녹음실에서 후시 녹음되었는데 녹음 과정 전체를 볼 수 있었다. 하지만 촬영을 진행하면서 일부 편집을 시작하였고, 그 편집본의 일부를 박순덕 편집기사가 촬영 현장에 가져왔다. 그래서 편집실을 방문할 필요를 느끼지 못했다.

매개 없는 연결,
이태원과 태흥영화사

태흥영화사와 대표 이태원의 관계를 설명하는 것은 지나치게 간단하거나 아니면 그렇기 때문에 설명이 종종 소설이 된다. 태흥영화사는 이태원의 알레고리인가, 아니면 이태원은 태흥영화사의 환유인가, 이런 식으로는 아무 것도 설명하지 못한다. 그 둘의 관계는 매개 없이 연결된다. 그러면 그 둘 사이를 무엇이 중재하는가. 여기에 취향이 개입한다. (이 개념을 상식적으로 받아들여 주기 바란다. 여기서는 피에르 부르디외가 설명한 분석의 디테일까지 밀고 들어가지는 않을 것이다) 그러면 취향은 태흥영화사에서 어떻게 작동되었을까. 먼저 약간 우회하겠다. 잘 알려진 대로 고전시대 할리우드 제작사들은 각자의 장르를 발전시켰다. 모두의 최종 목표가 박스오피스의 수치에 있었지만 동시에 이것은 대중-문화-산업이었으며, 이 셋은 각자의 범주에서 상호 간에 영향을 미치면서 투자 결정을 하는 테이블 위에서 취향의 (광범위한 의미에서) 정치학으로 작동하였다. 그러면서 서로의 장르를 신성불가침으로 여긴 것은 아니지만 MGM은 뮤지컬을, 워너브라더스는 갱스터영화와 코미디를, 컬럼비아 영화사는 멜로드라마를, 20세기폭스는 홈타운 드라마를, 유니버설은 공포영화와 필름누아르에 관심을 기울였다. 그들은 '잘할 수 있는 걸 한다'는 명제와 '좋아하는 것을 한다'는 명제 사이에서 종종 관습적인 결정을 내리기도 했지만 설명하기 힘든 판단을 하기도 했다. 그 경로를 따라간 것은 아니지만 '앙시앵레짐'의 '충무로' 영화사들은 제작 결정을 제작사 대표가 했기 때문에 (일관되지는 않지만,

아니, 차라리 그렇기 때문에 변덕스럽게) 취향을 드러내는 것처럼 보일 때가 있었다. 나는 이태원 대표의 취향의 모델이 궁금했기 때문에 (〈취화선〉 현장에서) 당신에게 최고의 영화는 무엇입니까, 라고 질문했다. 그러자 구체적인 제목을 호명하였다.

"… 나는 예나 지금이나 최고 영화는 작품성도 있고 흥행도 되는 영화라고 생각해요. 그런 영화는 전 세계적으로 〈대부〉(1972) 정도가 나와야 하는 거예요. 그러나 그건 한 세기 통틀어서 몇 안 나오는 영화예요. 하지만 그건 우리가 추구하는 꿈이죠. (이 대답을 듣고 이어서 "임권택 감독님이 화가 장승업에 관한 영화를 찍자고 하셨을 때 첫 번째 든 느낌은 무엇이었습니까"라고 질문했다) 괜찮았어요. 왜냐? 여자가 있고, 술이 있고, 그리고 거지 출신이니까. 바닥에서 뜬 놈 이야기란 말입니다. 그리고 마지막에 장렬하게 가는 부분이 너무 매력적이었어요. 무언가 넘어서고자 하는, 그것도 평생을! 그건 누구나 하고 싶어 하는 거지. 그런 의욕과 패기가 없는 사회는 얼마나 시시해. 그러나 그게 안 되는 거야. 그러면서도 죽을 때까지 속고 사는 게 세상인 거예요. 이야기 딱 들으니까 마음에 드는 거야. 이건 임권택이다, 이런 생각이 드는 거야. 그런데 장승업으로 최민식을 캐스팅 했는데 가만 보니까 이건 최민식인 거야. 그리고 정일성 이야기이기도 하고, 이건 괜찮은 거야. 거기 인간이 있으니까. 그리고 보다 보니까 이건 내 이야기이기도 한 거야. (웃음)"[1]

---

1   태흥영화사 이태원 대표와의 인터뷰는 〈취화선〉 현장에서 2001년 10월 21일, 11월 2일,

먼저 이 대답을 증언이라기보다는 미완성 원고처럼 음미해 주기 바란다. 아마 틀림없이 어떤 구절은 빠져 있으며, 어떤 말은 좀 더 정확한 다른 단어로 바꿔야 할 것이다. 그렇게 음미하면서 과도하게 환원시키는 대신 주석을 달면서 정식화시켜 나가겠다. 나는 첫 번째 대답과 두 번째 대답을 연결시키고 싶다. '바닥에서 뜬 놈 이야기' 주인공의 특질. 마이클 콜레오네, 마피아 집안의 막내. 가족 모두가 피비린내 나는 '더러운 사업'에 종사하지만 마이클은 대학교를 다니고 군대에 다녀오고 평범한 약혼자가 있다. 하지만 우여곡절 끝에 사업을 이어받는 사람은 마이클이다. 마이클은 아버지의 자리에 간다. 서사의 단순화를 허락한다면 〈장군의 아들〉은 같은 이야기다. 종로통 수표교 다리 밑 거지에서 종로패 '건달'을 이끄는 자리까지 올라가는 이야기. 관점을 달리하면 〈서편제〉도 같은 이야기다. 철없는 어린 계집 송화는 우여곡절 끝에 찾아나서는 길목마다 자리한 소리꾼들은 누구나 아는 명창이 된다. 그리고 〈취화선〉. 임권택은 태흥영화사에서 영화를 만들기 전에 내내 추락하는 주인공을 다루었다. 〈짝코〉(1980), 〈길소뜸〉(1985), 〈티켓〉(1986), 〈씨받이〉(1986), 〈연산일기〉(1987), 그리고 〈장군의 아들〉(1990)과 거의 동시에 연출한 〈개벽〉(1991). 용맹 전진하는 불교 이야기 〈만다라〉(1981)와

11월 5일, 세 차례에 걸쳐 이루어졌다. 이 인터뷰의 일부는 《씨네21》 제331호(2001년 12월 11일자 발행)에 실려 있다. (사소하지만) 약간 차이가 있다. 《씨네21》에 실린 내용은 원고의 편의를 위해 일부 어순을 바꾸었다. 이하 미술감독 주병도, 제작진행 이희원과의 인터뷰도 마찬가지다. 여기서는 원래의 인터뷰를 수정하지 않고 옮겼다. 다만 인터뷰의 전문이 아닌 것은 전체 분량이 매우 길고 게다가 현장 여건 때문에 여러 번에 나누어서 진행되었고, 인터뷰의 원래 의도가 〈취화선〉에 관련된 것이어서 이 글의 의도에 부합하지 않는 내용이 대부분이기 때문이다.

〈아제아제 바라아제〉(1989)를 제외하면 마치 그 주인공들은 서로가 서로를 반영하며 때로 역사가, 그리고 때로 환경이 서로 결합시켜 놓은 것처럼 그들의 운명을 반복했다. 그런데 태흥영화사에서 임권택은 자신의 주인공을 상승하는 주인공으로 바꾸었다. (물론 〈대부〉에는 도덕적 추락이라는 아이러니가 거기 있다) 추락으로부터 상승으로 옮겨 가는 것은 단순하게 방향을 바꾸는 것이 아니다. 그때 주인공이라는 한계는 주인공이라는 특권의 자리로 옮겨 간다. 그렇다면 이렇게도 말할 수 있다. 이야기와 주인공 사이의 위계질서에서 주인공이 우선권을 가지게 된다. 물론 이것이 임권택 영화의 변화인지 이태원의 취향의 반영인지에 대해서는 누구도, 어쩌면 그들 자신도, 설명할 수 없을 것이다. 게다가 그렇다 할지라도 얼마만큼, 어디까지, 그리고 어떻게, 한 편의 영화 안에서 (비유적으로) 대화를 나누었는지 기계적으로 분류해 낼 수 없을 것이다. 나는 (그렇게 불러도 괜찮다면) 대화가 서로에게 상호침투되었다기보다는 오히려 서로를 전제했던 것처럼 가정하고 싶다.

태흥영화사의 스펙터클,
오픈세트

(약간의 절차가 더 있기는 하지만) 시나리오가 테이블을 통과하고 나면 무대는 현장으로 옮겨 간다. 〈취화선〉의 현장에서 진행되는 대부분의 과정은 임권택의 결정이었다. 그건 틀림없는 사실이다. 그러나 여기에 결정의 범위라는 질문이 따라온다. 이 범위는 제작 규모의 문제와 직

접적으로 맞닿아 있기 때문에 지속적으로 반문하듯이 결정에 대해 간섭하게 된다. 그리고 종종 간섭이 과정에서 결정의 우위에 서게 되기도 한다. 나는 먼저 세트의 문제를 말하고 싶다. 태흥영화사가 다른 영화사들과 다른 점은 영화를 이야기에 맞추는 대신 이야기를 영화에 맞추었다. 무슨 이야기인가요. 태흥영화사는 매번 세트를 지었다. 다른 영화사들도 세트를 짓기는 하지만 거의 예외 없이 실내 규모였다. 한국 영화에서 야외 오픈세트는 매우 드물게 세워졌다. (그런 다음 컴퓨터그래픽스가 세트를 대신하면서 이 전통은 과거의 유산이 되었다. 물론 그건 전 세계적인 추세이다) 임권택은 태흥영화사에서 찍은 11편의 영화 중에서 9편을 (규모는 서로 다르지만) 야외 오픈세트에서 찍었다. 〈서편제〉는 길을 따라 이동하면서 촬영한 영화이기 때문에 세트가 필요하지 않았고 (하지만 실내 세트 촬영 분량이 있다), 〈축제〉(1996)는 야외에서 장례식을 촬영했고 동화 분량을 실내 세트에서 찍었다. 비평들은 임권택의 태흥영화사 시기의 작품들이 세트영화라는 사실을 종종 간과한다. (그 이전에 해당하는 화천공사 시기의 작품들은 로케이션 영화들이다) 영화가 세계 안으로 들어올 것인가, 세계를 영화 안에 세울 것인가, 라는 문제는 단순하게 공간의 실용적인 사용에서 멈추지 않는다. 하지만 여기서는 미학의 문제로 건너가지 않을 것이다. 반대로 세트는 돈의 문제라는 사실을 환기시키고 싶다. 그걸 누가 모르나요. 문제는 단순하지 않다. 세트 제작에서 과잉하는 투자라는 개념은 없다. 왜냐하면 세트는 한 편의 영화 안에서 돈의 한계를 모르고 작품 안으로 내면화되기 때문이다. 하지만 바깥에서 한 편의 영화 안으로 투자하는 돈은 한계가 있다. 거기서 세트의 투자 비중을 어느 수준에서 멈출 것인가, 라는 판단에는 어떤 법칙도 없다. 가장 좋은 세트는 보르헤스의 지도와 같다. 가장 정확한 지도는 세계와 같은 크기의 지도이다. 하지만 조선시대 한양을 찍기 위해서 그걸 세트로 동일하게 재현하는 일은 일어나지 않는다. 여전히 보존되고 있는 고궁들은 사극영화를 위한 가장 훌륭한 세트장이다. 태흥영화사가 세트를 시나리오의 무대, 이야기의 진행, 인물의 거주 장소만을 염두에 두었다면 다른 영화사들의 로케이션 제작 방법을 반복했을 것이다. (그리고 임권택은 그 한계 안에서 연출했을 것이다. 물론 그러면 우리는 완전히 다른 영화를 보았을 것이다) 태흥영화사는 거기에 무언가를 덧셈하였다. 무언가? 이태원은 세트가 영화의 스펙터클이라고 믿었(던 것 같)다.

"영화는 제작비와 완성도가 꼭 비례하는 건 아니에요. 만들어 보니까 그래. 가난하게 찍어도 좋은 영화가 틀림없이 있어요. 그런데 대중들은 그러면 볼 게 없어. 예술은 아는 사람들끼리 보는 거예요. 그러니까 대중들에게 볼거리를 주어야 하는데, 돈을 쓴다고 해서 꼭 그게 화면에 보이는 건 아니에요. 내가 임권택 감독을 좋아하는 이유는 이 사람 영화는 돈을 쓰면 쓴 만큼 그게 화면에 보인단 말이에요. 감독은 예술을 하는 인간이지만 영화가 다른 예술과 다른 점은 자기 영화를 경영할 줄 알아야 돼요."

나는 같은 방법으로 이 대답에 다시 한번 주석을 달아 보겠다. 〈취화선〉은 "마케팅비 포함해서 제작비 60억에, 세트를 세우는 데 22억을 쓴" 영화이다. 한 가지 사실을 환기시키겠다. 〈취화선〉은 세트 촬영 분량이 영화 전체에서 (신scene 수로 계산하면) 절반이 되지 않는다. 장승업은 "훨훨 날기 위해서" 반복해서 한양을 떠나서 전국을 떠돈다. 그렇다

271

고 한양에서 상투적인 의미에서의 액션 스펙터클, 혹은 역사적 사건의 스펙터클이 벌어지는 것도 아니다. 그렇다면 태흥영화사가 생각하는 스펙터클은 무엇일까. 나는 그 대답을 주병도 미술감독에게서 들었다.

"… 영화미술이란 보여서는 안 되는 것입니다. 시나리오가 요구해서 보여 주고자 하는 것이 아니라면 화면이 열리면 바로 내용에 빨려 들어가야 합니다. 보는 사람이 이게 참 공들여 만든 것이로구나, 라고 눈치 채게 만드는 원인 제공자가 미술이라면 그건 실패한 것입니다. 미술은 환경이기 때문입니다. 하지만 그래도 여기 서서 그냥 보고 있으면 화창한 날에도 괜히 슬퍼지는 느낌이 중요했습니다. 나라는 기울어 가고 있는데, 왠지 쓸쓸한 기분을 여기 담으려고 했습니다. … 어느 날 아침 일찍 감독님이 언제나처럼 혼자서 세트장을 걷고 계셨습니다. 그런데 그 곁에 가니 갑자기 나한테 왠지 눈물이 난다, 라는 말을 뜬금없이 하신 적이 있습니다. 네? 하고 물어보니까 요즘 젊은 사람들은 모를 거야, 라고 말하셨습니다. 그때 속으로 성공했다, 라는 느낌이 들었습니다. 감독님이 말려들어 갔구나, 라는 느낌(웃음)."

정감으로서의 스펙터클. 달리 어떻게 말할 수 있을까. 지나치게 예술적으로 설명하는 것은 아닌가요. 이건 돈의 문제입니다. 방금 이태원은 그게 "돈을 쓴 만큼 화면에 보이기 때문"이라고 대답하지 않았던가요. 나는 이것이 태흥영화사의 영화에서의 실용성이라는 문제에 대한 해결 방식이라고 생각한다. 무슨 말인가요. "나라가 기울어 가고 있는데 쓸쓸한 기분"이라는 말을 음미하듯이 읽어 주기 바란다. 조선시대 제26대 마지막 왕 고종, 민비와 대원군. 서구 열강 제국주의 외세의 침략. 그래도 살아야 하는 민초들. 그리고 한 명의 화가. 〈취화선〉은 그걸 찍어야 하는 영화이다. 영화에서 돈은 시간과 장소의 문제이기도 하다. 이때 이 둘은 긴밀하게 서로 연결된다. 간단한 원리. 그 장소를 찾은 다음 거기까지 배우와 스태프들이 이동하고 그리고 거기 머물면서 영화를 찍는다. 이때 이 문장은 장소와 장소 사이의 이동과 거주라는 시간과 연결된다. 이 문장은 시퀀스 단위가 될 수도 있지만 신 단위가 될 수도 있다. 문제는 거기서 멈추지 않는다. 그 장소가 기다리는 것이 아니기 때문에 비슷한 장소에 도착해서 거기에 영화미술을 덧칠해야 한다. 그때 모든 한국영화 사극들은 "나라가 기울어 가고 있는데 쓸쓸한 기분"을 내기 위해 대사 속으로 들어가거나 배경이 되는 조선 왕조 오백 년 사이의 서로의 구별 없이 경기도 용인 민속촌에서 촬영하였다. 사극영화들은 최소의 신을 민속촌에서 찍고 대부분의 장면은 규모를 축소해서 로케이션 진행을 했다. 그건 장소와 시간을 분산시키고 연장시키는 상황을 불러왔고 결과는 항상 만족스럽지 않았다. 태흥영화사는 그걸 압축하는 방법을 매번 세트에서 찾았다.

현장에서의
임권택 감독의 선택

여기까지 〈취화선〉의 과정, 과정에서의 돈의 배분, 배분에 개입하는 취향과 실용주의 사이에서의 긴장, 이 긴장이 만들어 내는 현장을 태홍영화사의 쪽에서 바라보았다. 이번에는 현장을 연출하는 임권택의 쪽에서 바라보겠다. (하지만 나는 지금 임권택의 미학을 말하려는 것이 아니다) 일단 현장에 도착하면 디테일은 임권택의 권리가 된다. 단지 감독의 권리가 존중받았다는 뜻이 아니다. (아마 그것도 있을 것이다) 임권택은 콘티를 준비하지 않기 때문에 현장에서 지금 무얼 찍고 있는지 아는 사람은 임권택뿐이다. (나는 그걸 102번째 영화 〈화장〉(2014)까지 지켜보았다) 스태프는 시나리오에 맞춰 매 신의 소품을 준비하고 배우들은 거기에 맞춰 대사를 외운다. 하지만 촬영을 하는 아침에 오늘 준비한 신을 위한 새로운 대본이 준비된다. 그리고 그걸 놓고 연출부와 촬영에게 그 신을 몇 개의 쇼트로 나누게 될지, 어떤 구도로 찍을지, 카메라와 인물의 어떤 이동이 있을지를 설명해 준다. 하지만 그것도 촬영을 진행하면서 마치 변덕을 부리듯이 계속 수정해 나간다. 한 가지는 알겠다. 임권택은 현장에 도착할 때까지 계속 촬영 콘티를 머릿속에서 그려 나가고, 그런 다음 현장에서 찍어 나가면서 머릿속에서 편집을 해 나가는 중이다. 임권택의 이전 세대, 임권택의 세대, 임권택의 이후 세대, 아마도 이장호, 장선우, 박광수 세대까지는 모두 그렇게 현장을 진행했다. 나는 여기서 현장에서의 콘티의 장단점에 관한 장황한 설명은 하지 않을 것이다. 때로 임권택은 끊임없이 NG를 부르면서 재촬영을 하는데 모두들 어리둥절한 표정을 지었고(〈취화선〉은 필름으로 찍었다는 것을 생각해 주기 바란다), 어떤 때는 너무 쉽게 오케이를 하고 지나쳐 갔다. 〈취화선〉을 양수리에서 촬영하는 동안 이태원은 자주 현장에 왔다. (물론 이 영화만 그런 것은 아니다. 〈장군의 아들〉 세트장에서도 그러했다) 그걸 설명하는 간단한 일화. 이태원 대표가 현장에 오지 않는 날은 스태

사진 26 〈취화선〉 촬영 현장에서 스틸 작가 김재영에 의해 우연히 포착된 영화 같은 순간. 왼쪽 먼 곳에서 있는 이가 장승업으로 분한 배우 최민식, 오른쪽 앞에 서 있는 이가 임권택 감독이다. (사진: 김재영. 사진 제공:《씨네21》)

프들이 제작부에게 "오늘 무슨 일이 있으시냐"고 물어보기까지 했다. 현장에 자주 오기는 했지만 이태원은 어떤 간섭도 하지 않았다. 그렇다고 자신의 위치를 누리려고 하지도 않았다. 스태프들 중 막내들과 잡담을 하느라 촬영이 시작되었는데 미처 목소리의 주인공을 알지 못한 동시녹음 기사가 큰 소리로 "도대체 촬영 중에 누가 떠들어"라고 고함을 치는 순간도 있었다. 이태원은 현장에 시나리오를 들고 오지 않았고, 매번 도착하면 제작부에게 오늘 찍는 내용을 물어보았다. 나는 이 현장의 일상을 유심히 바라보았다. 그리고 여기에 태흥영화사의 어떤 핵심이 있다는 어떤 결론에 이르렀다. 영화가 현장에 도착하면 태흥영화사는 말 그대로 현장을 지원하는 위치로 물러난다. 이태원은 현장의 권리와 책임을 모두 만드는 쪽에 넘겨주었다(고까지 말하고 싶다). 이건 임권택에게만 주어진 특권은 아니었을 것이다. 그렇기 때문에 태흥영화사는 〈장남〉(1984), 〈개그맨〉(1989), 〈꿈〉(1990), 〈경마장 가는 길〉(1991), 〈화엄경〉(1993), 〈미지왕〉(1996), 〈세기말〉(1999) 같은, 제도권 안에서 실험영화에 가까운 영화들을 허용했을 것이다.

그렇다면 왜 임권택만이 남게 된 것일까. 세 편의 〈장군의 아들〉과 〈서편제〉가 박스오피스에서 성공했지만, 〈태백산맥〉(1994)과 〈축제〉, 〈창(노는 계집 창)〉(1997)은 모두 실패하였다. 이 영화들이 서방세계 국제영화제에서 명예를 얻은 것도 아니다. (이 중에서 〈태백산맥〉만이 베를린영화제 경쟁부문에 초대되었다. 하지만 수상하지 못했다) 그런데도 이태원은 임권택을 제외한 다른 감독의 영화를 더 이상 제작하지 않았다. 아마 여기에 어떤 비밀이 있을 것이다. 물론 모든 문제가 조화롭게 서로의 합의 위에서 진행되었을 것이라는 이상적인 가정은 현실에서 이루어지지 않았을 것이다. 반대로 현장과 돈 사이의 긴장이 계속 남은 상태에서 불화의 타협이 이루어져 나가는 과정이 현실적인 상황이었을 것이다. 나는 현장에서 진행되는 과정의 관찰을 근거로 하여 중재하듯이 가설을 세워보고 싶다. 임권택은 현장에서 마치 두 명이 있는 것처럼 보일 때가 있다. 한 명은 물론 연출자 임권택이지만, 다른 한 명은 제작자 임권택이다. 현장에서 혼잣말처럼 자주 하는 표현. "내가 여기서 욕심을 내면 저기서 포기를 해야 할 텐데." 임권택은 제작의 조건이 주어지면 무조건

긍정한다. (이를테면 화천공사 시절에 12일 만에 촬영을 마친 〈안개마을〉(1982)) 그런 다음 긍정 안에서 방법을 찾아 나간다. 〈축제〉 이후 〈화장〉까지 임권택의 8편의 영화제작 진행으로 현장에 있었던 이희원의 인상적인 말.

"감독님에게 A 장면에서 예산이 얼마인데 여기서 더 진행하면 오버할 수 있습니다, 라고 말씀드리면 감독님이 그러면 내가 B 장면을 안 찍으면 괜찮은 거예요, 라고 물어보시지요. 감독님 영화를 하면서 처음에는 잘 몰랐는데 감독님이 영화 전체를 놓고 장면별로 이미 예산을 가늠하고 머릿속에 그림을 그린 다음 영화를 찍어 나가면서 거기서 제작비 전체의 균형을 잡아 나가고 계신다는 걸 알게 되었습니다. 제 입장에서는 안심이 되죠. 영화는 제작비가 늘어나게 되면 현장에서는 제 책임이고, 결국에는 제작자가 하여튼 책임을 지게 되는 구조잖아요. 그런데 감독님은 그게 감독님 책임이라고 생각하시는 분이에요."

간단한 이치. 하나의 장면에서 예산을 상회하면 해결 방법은 둘 중 하나이다. 하나는 초과분을 영화 바깥에서 다시 채우는 것이다. 한 편의 영화가 예산을 상회하기 시작하면 초과분만큼 그 영화가 회사를 부수기 시작한다. 다른 하나는 그 장면의 초과분만큼 다른 장면이 빈곤해지거나 삭제되면서 다시 균형을 맞춘다. 이때는 영화가 부서진다. 영화는 과정에서 수많은 변수가 발생하면서 지속적으로 매번의 신을 위협한다. 감독은 그걸 방어해야 한다. 대부분은 해결 방법을 영화 바깥에서 찾는 전자를 선택한다. 그렇게 되면 제작 초기에 문제가 발생하고, 규모에 따라 제작사는 현장을 강제로 중단시키기도 한다. 중단시킬 수 있는 단계를 지나쳐서 감당할 수 있는 한계를 벗어나게 되면 제작자는 지분에 해당하는 규모를 비례로 외부의 투자자본에 양도하게 되거나 혹은 (하여튼) 다른 방법을 찾게 된다. 임권택과 이태원이 영화를 둘러싼 어떤 태도를 공유했다거나 영화에 관한 어떤 취향이 일치했다고 설명하는 것은 대답의 일부이다. 정식화. 내 가설은 현장의 진행이라는 점에서 임권택의 연출에 포함된 경영 플랜에 이태원이 동의할 수 있었다는 데 방점이 있었을 것이라는 것이다. 그리고 그것이 영화의 완성도와 규모의 경제, 두 마리의 토끼를 포기하지 않는 태흥영화사의 방식이었을 것이다.

"내가 감독들을 만나 보니 이 사람들은 욕심이 많은 인간들입니다. 물론 그 욕심이 나쁜 건 아니에요. 그리고 그게 없으면 좋은 영화가 만들어질 가능성 자체가 처음부터 없는 거예요. 그런데 욕심을 부리면 한이 없죠, 그러니 매번 판단을 해 줘야 해요. 그걸 누가 하나. 감독이 해야죠. 왜냐. 현장에서 하는 판단이니까. 임 감독은 나를 끌고 다니는 힘이 있는 사람이에요. 물려 들어가는 거죠. (웃음) 좋은 제작자는 감독이 만드는 겁니다. 그런 생각을 들게 하는 사람이 있어야 이 일도 하고 싶어지는 거예요. 학생들이 나를 찾아와서 어떤 감독이 되어야 하느냐, 라고 물어보았어요. 제작자를 끌고 다니는 감독이 되어라, 내가 그렇게 말해 줬어요. 그건 말로 끌고 다니는 게 아니라 마음으로 끌고 다니는 거예요."

나는 이 대답을 이중의 장부로 읽는다. 왼쪽 장부. 태흥영화사는 영화제작 현장에서 감독을 중심에 놓는 환경을 만들었고, 그 환경을 존중하였다. 오른쪽 장부. 감독은 현장을 진행하면서 환경의 토대로서의 제작의 규모가 요구하는 한계를 존중해야 한다. 존중이란 주고 받을 때 지켜지는 것이다. 같은 말의 다른 판본. 돈의 세계에서 존중이 지켜지지 않으면 계약은 종료되는 것이다.

'태흥영화사'라는
모델

여기에 이르면 두 가지 질문이 떠오를 것이다. 하나는 태흥영화사 모델은 '그 이후' 왜 다른 영화제작사로 이전되거나 혹은 옮겨 가거나, 또는 수정되어 확장되거나 보완되지 않고 여기서 끝나 버렸냐는 것이다. 이유는 분명하다. 제작의 조건이 바뀐 것이다. 이 모델은 영화제작사의 의사결정 구조가 처음부터 끝까지 단 하나의 자리, 대표의 판단으로 수렴되는 과정의 기반 위에서만 성립이 가능하다. 얼핏 듣기에도 비합리적이고 지나치게 일방적이며 결정에 관한 검토를 할 수 있는 중간 단계가 생략되었다는 단점을 지적받을 수 있다. 바로 그런 이유로 이 모델은 산업에서 비판받았고 그런 다음 버려졌다. 그래서 문제가 해결되었는가. 아니, 그래서 무슨 일이 벌어졌는가. 아이디어에서 트리트먼트를 거쳐 시나리오를 가까스로 완성한 다음 콘티 작업을 거쳐 현장에 도착할 즈음 수없는 토의와 그에 따른 수정, 그리고 의견의 테이블 위에서 콘티는 안전한 평균으로 수렴된다. 평균으로서의 영화. 거기서 멈추지 않는다. 투자자본은 계속해서 제작의 과정을 감시하고 그 과정의 중간에 개입한다. 투자자본의 개입에 저항하거나

279

혹은 거절하거나, 그 정도는 아니라 할지라도 개입을 방어할 수 있는 몇 명의 감독들만이 지금 한국영화에서 자신의 아이디어를 현장에서 연출하고 있는 중이다. 아니면 투자자본 대신 영화진흥위원회 지원금에 의존하고 있지만 이들은 만성적 빈곤에 시달리고 있다. 빈곤의 미학은 그들이 원한 것이 아니다. 그렇다면 이렇게 말해 볼 수는 없는 것일까. 한 편의 영화를 만드는 과정을 연출하는 감독이 예술가라면 그 과정을 결정하는 제작자를 예술가라고 부르지 못할 무슨 이유가 있는가. 결과적으로 투자자본은 영화에서 예술가의 자리 중 하나를 삭제시킨 것이다. 태흥영화사 대표 이태원이 얼마나 훌륭한 예술가인지를 판단하는 것은 내 능력을 벗어나는 일이다. 여기서 내가 하려는 이야기의 요점은 태흥영화사 모델은 우리가 현재의 투자자본 중심의 모델에서 잃어버린 것이 무엇인지를 일깨우고 있다는 것이다.

다른 또 하나의 질문은 태흥영화사의 모델과 현재의 투자자본 중심 모델의 장점을 함께 배치해 볼 수는 없느냐는 것이다. 대답은 첫 번째 질문의 대답을 반복하는 것이다. 그런 일은 일어나지 않을 것이다. 나는 그걸 그해 겨울 〈취화선〉 현장에서 보았다. 이 점을 일부러 강조하고 싶다. 두 모델은 상호 배타적이면서 동시에 서로의 근거를 반대편에서 가져온 것이기 때문이다. 여기서 반대는 단지 경제적인 논리뿐만 아니라 어쩌면 영화에 대한 가치, 믿음, 신뢰, 모든 면에서 한쪽에서 찬성하는 것을 다른 쪽에서 반대하는 근거를 가지고 성립된 모델이다. 한쪽이 열어 놓은 것을 다른 한쪽이 막아 버렸다. 그것을 어떻게 다시 열어 놓을 수 있을지가 우리에게 남겨진 숙제이다. 그건 이 모델의 마지막 자리를 차지한 태흥영화사 그 자체였던 이태원이 남겨 준 숙제이기도 하다.

허남웅
영화평론가

"이태원 자체가 한국영화계의 특별한 유산이죠"

영화계 동료들이
증언하는
이태원과 태흥영화사

| 인터뷰 진행 |

태흥영화사 식구 3인 _ 방충식 · 이지승 · 김성룡
2022년 1월 6일 신당동 태흥영화사 사무실

임권택 감독
2022년 1월 11일 임권택 감독 자택

정일성 촬영감독
2022년 1월 13일 정일성 촬영감독 자택

김수철 음악감독
2022년 1월 24일 전화 인터뷰

배창호 감독
2022년 1월 17일 아차산역 근처 카페

장선우 감독
2022년 2월 9일 전화 인터뷰

김홍준 감독
2022년 1월 21일 한국예술종합학교 연구실

기자 생활을 하면서 태흥영화사의 이태원 대표를 만난 적은 없다. 그 정도 지위에 있는 인물의 취재와 인터뷰는 보통 팀장급 이상에 할애됐다. 영화 기자로 처음 발을 디딘 2000년은 한국영화 역사의 새로운 페이지가 작성된 해(年)였다. 〈춘향뎐〉(임권택, 2000)이 한국영화 최초로 칸국제영화제 경쟁부문에 진출했고, 2년 뒤에는 〈취화선〉(2002)의 임권택 감독이 같은 영화제에서 감독상의 영예를 안았다. 기자 초년 시절의 내게는 한국영화가 세계 최고의 영화제에서 인정받았다는 사실이 초현실에 가까웠다. 더불어, 국내 언론의 포커스가 임권택 감독뿐 아니라 이태원에게 향했다는 점도 생소했다.

영화만 볼 줄 알았지 당시 한국영화 제작 시스템이 어떻게 돌아가는지, 제작자의 역할이 무엇인지 지식이 짧았던 내게 선배 기자는 제작자 이태원을 이런 요지로 정의했다. 지원은 하되 간섭은 하지 않는 제작자라고. 이번 인터뷰를 위해 만나 본 이태원의 측근들은 그 사실을 좀 더 구체적으로 증언했다. "영화는 감독의 것이라면서 무모할 정도로 감독의 결정을 따라 주셨어요."(임권택 감독), "제작자가 만들고 싶은 영화가 아니라 감독이 만들고 싶은 영화를 최대한 지원했어요."(김홍준 감독), "감독에게 창작의 자율권을 보장해야 좋은 영화가 나옵니다. 그게 요즘 제작자들이 못 하고 있는 부분이에요."(배창호 감독)

연출자의 능력을 흥행 수치로 재단하고, 성공한 영화의 주요 요소들을 규격화하는 지금의 산업 시스템과 비교하면 이태원의 제작 방침은 일견 비합리적인 듯하다. 그것은 이태원이 영화를 '인간'으로 접근한 제작자인 까닭이다. 이태원이 직접 태흥영화사의 제작실장으로 발탁한 김성룡 프로듀서는 이와 관련해 재밌는 일화를 들려줬다. 〈서편제〉(임권택, 1993)의 100만 관객 달성을 앞두고 기념 파티 준비가 한창이던 때 이를 못마땅해하는 이가 있었다. 단성사 극장간판업체 사장이었다. 영화가 6개월간 장기상영된 탓에 그간 일이 없었던 사장은 〈서편제〉의 흥행이 못마땅했다. 이태원은 이 사연을 듣고 그 자리에서 당시 350만 원 정도의 간판 제작을 다시 의뢰했다.

이태원에 관해 정일성 촬영감독은 "영화인이라면 언제든지 도움을 주려고 노력했던 제작자"라고 회고한다. 태흥영화사 창립 멤버이자 여전히 회사 살림을 책임지고 있는 방충식 부사장 또한 이태원의 인간적인 면모를 잊지 못한다. "한번 맺은 인연은 끝까지 가는 경우가 많았어요. 어려움에 처해 있으면 감싸 안았고 믿음을 놓지 않았어요." 이태원에게 영화는 공동체 개념에 가까웠다. 그는 누구보다 한국영화 지키기에 앞장선 인물이다. 1988년에는 미국 영화사의 직접배급을 저지하는 투쟁에 나섰고 할리우드 영화가 한국영화 시장의 80퍼센트 이상을 점유하던 1990년대 초반에는 자신의 돈을 보태 '한국영화제작가협회'를 만들어 스크린쿼터 사수에 적극적으로 나섰다.

한국영화를 위해서라면 물불을 가리지 않는 그의 성격은 1998년 7월 남산 감독협회에서 열린 스크린쿼터 사수 범영화인 비상대책위원회의 기자회견과, 1988년 9월의 일명 '뱀 사건'으로 극명하게 드러난다. 전자의 경우 이태원은 스크린쿼터 존속을 정부에 요구하던 중 감정에 북받쳐 눈물을 흘렸다. 그런가 하면, 미국영화사의 직배 1호 영화 〈위험한 정사〉(애드리안 라인, 1988)의 국내 상영을 저지하겠다고 극장에 뱀을 풀어 사회적 문제를 야기한 사건에 휘말리기도 했다. 행위의 잘잘못을 떠나 한국영화계를 생각하는 이태원의 헌신적인 태도는 영화인을 하나로 뭉치게 하는 역할을 했다.

한국영화를 지킨다는 이태원의 신념은 제작에서도 잘 드러난다. 한국영화 4편을 제작하면 외국영화 1편을 수입할 권리를 주던 외화 수입쿼터제 당시, 대부분의 제작사는 외화로 큰돈을 벌어들이는 경우가 많았다. 한국영화 제작은 편수만 맞추고 돈이 되는 외화 수입에 열을 올린 여느 제작사와 다르게, 태흥영화사는 한국영화 제작에 더 힘을 기울였다. 영화 월간지 《스크린》의 1987년 4월호 〈좋은 제작자가 좋은 영화 만든다〉 기사는 당시 태흥영화사에 관해 이렇게 적고 있다. '대개 돈 좀 있다 하는 영화사는 방화보다는 외화로 떼돈을 번 곳이 대부분인데 태흥은 이상하게도 한국영화가 돈줄이 돼 왔다고, 그만큼 흥행될 한국영화 제작에는 일가견이 있음을 은근히 과시하기도 한다.'

그것은 영화 배급과 극장 운영을 통해 관객이 들 만한 영화를 알아보는 이태원의 감각에 의지한 바가 컸다. 태흥영화사 초기 2~3년 동안 이태원은 임권택(〈비구니〉)과 이두용(〈뽕〉)과 이장호(〈무릎과 무릎사이〉)와 배창호(〈기쁜 우리 젊은 날〉) 등 흥행이 검증된 감독과 작업했다. 1986년 세무사찰로 12억 원을 추징당한 이후 이태원은 "'돈'보다는 '폼'나는 일이 더 하고 싶어졌다."(《중앙일보》의 〈남기고 싶은 이야기들〉(2004. 12~2005. 3))면서 〈미미와 철수의 청춘스케치〉(이규형, 1987)를 시작으로 〈개그맨〉(이명세, 1989), 〈경마장 가는 길〉(장선우, 1991), 〈장미빛 인생〉(김홍준, 1994), 〈미지왕〉(김용태, 1996) 등 한국영화의 새로운 흐름을 이끈 작품을 여럿 선보였다.

신인 감독과 젊은 감각을 지닌 영화인 발굴에 적극적이었던 태흥영화사의 행보는 단연 두각을 나타냈다. 《스크린》 1988년 4월호에 게재된 〈이런 영화가 흥행에 성공한다〉 기사 중 일부다. '최근 영화제작으로 흥행에 성공한 영화사는 태흥영화사. (중략) 영화제작에 제작비를 아끼지 않고 잘 밀어주기로 유명한 영화사다. 이규형 신인 감독을 과감하게 밀어줘 만든 영화가 바로 〈미미와 철수의 청춘스케치〉였는데, 충무로에서 그 영화가 그렇게 흥행에 성공할지는 아무도 예견하지 못했다. 영화를 만들기 전 이 감독이 영화사마다 다니며 제작을 부탁했을 때 다들 거절했다는데, 승패를 알 수 없는 상황에서 태흥영화사는 과감하게 그를 기용했다.'

이태원이 태흥영화사를 통해 한국영화 내부적으로 신인과 중견을 가리지 않고 건강한 감독 생태계를 구축했다면, 외부적으로는 해외 영화제에 한국영화를 알리기 위해 누구보다 노력했다. 〈화엄경〉(1993)으로 베를린영화제에서 알프레드 바우어상을 받은 장선우 감독은 "해외 영화제에 제작자와 함께 나간 건 이태원 회장님이 처음이었어요. 영화를 제작할 때만큼이나 물심양면으로 도움을 아끼지 않았어요."라고 말한다. 이태원은 경험치와 감에 의지해 모험을 감행한 제작자였다. 수치와 검증을 우선으로 삼는 지금의 대기업 제작 방식을 고려하면 위험하게 보일지 몰라도, 그의 방식은 흥행 확률도 높았을 뿐 아니라 새로운 영화와 영화인을 발굴해 한국영화계를 뿌리부터 단단하게 했다.

제작자를 평가하는 기준은 그가 제작한 영화, 그리고 함께 작업한 이들의 증언이 바탕이 된다. 방충식 부사장과 이지승 상무, 김성룡 프로듀서, 임권택 감독과 정일성 촬영감독, 배창호 감독과 장선우 감독, 김홍준 감독, 가수 겸 영화음악가 김수철을 만나 이태원 회장과 작업했던 경험과 당시 느꼈던 감정과 소회를 물어보았다. 회사의 상사로, 부자 관계로, 한국영화 르네상스의 기틀을 마련한 주역으로, 함께한

동료로, 무엇보다 한국영화를 사랑한 영화인으로서 이들은 이태원에 대해 '연출자의 창작의 자유를 보장하며 뒷바라지하는 위치에서 제작자의 소임을 다했다'는 공통된 평가를 내렸다.

최대한 지원하되 간섭은 최소화하는 이태원의 제작 철학은 이 9명의 인터뷰를 통해 구체적으로 확인할 수 있다. 이들의 말을 밑그림 삼아 개인적으로 채색한 이태원의 가장 중요한 유산은, 1980~1990년대 제작자 중심의 충무로 시스템에서 2000년대 대기업이 주도하는 현재의 산업으로 넘어오는 과도기에 한국영화의 강점이 창의력에 있다는 인식을 심어 줬다는 데 있다. 감독이 영화의 중심이라는 이태원의 생각은 여전히 유효하다. 지금 아무리 대기업 제작사와 투자사의 입김이 세다고 해도, 한국영화가 유수의 해외 영화제와 전 세계 영화 팬들에게 첨단의 미학을 선보이는 영화로 인지되고 있는 건 감독의 창작력을 중요하게 생각하는 한국영화의 풍토가 바탕이 된 바 크다.

이지승은 아버지 이태원으로부터 제작자의 덕목을 이렇게 배웠다고 한다. "감독이 마음껏 놀 수 있는 멍석을 깔아 주고 그 결과를 수확하는 자리라고 하셨어요." 김수철은 이태원을 일러 "영화계의 한 획을 그은 어른"이라면서 "인간적으로도 그만큼 잘해 줬던 제작자를 못 봤다"며 그의 부재를 아쉬워했다. 영화는 산업이기 이전에 예술이고 인간과 삶을 담는 매체다. 태흥영화사의 작품을 보면 인간의 삶을 다룬 영화는 물론이고 그걸 만든 사람이 보이는 경험을 하게 된다. 이태원은 영화를, 영화인을, 한국영화계를 인간적으로 대한 제작자다. 그런 태도는 이태원이 생전에 제작한 영화에 고스란히 반영되어 있다. 인간적인 가치가 옅어지는 작금의 영화산업에서 그가 오래 기억되고 회자될 이유다.

"외로움이 무척 강했던 어른입니다"

태흥 식구들 | 방충식 부사장·이지승 상무·김성룡 프로듀서

태흥영화사의 방충식 부사장과 이지승 상무, 김성룡 프로듀서는 이태원 회장의 측근 중 최측근이다. 방충식 부사장은 1983년 태흥영화사의 창립 준비 단계에 입사했다. 입사하기 전 변장호, 김문정, 고영남, 박노식 감독의 작품에서 조감독으로 일했던 그는 1978년부터 안정적인 생활을 위해 영화진흥공사(현 영화진흥위원회의 전신)에서 근무했다. 이태원 회장과는 일적인 관계로 몇 차례 만난 것이 전부였다. 방충식의 꼼꼼한 일 처리를 눈여겨본 이태원 회장은 태흥영화사의 전반적인 업무를 맡아 달라며 영화진흥공사 앞까지 찾아와 입사를 권유했다. 이태원 회장이 작고한 후에도 살림꾼 역할을 하는 방충식 부사장은 그야말로 태흥영화사의 안주인이자 역사이자 산증인이다.

이지승 상무는 잘 알려진 대로 이태원 회장의 3남 1녀 중 막내다. 제작자로서 아버지가 겪은 산전수전을 어려서부터 봐 왔던 그는, 영화제작 실무 일은 하지 않겠다고 미국 뉴욕대학교에 입학해 영화이론을 공부했다. 하지만 피는 속일 수 없었는지 현장에서 직접 영화를 배우고 싶어 아버지에게 허락을 받고 1998년 태흥영화사에 들어왔다. 처음 맡은 영화는 당대 최고의 아이돌 밴드 '젝스키스' 멤버가 주인공을 맡은 〈세븐틴〉(정병각, 1998)이었다. 제작 파트에 속해 팬클럽과 소통하는 일을 담당했다. 지금은 당연시되는 영화의 홈페이지를 처음 기획한 것도 이지승 상무였다. 이후 〈색즉시공〉(윤제균, 2002), 〈해운대〉(윤제

균, 2009) 등에 프로듀서로, 〈여타짜〉(2020), 〈섬, 사라진 사람들〉(2016) 〈공정사회〉(2013)를 연출한 영화감독으로, 한국영화아카데미의 책임교수 등으로 활동하고 있다.

　김성룡 프로듀서는 배우로 먼저 인연을 맺었다. 〈장군의 아들〉(임권택, 1990) 오디션에 참여하여 극 중 김두한(박상민)과 대결을 벌이는 마루오카 경부 역할로 데뷔, 강한 인상을 남겼다. 당시 회사 생활과 병행하며 연기를 했던 까닭에 고민이 컸다. 그 사연을 듣고 이태원 회장이 제작실장 자리를 제의하면서 〈취화선〉 때까지 12년 동안 태흥영화사와 인연을 맺었다.

　인터뷰는 일반 2층 주택을 개조한 태흥영화사의 신당동 사옥에서 진행됐다. 요청한 것도 아닌데 방충식 부사장과 이지승 상무와 김성룡 프로듀서는 사진 촬영 각도가 가장 잘 나오는 위치에 자리를 잡았다. 군이 답변자를 특정하지 않아도 대답이 엉키지 않은 것도 재미있는 풍경이었다. 그만큼 이들이 태흥영화사에서 맡은 업무가 확실했다는 의미이기도 하다. 왜 이태원 회장이 이들을 신뢰하고 오래 인연을 이어 왔는지 알 수 있는 대목이다.

태흥영화사를 차리다

허남웅 평론가(이하 '허') 태흥영화사와 관련한 1980년대 언론 자료를 살펴보면
　체계적인 제작 시스템에 주목한 경우가 많아요.

방충식 부사장(이하 '방') 당시 한국영화 제작은 주먹구구식이었어요. 우리는 제

사진 27 왼쪽부터 허남웅 평론가, 김성룡 프로듀서, 이지승 상무, 방충식 부사장.

작 명세서를 만들었습니다. 기획비, 연출료, 촬영비, 후반작업비 등 수십 개
항목을 분류해서 나오는 예산을 가지고 영화를 제작했습니다. 한국영화를
만드는 제작사로는 처음이었을 겁니다. 영화 촬영이 시작되면 이태원 회장
님은 매일 현장에서 살았어요. 연출에는 하등 간섭을 하지 않았고 현장의
스태프와 관계자와 대화를 하면서 행정적으로 조율하는 일을 하셨죠.

허 아들 입장에서 제작자 이태원 회장님은 아버지와는 또 다른 존재였나요?

이지승 상무(이하 '이') 집에서는 자상하셨어요. 그와 다르게 회사에서 저는 아버
지와 겸상도 하지 못할 대표와 일개 직원 관계였죠. 직원으로 바라보는 아
버지는 결단력 있는 오너셨어요. 일 처리가 똑 부러지셨고요. 집에서는 전
혀 볼 수 없는 모습이었어요.

허 김성룡 프로듀서님이 보는 이태원 회장님의 업무 스타일은 어땠나요?

김성룡 프로듀서(이하 '김') 영화 현장이라는 게 힘들어요. 제작자라면 잠깐 있다
가 떠날 수도 있는 건데 회장님께서는 현장에 매일같이 오셨어요. 처음에는
이해를 못 했어요. 어느 정도 영화 경력이 쌓이고 나니까 알겠더라고요. 현
장에서 감독님과 배우님 사이에 스파크가 나면 누군가 조율을 해야 해요.
회장님이 그 역할을 해 주셨어요.

〈취화선〉에서였어요. 촬영 전에 대본이 완성되기는 했지만, 현장에서 대
사와 지문이 변경되거나 추가되는 경우가 있었어요. 진행 과정에서 장승업
을 연기한 최민식 배우님이 소외감을 느꼈나 봐요. 최민식 배우님이 조감독
님에게 장승업 대사 작업에 참여하겠다고 요청했어요. 조감독님이 그 부분
에 대해서 임권택 감독님에게 보고했는데 최민식 배우님이 원하는 방향으
로 결론이 나지 않았어요. 제가 다른 지역에 내려가 계신 회장님께 전화를
드렸더니 바로 영화 현장으로 오셨어요. 그날 회장님께서는 저녁 식사를 임
권택 감독님, 최민식 배우님과 각각 두 번 하셨습니다. 서로에게 이해를 부
탁하면서 중재 역할을 해 주셨어요.

이 저는 어렸을 때부터 아버지의 그런 모습을 많이 봐 왔잖아요. 아버지는 본인
이 잘했다, 라는 말을 한 적이 없어요. 영화가 흥행에 성공하거나 좋은 평가
를 받으면 감독과 배우 위주로 칭찬을 하셨어요. 본인이 돈을 벌거나 명예를
얻는 거는 둘째였어요. 제작자는 되게 외로운 직업이에요. 저는 영화를 안
하려고 했어요. 그래서 공부를 한 거예요. 다시 현장으로 오게 됐는데 아버
지와 함께한 분들의 얘기를 들어 보면 아버지가 대단하다는 걸 잘 아세요.
아버지는 티를 내지 않았을 뿐이죠.

허 외로운 위치라서 더욱 믿을 만한 사람이 필요하지 않았을까 싶어요.

방 인연을 중요하게 생각했어요. 감독과 배우부터 말단 스태프까지 신뢰하고 믿으려는 성품이었어요. 한번 맺은 인연은 상대가 누구든 끝까지 가는 경우가 많았어요. 수직문화보다는 수평문화가 몸에 배어서 갓 입사한 20대 초반 직원들에게 모니터링을 받기도 했어요.

김 제작부 막내로 참여했을 때 느낀 점이 있어요. 당시에 조연급 이상의 배우 출연료와 헤드급 스태프의 인건비는 1백만 원이 조금 넘었는데 어음으로 지급하는 경우가 많았어요. 태흥영화사는 단역 출연진이나 젊은 스태프에게는 가급적 현장에서 그날 일이 끝나면 바로 현금으로 지급했어요. 그래서 막내급 배우와 스태프가 유독 태흥영화사의 작품에 참여하는 걸 좋아했어요.

허 이태원 회장님의 대표적인 인연은 임권택 감독님입니다. 태흥영화사의 창립작이자 두 분이 처음 작업한 〈비구니〉(1984)는 제작이 중단되는 등의 우여곡절이 많았습니다.

방 당시 전두환 정권이 불교를 탄압했어요. 불교계는 이에 대한 불만을 다른 쪽으로 돌려 위기를 극복하려고 했어요. 〈비구니〉는 한국전쟁 당시 비구니가 고난을 극복하며 큰스님으로 득도하는 주제를 다뤘어요. 비구니를 비하하려는 의도가 전혀 없었어요. 품위를 실추시킨다는 이유로 100명이 넘는 비구니가 한여름 땡볕에 조계사에 모여 항의 시위하는 일이 있었어요. 졸도해서 병원으로 실려가기도 하고 또 촬영 중지 가처분 신청을 법원에 내는 등 사회적으로 이슈가 됐어요. 정부에서는 이를 계기로 불교계가 하나 되어 전두환 정권을 향한 저항으로 이어지지 않을까 걱정했죠. 〈비구니〉 제작을 중단해라, 이미 촬영한 부분에 대해서는 보상하겠다고 우리를 압박하고 회유했죠.

허 회사 입장에서는 손해가 컸죠?

방 제 기억으로 당시 한국영화 제작비 규모는 3~4천만 원 수준이었어요. 〈비구니〉는 한국전쟁 배경만 찍고도 1억 2천만 원 정도가 들어갔어요. 게다가 30여 명의 여자 배우가 비구니 역할을 위해 삭발을 한 상태이었어요. 제작을 중단하면 보상하기로 했던 정부는 달래는 차원에서 그런 제안을 했지 실제로 행하지는 않았어요. 회사가 재정적으로 큰 어려움에 처했어요. 〈비구니〉의 제작비를 회수할 수 있는 흥행물이 절실한 상황이었어요. 그때 이장호 감독님이 태흥영화사를 오가면서 회장님과 이야기를 나누는 작품이 있었어요. 안성기와 이보희를 주연으로 한 〈무릎과 무릎사이〉(1984)였어요. 제목이 선정적이었는데 그게 많은 관객에게 어필해서 흥행에 성공했죠.

허 제작자로서 좋은 영화를 만드는 것도 중요하지만, 대표로서 회사 재정을 고려 안 할 수 없습니다. 〈무릎과 무릎사이〉는 이태원 회장님의 수완을 잘 보여 주는 결정이었군요?

방 능력도 능력이지만, 이미 엎질러진 물에 대해서는 생각을 안 하는 성격이에요. 미래를 내다보지, 지나간 과거에는 집착을 하지 않았어요.

이 그 시기의 에피소드가 있어요. 〈비구니〉가 엎어진 뒤에 집 안에 온통 빨간 압류 딱지가 붙었어요. 당시 저는 초등학생이었어요. 저보다 나이 많은 형들과 '우리 우유 배달 해야 하는 거 아니야' 하는 대화를 나눌 정도로 심각했어요. 아버지는 회사 문제의 심각성에 대해 집에서는 전혀 말씀이 없으셨어요. 다행히 〈무릎과 무릎사이〉 성공 이후에 형제끼리 우유 배달 얘기는 쏙 사라졌죠. (웃음)

신뢰받는 제작자가 되다

허 〈무릎과 무릎사이〉이후로 태흥영화사는 〈어우동〉(이장호, 1985) 〈뽕〉(이두용, 1986) 등의 에로물을 흥행에 성공시키면서도 〈미미와 철수의 청춘스케치〉(이규형, 1987), 〈기쁜 우리 젊은 날〉(배창호, 1987), 〈개그맨〉(이명세, 1989), 〈미지왕〉(김용태, 1996) 등의 새롭고 젊은 감각의 작품을 제작했습니다.

이 〈미지왕〉을 연출한 고故 김용태 감독과 뉴욕대학교에서 같이 공부를 했어요. 방학 때 한국에 와서 아버지를 뵙고 의견을 드렸어요. 천재 감독을 만났다, 완성도 높은 영화를 만드는 연출자다, 만나 봤으면 좋겠다. 그렇게 두 분을 연결해 드리고 저는 다시 미국으로 갔어요. 후에 〈미지왕〉을 만든다는 소식을 듣고 깜짝 놀랐어요. 워낙 독특했고 시대를 앞서간 작품이었어요. 다른 제작사였으면 집어던졌을 것 같은 시나리오를 아버지께서 받아들인 거예요. 김용태 감독의 새로운 시도와 새로운 비전과 새로운 감각을 높이 산 거예요. 그때 알았죠. 아버지께서는 꽂히는 작품이 있으면 그대로 밀어붙이시는구나.

허 〈미지왕〉은 결과적으로 흥행에 실패했습니다. 워낙 실험적인 영화라 관객이 받아들이기 쉽지 않을 거란 예상을 할 수 있었을 텐데요. 회사 차원에서 반대의 목소리는 없었나요?

방 회장님 빼고 모두 반대했죠. 안 된다고, 위험하다고, 재고하시면 안 되느냐고 했지만, 회장님 본인의 영화 철학이 있었어요. 다양성을 중요하게 생각했던 분이에요. 회사의 방침이라고 할까요, 굳이 구분하자면 예술영화와 흥행영화의 비율을 50대 50으로 가져갔어요. 회장님께서는 작품이 결정되기까지 숙고하지만, 결정되면 적극적인 지원을 아끼지 않았고, 간섭하지 않았어

사진 28 태흥의 창립과 함께 입사해 현재까지 태흥을 지켜 오고 있는 방충식 부사장.

요. 감독들 사이에 태흥영화사는 신뢰할 수 있다는 평가가 생겨났죠.

허 〈기쁜 우리 젊은 날〉은 영화를 보고 나서 흥행을 크게 기대하지 않았다면서요?

방 보통 시사회가 끝나면 영화를 만든 이들과 식사도 하고 격려도 해 주시는데 〈기쁜 우리 젊은 날〉은 아무 말 없이 가셨어요. 영화를 별로 안 좋아했어요. 그러다가 밤늦게 다시 찾아와서 배창호 감독과 이명세 감독을 격려하면서 잘될 거라고, 안 되더라도 걱정하지 말라고 하셨어요. 다음 날 내가 오전 10시쯤에 극장에 갔더니 관객들 줄이 엄청 길게 서 있어. 그 즉시 회장님께 전화를 드렸어요. 회장님이 배창호 감독을 찾아가서 내가 영화를 아직도 잘 모른다, 미안하다, 사과하셨어요.

허 문제적 감독이라고 할 만한 장선우 감독과는 〈경마장 가는 길〉, 〈화엄경〉을 함께했습니다.

방 전두환 정권에서 블랙리스트에 올려놓고 함께하지 말라고 했는데 회장님은 그에 신경 쓰지 않았어요. 〈우묵배미의 사랑〉(장선우, 1984)을 좋게 봐서 후에 함께하기로 했습니다. 그렇게 해서 만든 영화가 〈경마장 가는 길〉이었어요. 감독만 믿고 제작한 작품이었는데 흥행 성적도 좋았어요. 그다음 작품 〈화엄경〉은 완성본이 2시간 20분이나 됐습니다. 회장님께서 너무 길다고 느끼셨어요. 20분 정도 자르자고 했는데 장선우 감독이 의견을 따르지 않았어요. 회사 입장에서는 하루 6회 정도를 상영해야 수익도 나는 건데 영화가 길면 4~5회 정도로 상영 횟수가 줄어드는 거잖아요. 이번만 만들고 그만둘 거도 아니고 다음을 기약하자는 의견을 나누면서 감독님에게 양해를 구하기도 했습니다.

이 임상수 감독님도 태흥영화사에서 연출을 맡으려고 했던 작품이 있었대요. 아버지가 돌아가셨을 때 장례식장에 가장 먼저 오셨는데, 그때 말씀 주시더라고요. 아버지가 "너 빨리 다음 작업해야지"라고 하자, 임상수 감독님께서 시나리오를 보냈대요. 아버지는 희망 고문 하지 않는 스타일이셨어요. 임상수 감독님 시나리오 보고 빨리 만나자, 그러면서 하시는 말씀이 너무 재밌는데 나는 못 하겠다, 다른 제작자들에게 보여 주면 좋아할 것 같다, 빨리 다른 데 의뢰해 봐라. 그 작품이 바로 〈바람난 가족〉(2003)이었어요. 명필름에서 제작해서 200만 명 가까운 관객을 모을 정도로 흥행도 괜찮았어요. 영화도 좋았고, 그래서 아쉬웠죠. 왜 아버지께서는 이 작품을 안 하셨을까.

허 당시라면 〈춘향뎐〉, 〈취화선〉, 〈하류인생〉(2004) 등 임권택 감독님 작품을 전담하듯이 제작했습니다.

이 〈춘향뎐〉으로 칸영화제 경쟁부문에 진출하고 〈취화선〉으로 감독상까지

사진 29 이태원 대표의 3남 1녀 중 막내인 이지승 상무. 현재 영화감독이자 한국영화아카데미 책임교수로 활동하고 있다.

받으면서 자부심을 느꼈어요. 본인이 제작한 작품이라기보다 한국영화를 세계에 알렸다는 사실에 뿌듯해하셨어요. 아버지 본인으로나 태흥영화사 입장에서나 기쁜 일의 연속이었죠.

허 임권택 감독님의 영화처럼 세계적인 성과를 낼 수 있었던 이유는 여러 가지가 있었을 텐데요. 이태원 회장님의 역할에 대해서는 어떻게 생각하세요?

방 흥행에 성공한 작품도 많고 해서 우리 회장님이 많은 돈을 가지고 있다고 생각하시는데 들어오는 수입 대부분을 제작비에 투자하셨어요. 재산이라는 건 자기 살이나 다름없잖아요. 그 살을 떼어서 한국영화의 중흥기를 이끌었던 분이에요. 한국영화사를 통틀어도 그런 제작자가 없을 거예요.

이 프로듀서와 제작자(〈어른도감〉〈죄 많은 소녀〉〈성실한 나라의 앨리스〉 등)로 활동하면서 아버지에게 영향받은 게 있어요. 아버지께서는 제작자를 두고 현장에서 감독이 편하게 놀 수 있는 놀이터를 만들어 줘야 한다고 말씀하셨어요. 요즘 현장에 가면 모니터 앞에 제작자와 프로듀서가 감독과 함께 자리한 경우가 꽤 있어요. 아버지는 그런 걸 가장 싫어하셨어요. 감독님 바로 뒤에 서 있는 것조차 부담스러워하셨어요. 그러면서 제작하는 영화에 관한 객관적인 눈을 가지려고 하셨어요. 〈화엄경〉의 경우처럼 하고 싶은 말씀이 있으면 편집 과정에서 의견을 나누거나 조율하는 모습을 저는 많이 봤어요.

허 감독의 창작 재량권에 자유를 주고 뒤에서 조력하는 제작자로서의 원칙이었군요?

방 〈태백산맥〉(임권택, 1994)을 준비할 때의 일화입니다. 남과 북이 화합해서 민족의 아픔을 극복하고 미래로 나아가야 한다는 의도를 가지고 준비한 작품이었어요. 문화공보부 시절이었을 거예요. 시나리오를 검열하고 대사도 수정하라고 하고. 결국에, 이 영화를 안 했으면 한다는 거예요. 그럴 때 보통 제작자라면 주저앉습니다. 이태원 회장님은 그걸 두려워하지 않았어요. 관을 설득해서 정면 돌파하며 끝내 제작이 가능하도록 할 정도로 추진력도 뛰어났어요.

영광을 뒤로하고 물러나다

허 이태원 회장님은 임권택 감독님과 11편의 작품을 함께했습니다. 굵직한 성과들이 많았죠?

방 〈장군의 아들〉이 68만 명의 관객을 모으면서 그전까지 한국영화 최고 흥행작으로 남아 있던 〈겨울 여자〉(김호선, 1977)의 기록을 깼죠. 이게 대단한

사진 30 〈장군의 아들〉의 마루오카 경부 역할로 데뷔해 배우로서 먼저 태흥과 인연을 맺은 김성룡 프로듀서.

게 〈장군의 아들〉에 출연한 김두한 역의 박상민을 포함하여 50여 명의 배우가 오디션으로 발굴한 신인이었어요. 신현준, 김승우, 이일재 등 이후 스타로 등극하면서 활발한 활동을 펼쳤죠.

김 저도 오디션을 통해 출연하기도 했지만, 회장님께서는 연출자도 그렇고 배우들도 신인을 많이 양성해야 한다는 생각이 강하셨어요. 무모할 정도의 오디션이었는데 정말 힘든 일을 하신 거죠.

방 〈서편제〉는 단성사 단관 개봉만으로 100만 관객을 모았습니다. 그 역시 한국영화 최초였습니다. 처음에는 흥행이 안 됐어요. 그러다 문민정부가 문화정책의 일환으로 좋은 영화를 장려하는 와중에 김영삼 대통령이 춘추관에서 국무위원들과 함께 〈서편제〉를 관람했어요. 또한, 정계에서 물러나 있던 김대중 당시 민주당 전 총재가 〈서편제〉를 관람하면서 언론이 집중

보도를 하는 등 흥행에 큰 도움을 받았죠.

허 〈장군의 아들〉 시리즈와 〈서편제〉가 개봉했던 1990년대 초중반의 태흥영화사는 작품에 대한 높은 평가도 그렇고 흥행까지, 절정의 시기였습니다.

방 〈장군의 아들〉이 흥행을 고려했다면 〈서편제〉는 예술성을 추구한 작품이었어요. 그런 분류에 상관없이 평가와 흥행 모두 좋았죠. 회장님께서는 그에 만족하지 않고 한국영화를 세계에 알리는 데 노력을 많이 하셨어요. 칸영화제 외에도 유수의 해외 영화제에 많은 작품을 출품했어요. 〈아제아제 바라아제〉(임권택, 1989)로 강수연 배우가 모스크바국제영화제에서 연기상을, 〈서편제〉로 임권택 감독과 오정해 배우가 상하이국제영화제에서 감독상과 연기상을, 장선우 감독의 〈화엄경〉이 베를린국제영화제에서 알프레드 바우어상을 받았죠. 한국영화가 세계에 진출하는 데 밑거름 역할을 하면서 〈춘향뎐〉과 〈취화선〉이 칸영화제에서 성과를 낼 수 있었다고 봅니다.

허 〈장군의 아들〉부터 〈하류인생〉까지, 이태원, 임권택, 정일성 세 분은 늘 함께하셨습니다.

방 세 분은 결이 달라요. 서로 다른 지점을 상호 보완하고 약점은 감싸는 관계였어요. 세 분이 함께 걸어가면 주변에 사람들이 우르르 몰려들고 그랬어요. 꼭 스타 배우만 사인하는 게 아니라 이분들도 사인을 많이 해 주셨습니다.

김 세 분은 현장에서도 서로 의지를 많이 하셨어요. 작품이 끝나도 자주 함께하셨고 저를 비롯한 배우와 스태프도 참여하고는 했습니다. 세 분만 있을 때는 무슨 이야기를 하는지는 잘 모르겠지만, 늘 영화와 관련한 대화만 나누셨어요.

방 세 분이 모일 때도 작품 얘기를 많이 했어. 회장님께서 자기 젊을 적 얘기를 주로 하셨어요. 임권택 감독님께서는 듣는 편이었고요. 그게 바탕이 되어 〈하류인생〉이 나온 거예요.

허 〈하류인생〉은 〈취화선〉의 차기작이라 언론의 관심이 대단했어요. 하지
만 기대한 결과는 아니었습니다.

방 〈장군의 아들〉 시리즈와 〈서편제〉 이후로는 흥행 성적이 저조했어요. 그
여파로 〈춘향뎐〉부터는 외부 투자를 받았어요. 투자사 분들이 회장님을
찾아와서 '당신 같은 분이 한국영화를 이끌지 않으면 누가 이 업계를 이끌
거냐? 대신 투자는 우리가 하겠다.' 그렇게 진행이 된 거예요. 그때부터 현장
분위기가 바뀌었어요. 투자사들이 어디서 돈이 새지 않나 철저하게 관리했
어요. 자기 자본을 제작비로 투자해서 영화를 만든 회장님 입장에서는 적응
하기 힘드셨을 거예요. 내 돈 아니면 영화 안 한다, 제작에서 손 떼시고 의정
부의 극장 일에만 신경 쓰셨어요.

이 양면의 감정이 생기더라고요. 꼬마 때부터 제작자로 일하는 아버지를 본 입
장에서 당연한 결정이다, 가 하나였고요. 투자 논리로 영화가 만들어지는 시
대로 진입하면서 감독의 창작 자율권을 보장했던 아버지 같은 분이 제작을
안 하신다고 하니까, 한국영화계가 힘을 잃지 않을까 걱정도 됐죠.

허 2000년대 중후반 이후 대기업이 들어오고 투자사의 입김이 세지면서 제작
자의 시대가 저물었습니다. 그에 대해 아쉬움을 토로한 적은 없나요?

이 한국영화가 이랬으면 좋겠다, 저랬으면 좋겠다, 저에게 직접 하신 적은 없어
요. 일주일에 한 번씩 만나 뵙고는 했어요. 한국영화 소식은 업데이트하고
계시더라고요. 은퇴하신 분의 입장에서 후배들의 활동을 좋은 의미로 지켜
보고 계셨어요.

방 제작 그만두시고 나서는 일절 앞에 나타나지를 않으셨어요. 워낙 자존심이
셌고 당신 시대가 아니라는 생각에 미련을 두지 않았어요. 한번 길을 정하면
뒤도 안 돌아보는 성격이었어요. 영화 관련 인사들과도 거의 만나지 않으셨

어요. 외로움이 무척 강했던 어른이야. 말씀 중에 본인도 모르게 눈물도 훔치고, 이렇게 평가하면 어떨지 모르겠지만, 굉장히 순수한 분이셨어요.

허 말씀하신 순수의 가치가 고인께서 태흥영화사에서 제작한 40여 편의 작품에 남아 있는 것이겠죠?

이 한국영화사에 뚜렷하게 족적을 남긴 작품들, 그리고 제작자의 정신이 이제 영화를 새로 공부하는 분들이나 영화인들에게 많이 알려졌으면 하는 바람이에요.

"영화를 사랑하고 영화인을 좋아했던 사람"

임권택 감독·정일성 촬영감독

시작은 최악이었으나 결과는 성공적이었다. 이태원 회장과 임권택 감독과 정일성 촬영감독이 의기투합하여 태흥영화사에서 함께한 작품은 〈비구니〉, 〈장군의 아들〉, 〈장군의 아들 2〉(1991), 〈장군의 아들 3〉(1992), 〈서편제〉, 〈태백산맥〉, 〈춘향뎐〉, 〈취화선〉, 〈하류인생〉 모두 아홉 편이다. 〈장군의 아들〉로 한국영화 최고 흥행작에 올랐고, 〈서편제〉로 서울 관객 1백만 명을 처음으로 돌파했다. 그리고 〈취화선〉으로 한국영화 최초의 칸영화제 감독상이라는 역사를 썼다.

이태원이 2021년 작고하면서 한 축이 사라졌다. 임권택은 경기도 용인 자택에서 대부분의 시간을 보낸다. 이태원과 보낸 지난 시절을 회고해 달라는 질문에 임권택은 갈수록 기억력이 나빠진다면서 잠시 생각에 잠겼다가 이렇게 의미를 부여했다. "이태원 회장과 함께하면서 연출자로 훨훨 날았어요. 긴 영화 인생을 살아오면서 이태원 회장을 만나 영화적으로 가장 많은 성과를 냈어요."

같은 질문을 받자 정일성은 곧바로 말문을 연다. "자신이 제작한 한국영화가 해외 유수의 영화제에서 작품상을 받는 게 목표였다." 고가구 인테리어가 세련된 취향을 드러내는 성북구 자택의 거실에서 진행된 인터뷰 내내 정일성은 거침이 없었다. "그런 자존심을 가지고 영화를 제작해서 〈춘향뎐〉으로 한국영화 최초의 칸영화제 경쟁부문 진출을 이끌었고 〈취화선〉의 감독상 성과를 이뤘어요. 그에 대한 자부심이 상당했어요." 오후의 나른한 햇빛이 거실에 그림자 물결을 만들며 자연스럽게 임권택, 정일성, 이태원 이들 셋의 기념비적인 출발이자 인고의 나날이었던 〈비구니〉 시절로 이끈다.

〈비구니〉로 쓴맛을 보다

부도 직전의 태창흥업주식회사를 인수, 태흥영화사로 개칭한 이태원은 첫 번째 제작 작품으로 〈비구니〉를 선택했다. 꼭 〈비구니〉일 필요는 없었다. 구도의 길을 다룬 불교영화 〈만다라〉(1981)를 보고 이 영화를 만든 연출자와 작업하겠다고 마음먹은 이태원에게는 임권택과 함께한다는 것이 중요했다. "이태원 회장은 어떤 감독과 일을 해야지 생각하면 무조건이에요. 그냥 밀어붙여요. 하고 싶은 작품 하라고, 나와 처음 만난 자리에서 그랬어요. 그런 제작자가 또 없을 거예요." 임권택이 이태원과 〈비구니〉를 시작으로 오랜 인연을 맺을 수 있었던 배경이다.

이를 두고 운명적인 만남이라고 해도 좋을까. 임권택과 정일성이 연출자와 촬영감독으로 처음 호흡한 작품은 무당의 삶을 담은 〈신궁〉(1979)이었다. 〈신궁〉의 제작사는 공교롭게도 태흥영화사의 전신인 태창흥업주식회사였다. 무당이 굿을 하고 점을 치듯, 〈신궁〉이 한국영화사의 중요한 페이지를 장식할 세 사람의 만남을 예비하고 있었던 셈이다. 이의 관계를 정일성은 인생에 비유한다. "살면서 맺은 인연을 어떻게 좋은 관계로 발전시켜 유지하는지가 굉장히 중요해요." 영화의 흥행 논리에만 입각해 뭉친 사이였다면 오래가지 못했을 거라는 의미다.

그런 점에서 〈비구니〉는 사연이 많은 작품이다. 정일성의 설명이다. "원래는 주인공을 맡은 김지미 배우가 자신의 제작사에서 만들려고 했어. 시나리오 작가 송길한, 〈아제아제 바라아제〉를 쓴 소설가이자 한강 작가의 아버지 한승원, 임권택, 나 이렇게 넷이 전국을 돌며 헌팅을 다니고 있었다고. 그런데 김지미 배우가 제작을 못 하게 됐어요. 이태원 회장이 하겠다고 나섰지." 임권택의 말을 더하자면, "임권택이라는 감독만 믿고 이태원 회장이 아낌없이 투자한 작품이에요."

김지미를 비롯하여 비구니 역할을 맡은 배우 30여 명이 설악산 신흥사에서 삭발식을 거행하며 언론의 스포트라이트를 받았다. 그 시각, 임권택과 정일성은 단양 수몰 지구의 야외 세트장에서 한국전쟁 당시의 피란민 행렬을 촬영 중이었다. 이미 〈비구니〉의 전체 촬영 공정 중 20퍼센트를 마친 상황이었다. 불교계로부터 〈비구니〉의 촬영을

사진 31 경기도 용인 자택에서 인터뷰 중인 임권택 감독.

중단하라는 공문이 태흥영화사에 접수됐다. 임권택은 착잡한 목소리로 당시의 상황을 정리한다. "너무 억울한 게, 전혀 그런 작품이 아닌데 스님들이 불교를 모욕하는 영화로 몰고 갔어요. 이태원 회장도 배짱이 좋은 사람인데 종단과 정부에서 압력을 가하니까 접을 수밖에 없었지."

〈비구니〉는 한 여인이 비구니가 되어 득도에 이르는 과정을 보여주는 작품이다. 불교계는 극 중 여인의 노출 장면 등을 문제 삼았고, 5공화국 정부는 〈비구니〉를 향한 불교계의 항의가 불교 탄압을 자행한 전두환 정권에 대한 저항으로 이어지지 않을까 노심초사했다. 차분하게 이야기를 이어 가던 정일성은 이 대목에서 목소리를 높인다. "임권택 감독도, 나도 충격을 많이 받았어. 민주주의 국가에서 어떻게 표현의 자유를 억압할 수 있는가. 이태원 회장은 영화를 완성하지 못한 것에 대해 미안해했어요. 우리는 이태원 회장이 물질적으로 큰 손해를 본 걸 알아서 미안했지. 비록 제작이 중단됐지만, 〈비구니〉를 통해서 우리 셋은 인간적으로 더 돈독해진 관계가 됐어요."

〈장군의 아들〉로 다시 뭉치다

정일성 부부의 성북동 집에는 미국에서 공부하다 부모님의 건강이 염려된다며 귀국한 아들이 함께 살고 있다. 아들은 인터뷰를 위해 방문한 이들과 아버지에게 커피머신으로 추출한 커피를 대접했다. 그 커피를 한 모금 마시며 〈비구니〉의 기억에서 한숨을 돌린 정일성은 태흥영화사가 제작하고 이두용 감독이 연출한 〈장남〉(1984)에 참여한 일화를 소개한다. "〈비구니〉로 개런티를 받았잖아요. 근데 영화가 안 됐으니까, 다른 작품으로 대신 값을 치러야 했지. 〈장남〉을 통해 갚았어요. 나중에 이태원 회장이 미안한 생각을 하고 있다고 얘기를 해. 나는 이미 지나간 거 뭐 하러 사과하냐고 그러고 말았지."

임권택은 〈비구니〉 이후 〈길소뜸〉(1985, 화천공사), 〈티켓〉(1986, 지미필름), 〈씨받이〉(1986, 신한영화), 〈연산일기〉(1987, 풍정흥업주식회사), 〈아다다〉(1987, 화천공사), 서울올림픽 공식 기록영화 〈손에 손잡고〉(1988)를 찍고 5년 만에 태흥영화사로 돌아와 〈아제아제 바라아제〉를 만들었다. 비구니 순녀(강수연)를 앞세워 〈비구니〉에서 못다 한 이야기를 펼치는 듯한 〈아제아제 바라아제〉는 모스크바영화제에서 강수연 배우가 여우주연상을,

대종상영화제에서 최우수작품상을 받는 등 평가가 좋았다. "불교라는 게 깨달음을 통해 자기 세계를 이뤄 가는 것인데 그걸 찍어 보자 했던 거요. 이태원 회장은 가타부타 얘기를 안 해. 감독만 믿고 지원하는 거예요. 그 때문에 내가 미안할 때가 많았어요. 〈아제아제 바라아제〉로 얻은 성과가 그런 마음을 가시게 했죠."

이태원이 생전에 《중앙일보》(2004.12~2005.3)에 연재했던 〈남기고 싶은 이야기들〉에 따르면, 임권택은 〈아제아제 바라아제〉가 국내외에서 호평을 받으면서 차기작 선정에 고심하고 있었다. 그때 이태원이 임권택의 부담을 덜어 주려 내민 카드가 〈장군의 아들〉이었다. 〈장군의 아들〉을 제안한 이태원의 의도에 관해 임권택과 정일성은 다른 얘기를 들려준다. "이태원 회장이 워낙 액션물을 좋아해요. 〈아제아제 바라아제〉로 감독의 요구를 들어주고 본인 취향의 〈장군의 아들〉을 찍자고 한 거요." 임권택의 생각이다. 정일성은 "〈비구니〉로 받은 충격에서 임권택 감독이 벗어날 수 있게 흥행물을 만들자고 제안했던 거 같아요."라고 이태원 대표의 의중을 헤아렸다.

임권택은 1970년대 초반 이후 액션물을 연출한 적이 없다. 정일성은 액션영화를 한 번도 찍어 본 적이 없다. 이태원의 제의를 흔쾌히 받아들이기 힘들었을 터다. 그럼에도 둘은 오래 끌지 않고 〈장군의 아들〉을 만들자며 이태원의 뜻을 따랐다. 장르에 상관없이 이들에게는 해야 할 당위가 존재했다. "나도 그렇고, 임 감독도, 이태원 회장도 우리 뭉쳐서 한번 해보자, 하는 마음이 컸죠." 〈장군의 아들〉은 태흥영화사에서 이태원과 임권택과 정일성의 이름이 함께 크레디트에 오른, 공식적인 첫 작품이었다.

사진 32 성북동 자택에서 인터뷰 중인 정일성 촬영감독.

　결과는, 대성공이었다. 67만 9천 명이 〈장군의 아들〉을 관람하며 기
존의 〈겨울 여자〉가 가지고 있던 58만 6천 명의 한국영화 흥행 기록
을 깼다. 정일성의 표현대로 '공전의 히트'였다. "임권택 감독과 나는
1편만 하기로 했어. 근데 공전의 히트를 하면서 관객들이 2편도 맡아
달라, 3편도 보고 싶다는 편지를 태흥영화사에 엄청나게 보냈지. 그에
보답하는 뜻으로 우리는 뜻하지 않게 〈장군의 아들〉을 시리즈로 만들
었다고."

　극장 인수를 시작으로 배급업을 거쳐 제작자가 된 이태원을 일러
임권택과 정일성은 '흥행사'라고 평가한다. 관객의 입장에서 영화를
바라보고 제작하는 이태원의 신념은 〈장군의 아들〉로 증명됐다. 이를
계기로 이태원은 조금 더 높은 꿈을 꾸기 시작했다. 임권택의 말이다.

"감독 입장에서 한국적인 정서가 밴 영화를 해외에 자랑하고 싶은 기회를 원했어요. 이태원 회장도 〈장군의 아들〉과 〈서편제〉를 거치면서 제작자로서 더 큰 성과를 얻고 싶어 했어요." 그들의 바람은 〈춘향뎐〉과 〈취화선〉으로 현실이 된다.

〈춘향뎐〉, 〈취화선〉으로 역사를 쓰다

이제는 집에 있는 시간이 거의 전부인 임권택은 손자의 방문이 가장 반갑다. 인터뷰 당일에도 손자는 '할아버지' 임권택과 시간을 보내는 중이었다. 아내 채령 여사의 전언으로는 초등학생이 된 손자가 할아버지의 유명세를 조금씩 인지하는 눈치란다. 그가 좀 더 성장하면 할아버지가 한국영화계를 넘어 세계가 인정한 거장이라는 사실을 알게 될 것처럼, 한국영화에 관심 있는 이들에게 〈춘향뎐〉, 〈취화선〉의 제작자 이태원과 감독 임권택, 촬영감독 정일성은 〈기생충〉(2019)의 봉준호와 〈올드보이〉(2003)의 박찬욱 이전에 한국영화를 세계에 알린 선구자다.

〈춘향뎐〉과 〈취화선〉은 칸영화제 관련, 한국영화 최초의 기록을 가지고 있는 역사적인 작품이다. 〈춘향뎐〉은 한국영화 '최초'로 경쟁부문에 진출했고, 임권택은 〈취화선〉으로 한국영화 '최초'의 감독상 수상자가 되었다. "〈춘향뎐〉으로 본상 수상을 못 한 걸 아쉬워했어요. 〈취화선〉에서는 흥행보다 작품의 완성도에 초점을 맞춰 제작하고 지원했어요." 임권택이 무덤덤하게 얘기하자, 채령 여사가 말을 보탠다.

"이태원 회장은 한국영화가 칸영화제에서 본상을 받기를 간절히 원했어요. 〈춘향뎐〉 때보다 더 많은 직원을 칸영화제에 데리고 갔어요. 작품상은 아니었지만, 감독상 수상을 자기 일인 것처럼 눈물까지 흘렸어요."

정일성은 "제작자로서 이태원의 역량이 일군 쾌거"라고 높이 평가한다. "은퇴할 때까지 자기 자본으로 영화를 만든 제작자는 찾아보기 힘들어. 그러면서도 간섭하지 않고 감독의 연출 독립권을 보장하고 지원을 아끼지 않았다는 게 제작자다운 거예요. 한국영화계에서 자존심을 걸고 영화를 만들었던 마지막 제작자라고. 지금 한국영화 구조에서 이태원 회장 같은 제작자 찾을 수 있어요?"

〈취화선〉 이후 이태원과 임권택과 정일성이 선택한 작품은 〈하류인생〉이었다. 〈하류인생〉은 영화 일을 하기 전 주먹 세계에 머물렀던 이태원의 삶을 모티브로 한 영화다. "언제 한번 영화로 다뤄 볼 인물이라고 생각했어요. 이태원 회장 본인이 그런 세계에 관한 얘기를 자주 들려주기도 했고…" 연출 의도를 설명하던 임권택은 씁쓸한 듯 이렇게 문장을 마친다. "근데 생각보다 재미있는 영화가 안 됐지."

〈하류인생〉은 이들 셋이 함께한 마지막 영화다. 이태원은 〈하류인생〉을 끝으로 제작 일선에서 물러나 의정부에 소유하고 있던 극장 업무에만 관여했다. 소수의 대기업이 제작부터 배급까지 독점하듯 한국영화산업을 재편하고, 투자자의 이름이 감독과 제작자에 앞서 크레디트에 올라가는 상황이 되면서 이태원은 제작자로서 소임은 여기까지라고 판단했다. 그 외에도 몇몇 문제가 있었다고 하는데, 정일성은 무엇보다 이태원과 더는 작업을 이어 가지 못한 것을 아쉬워했다. "여러

310

가지 엉켜 있던 게 〈하류인생〉으로 도출이 됐어요. 그때 이태원 회장이 앞으로 제작을 해야 하나 말아야 하나 고민이 많았지. 그럴 때 우리와 결별해서 마음이 아프더라고."

이 글을 위해 임권택과 정일성에게 인터뷰를 요청하자, 둘은 이태원과 관련한 기획임을 듣고는 단번에 수락했다. 인터뷰를 잘 하지 않는다는 임권택과 영화인의 인사 방문 정도가 아니면 외부인과 잘 만나지 않는다는 정일성에게 가장 빛나는 순간을 함께한 이태원은 그들의 입과 마음을 열게 할 일종의 프리패스였다. 이태원은 어떤 사람이었는지 묻자, 임권택과 정일성은 각각 이렇게 답했다. "신뢰하는 영화인에게 언제든지 도움을 주려고 했던 참 멋스러운 사람", "영화는 혼자가 아니라 함께하는 작업이에요. 영화에 가장 필요한 조직을 뭉치게 하는 힘을 가진 제작자였어요." 이들의 시대는 막을 내렸지만, 함께한 아홉 편의 작품은 남아 영광의 시간을 증언한다.

"내 작업을 인정해 준 제작자"

음악감독 | 김수철

김수철은 영화계와 인연이 깊다. '못다 핀 꽃 한송이', '젊은 그대', '정신차려' 등 록 기반의 음악과 해학적인 가사, 껑충껑충 뛰어다니는 무대 매너로 가수왕에 버금가는 인기를 누렸던 그는 영화에도 관심이 많았다. 지금은 〈난타〉의 예술감독이자 2018년 평창동계올림픽 개폐

회식 총감독으로 유명한 송승환, 영화배우 진유영, CF 감독 김종원 등과 함께 1980년에 영화클럽 '뉴버드'를 조직했고 단편영화를 만들기도 했다. 1984년에는 배창호 감독의 〈고래사냥〉에 안성기, 이미숙과 함께 출연했다. 출연 조건으로 영화음악까지 맡아 '나도야 간다'를 히트시켰다. 이후 11년 만에 〈금홍아 금홍아〉(김유진, 1995)에서 시인 이상과 기생 금홍과의 사이에서 삼각관계를 형성하는 화가 구본웅을 연기했지만, 영화에서 김수철의 주 종목은 영화음악이다.

특히 태흥영화사와 인연이 깊어서 지금까지 작업한 30여 편의 영화음악 중 〈두 여자의 집〉(곽지균, 1987), 〈개그맨〉, 〈경마장 가는 길〉, 〈참견은 노~ 사랑은 오예~〉(김유진, 1993) 등 3분의 1에 해당하는 아홉 작품을 함께했다. 그중 임권택 감독의 〈서편제〉와 〈태백산맥〉의 영화음악은 국악과 양악을 접목한 실험적인 시도와 높은 완성도로 김수철의 대표작이자 한국 영화음악사의 중요한 작업물로 남아 있다. 이태원 회장은 김수철을 아꼈고, 영화음악가를 필요로 하는 감독들에게 자주 추천했다. 음악 하는 사람으로서 자기 원칙이 철저했던 김수철은 이태원에게 유일하게 예외를 허용했다. 그처럼 끈끈했던 두 사람의 관계를 일러 김수철은 '의리' 한 단어로 정리했다.

"경력을 위해서 다작은 피했어요. 악보 그리는 사람이라 영화 시나리오 보면서 작업을 하거든요. 장르가 겹치면 나만의 소리를 낼 수가 없어요. 그래서 겹치기로 영화음악을 맡지 않았어요. 예외적으로 이태원 회장님이 하자는 거는 거의 다 했어요. 이태원 회장님과는 〈두 여자의 집〉이 처음이었어요. 회장님이 맘에 들어 하셨어요. 그때부터 나를 예뻐해 주셨어요. 자주 만나 밥도 먹고 술도 마시면서 인연을 쌓아 갔어요. 이태원 회장님은 냉정해요. 실력 없으면 바로 아웃이에요. 태흥영화사에서 작업한 영화음악은 모두 결과가 좋았어요. 태흥영화사의 작품을 많이 맡게 된 이유예요.

강우석 감독과는 조감독 하던 시절부터 알고 지냈어요. 강우석 감독이 입봉할 때 내게 영화음악을 맡아 달라고 했어요. 알았다고 했는데 태흥영화사의 작품과 겹쳤어요. 말한 것처럼 나는 겹치기는 안 하거든요. 그거 때문에 강우석 감독의 작품을 못 했어요. 지난해 (안)성기 형이랑 강우석 감독과 식사하는 자리가 있었어요. 만나서 미안하다고 했어요. 〈화엄경〉도 나였어요. 이태원 회장님께서 양악과 국악을 다 하는 음악가가 있다, 하면서 장선우 감독에게 소개해 줬어요. 근데 장선우 감독이 다른 분과 하겠다며 양해를 구했고 그러면서 자연스럽게 임권택 감독님의 〈서편제〉를 맡게 됐어요. 이것도 사연이 있어요.

이태원 회장님이 임권택 감독님에게 나를 추천한 건데 임권택 감독님이 답을 안 주셨어요. 어느 날 이태원 회장님이 임권택 감독님에게 가 보라는 거예요. 감독님께서는 일본의 NHK와 인터뷰를 하시는 중이었어요. 방해가 안 되게 구석에 자리 잡고 앉아 지켜보고 있었죠. 질문 중에 영화음악 얘기가 나왔어요. 작곡가는 누가 맡느냐? 임 감독님이 주변을 훑어보시다가 '저기 있는 김수철 씨가 맡는다'고 답변을 하셔서 그때 알았어요. 내가 〈서편제〉 영화음악을 맡게 됐구나. 임권택 감독님과 이태원 회장님께서는 그전에 이미 나와 함께하기로 하셨다고 해요.

신인 감독은 영화에 들어갈 음악을 요구할 때 말이 많아요. 음악에 대해 많이 아는 것처럼 얘기해도 실제로는 몰라요. 요구 사항이 많으면 음악 안에 다 담을 수가 없어요. 임권택 감독님은 영화음악의 방향만 말씀을 주셨어요. 그렇게 방향을 잡고 모든 걸 내가 판단해서 감독님의 터치 없이 작업했어요. 결과를 보고 이태원 회장님께서 네 음악 때문에 〈서편제〉가 더 살았다고 너무 좋아해 주셨어요. 흥행은 대중의 몫이에요. 그와 별개로 전문가에게 나의 작업물을 인정받으면 보람을 느끼잖아요. 그 당시 국악과 양악을 접목한 작업이 없었고, 〈서편제〉의 영화음악이 이후 여러 가지 효시가 되었어요.

〈서편제〉는 최초의 오리지널 사운드 앨범이기도 해요. 그 앨범을 내기 전까지 국악은 흥행이 안 되었어요. 그래서 앨범을 낼 생각이 없었어요. 임권택 감독님께서 왜 앨범을 안 내냐고 하셨어요. 음악 좋으니까 조금이라도 찍어서 내자, 그래서 200장을 발매한 거예요. 이왕이면 제대로 된 음악을 싣고 싶었어요. 이태원 회장님께 극장을 빌려 달라고 요청했어요. 극장을 빌리는 것도 돈이에요. 회장님이 흔쾌히 도와주셨어요. 극장에서 〈서편제〉를 틀고 우리는 음향기기를 가져가서 영화 속 음악을 그 자리에서 땄어요. 그런 사례가 지금도 없어요.

〈태백산맥〉도 작업물이 맘에 드는 작품이었어요. 국악을 클래식화해서 뉴에이지처럼 작업했는데 완성도가 높았어요. 〈태백산맥〉 영화음악도 이태원 회장님은 좋아하셨어요. 내가 오리지널사운드트랙 앨범 얘기를 하지 못한 게, 영화가 흥행에 실패했잖아요. 내 음반처럼 버라이어티한 게 없어요. 〈태백산맥〉만 해도 국악 파트 20명 이상, 서양 오케스트라 20명 이상, 합창단 30명 이상 불러야 가능해요. 시간도 오래 걸리고 돈도 많이 들어가서 사운드트랙 앨범을 내지 못했어요. 이태원 회장님이 전적으로 하고 싶은 거 하라고 해서 완성하기는 했지만, 그렇다고 개런티를 더 받지는 않았어요. 개런티 이상으로 넘어가는 돈은 내가 썼어요. 임권택 감독님을 소개해 주셨고 〈서편제〉 오리지널사운드트랙 앨범도 그렇고 도움받은 게 많아서 돈 생각 하지 않고 열심히 했어요.

〈금홍아 금홍아〉에 배우로 출연한 것도 회장님과의 의리 때문이었어요. 원래는 영화음악만 맡기로 했어요. 연출을 맡은 김유진 감독님이 극 중 구본웅 역할을 맡을 배우가 없어 고민하던 중에 (김)수철이 네가 닮았다고 하셔서. 나는 안 한다고 했어요. 그러자 이태원 회장님이 부르세요. 김유진 감독이 구본웅 역할에 너만 한 이미지가 없다는데 왜 안 하냐고, 나는 음악 외에 하고 싶지 않고, 회장님은 이해한다고, 근데 배우 섭외가 안 돼서 촬영에 들어가지 못하니까 네가 해야 한다고, 너 이거 안 하면 나하고 절교야, 하시면서 나가시더라고요. 그 자리에서 30분 정도 고민하다가 의리로 했어요. 그럴 정도로 도리를 지키고 싶은 분이었어요. 일과 인간적으로 훌륭한 분이셨고 영화계의 한 획을 그은 제작자라고 생각해요."

"정情이 있는 제작자"

감독 | 배창호

배창호 감독은 〈꼬방동네 사람들〉(1982)로 장편 연출 데뷔한 이후 〈적도의 꽃〉(1983), 〈고래사냥〉(1984), 〈깊고 푸른 밤〉(1984) 등이 연달아 흥행에 성공하면서 '흥행 제조기'로 불렸다. 이태원 회장은 배창호의 재능을 알아보고 함께 작품을 만들자며 구두로 합의했다. 단순히 흥행 면모만 주목했다면 굳이 배창호와 함께할 이유가 없었다. 배창호는 서민의 삶을 다룬 〈꼬방동네 사람들〉에서는 리얼리즘을, 미국이 배경인 〈깊고 푸른 밤〉에서는 이국에서 절망에 맞닥뜨린 젊은이의 사투를 언젠간 사라질 강렬한 태양빛의 이미지에 담는 등 소재에 적합한 스타일을 구사하는 시네아스트였다.

태흥영화사와 처음 작업한 〈기쁜 우리 젊은 날〉은 기존의 진한 로맨스물과 다르게 변변한 애정 신 하나 없이 순수한 사랑의 감정 하나만 가지고 드라마를 끌고 가는 새로운 스타일의 영화였다. 태흥영화사와 배창호의 두 번째 작품이었던 〈꿈〉(1990)도 그랬다. 신상옥 감독의 〈꿈〉(1955)을 리메이크한 배창호의 〈꿈〉은 꿈과 현실의 경계를 넘나들며 진행되는 구조가 압권인 시대극이었다. 홍콩 누아르영화에 열광하던 당대 젊은이들에게 〈꿈〉은 전혀 생소한 영화로 받아들여졌다. 배창호는 매 작품 새로운 시도를 마다하지 않았다. 흥행에 대한 압박 없이 자신의 세계를 펼칠 수 있었던 건 창작의 자유를 지지하고 지원한 이태원 덕이라고 배창호는 말한다.

"이태원 회장님은 감독들에게 창작의 폭을 넓혀 준다고 해서 소문이 좋게 났어요. 〈깊고 푸른 밤〉이 흥행에 성공하고 난 뒤에 만났어요. 처음 만난 자리에서 다음에 기회가 되면 작품을 같이 하기로 약속했어요. 제작자와 감독 사이에는 서로 통하는 게 있어야 해요. 그 부분이 잘 맞았어요. 제작자마다 스타일이 천차만별인데, 분석적으로 접근해서 작품을 평가하지 않고 좋은 점 몇 가지를 보고 망설이지 않고 결정하는 게 시원시원했어요.

〈황진이〉(1986)가 끝나고 나서 〈기쁜 우리 젊은 날〉을 함께하게 됐죠. 기대작이었던 〈황진이〉가 예상처럼 흥행이 되지 않았어요. 〈고래사냥〉이나 〈깊고 푸른 밤〉 등 전작에서 보여 줬던 강렬한 템포나 드라마틱한 요소를 많이 배제하고 롱테이크를 가져가는 등의 스타일을 확 바꾼 연출 때문에 소위 논란이 있는 작품이 됐어요. 이태원 회장님으로서는 나에 대한 불안감이 있으셨을 텐데 한 번도 내색은 안 하셨어요.

이태원 회장님과는 몇 가지 아이템을 얘기하는 중에 〈기쁜 우리 젊은 날〉을 선택하게 됐습니다. 〈황진이〉는 내가 의도한 연출 방향으로 영화가 나왔지만, 구도자의 삶을 찾아가는 여인의 이야기가 관객에게는 무겁게 다가갔습니다. 대중성 있는 작품은 아니었죠. 그래서 이번에는 관객들이 좀 더 편하게 받아들일 수 있는 보편적인 이야기를 해 보자 해서 〈기쁜 우리 젊은 날〉로 의견 일치를 본 거죠.

이명세 감독이 제 영화의 조감독 시절에 썼던 초고가 있었어요. 극 중 겨울 배경이 있었는데 마침 겨울을 앞두고 있었던 터라 작업이 빨리 들어가게 됐어요. 시나리오를 고쳐 가면서 촬영에 들어갔어요. 이태원 회장님은 이야기가 바뀌더라도 대중이 혹할 만한 보편성이 있겠다는 감은 가지고 있었어요. 지금처럼 투자자와 같은 삼자가 필터링하는 시대가 아니었어요. 제작자의 직관에 의해서 결정되었고, 참 낭만적인 시대였습니다.

〈기쁜 우리 젊은 날〉 현장에는 한두 번 정도 오셨어요. 전혀 방해되지 않게 촬영장 바깥쪽에 계셨고 제작 부서에서 오늘 몇 커트 찍었다 하는 식으로 보고를 받았어요. 근데 오늘 두 커트 찍었다, 다른 감독은 하루에도 몇 십 커트씩 찍고 하는데 말이죠, 그 때문에 이태원 회장님이 놀라셨다고 해요. 그래도 제 연출 스타일을 존중해 주세요. 나중에 긴 커트를 다른 커트와 붙여 놓으면 다른 영화 몇 십 커트 찍은 것처럼 길게 나오니까요.

원래 〈기쁜 우리 젊은 날〉의 초고 전반부는 한국에서, 후반부는 미국에서 전개되는 구조였어요. 황신혜 배우가 연기한 혜린이 결혼해서 미국으로 가잖아요. 그녀를 짝사랑하는 영민 역의 안성기 배우가 지사원으로 미국에 발령이 나요. 시나리오를 봤을 때 강렬했어요. 미국 뉴욕으로 가서 헌팅하는 과정에 다시 생각해 보니까 너무 인위적인 거예요. 자연스럽게 푸는 게 낫겠다 해서 이태원 회장님에게 전화했어요. 한국에서 하는 게 낫겠습니다. 그럼 또 알겠다고, 감독을 믿고 전적으로 그 결정을 따라 주세요.

영화를 완성하고 시사를 하는데 이태원 회장님이 못마땅해하는 점이 하나 있었어요. 명색이 연애영화인데 강렬한 베드신까지는 아니어도 포옹 신 정도는 한 번 나와 줘야 하지 않느냐는 거였어요. 제작자의 입장에서 흥행에 대한 걱정에서 할 수 있는 의견이죠. 저도 극 중 영민이 공중전화 부스 앞에서 비를 맞으면서 꽃을 들고 혜린을 기다리는 장면에서 그런 생각을 한 적이 있어요. 혜린이 우산을 가지고 영민에게 다가가다 우산을 옆에 두고 포옹할 수 있겠다. 1980년대 영화들은 눈물과 코미디와 러브신을 흥행 장치로 사용하고는 했어요. 저는 담백한 이야기로 승부해야 한다는 원칙으로 포옹 없이 원래대로 갔어요.

영화가 개봉하면 첫날 첫 회 시간에 맞춰 관계자들이 반응을 보려고 극장 주변에 나오고는 해요. 〈기쁜 우리 젊은 날〉 때 이태원 회장님은 안 나오셨어요. 상영하는 극장 앞에 관객이 줄을 섰다는 연락을 받고는 그제야 저를 찾아오셨어요. 회장님 하시는 말씀이 내가 모르는 흥행의 다른 면이 있다, 그걸 몰라봐서 미안하다, 호탕하게 사과하셨어요. 자신이 잘못 봤다고 인정하는 게 쉽지는 않죠.

〈기쁜 우리 젊은 날〉 후에 이명세 감독의 〈개그맨〉 각본을 쓰고 출연도 하고 나서 미국 산호세대학에 초청 석좌교수로 갔어요. 영화감독으로는 휴식기를 가졌죠. 태흥영화사와는 작품을 더 하기로 했는데 신중하게 작품을 고르다가 〈꿈〉을 떠올리게 됐어요. 신상옥 감독이 연출한 〈꿈〉을 대학 시절에 봤고, 작가 최인호 선배가 나에게 다시 만들 것을 권유하기도 했어요.

통일신라를 배경으로 조신 스님(안성기)을 주인공으로 한 〈꿈〉은 '인생사 일장춘몽'을 소재로 한 작품이에요. 말은 쉽지만, 인생을 좀 깨달은 사람이 만들어야 할 것 같은 소재라 자신이 없었어요. 어느 정도 시간이 지나고 나서는 해 볼 수 있겠다는 생각이 들었어요. 인생사를 넓게 펼치지 말고 인간의 욕망 중 애욕에 초점을 맞춘다면 해 볼 수 있겠다는 판단이 들었어요.

귀국해서 곧바로 태흥영화사를 찾아갔죠. 이태원 회장님이 승낙할까, 우려가 있었어요. 대작이고, 그전까지 신라시대를 배경으로 한 시대극이 거의 없었고, 제가 만든 시대극 〈황진이〉가 흥행에 성공하지 못했죠. 회장실에서 〈꿈〉에 대한 피칭을 했어요. 느낌이 오셨는지 스토리가 좋다며 회장님께서 오케이하셨어요. 꿈과 현실을 오가는 이야기를 효과적으로 담기 위해 사계절 촬영이 필요했는데 태흥영화사에서 아낌없이 지원을 해 줬어요. 시사를 보고 이태원 회장님도 좋아했어요.

〈기쁜 우리 젊은 날〉만큼의 흥행을 기대한 건 아니었는데 결과가 좋지 않았어요. 추석 프로그램이었는데 개봉 첫날 지금은 없어진 서울극장에 가 보니 관객이 별로 없었어요. 전폭적인 지원을 받아 만든 영화였는데 묻히는 느낌이라 속상했어요. 그 뒤에 이태원 회장님을 찾아갔어요. 마침 〈장군의 아들〉이 흥행에 성공했던 터라 〈꿈〉의 흥행 결과를 보고하기에 상대적으로 덜 부담스러웠다고 할까요. 이태원 회장님께서 웃으시면서 말씀하시더라고요. "좋은 영화 만들었으면 됐지!" 정情이 있는 분이셨어요."

"함께하는 재미가 있었던 사람"

감독 | 장선우

장선우는 발표하는 작품마다 화제와 논란을 동시에 불러일으켰던 문제적 감독이다. 〈서울황제〉(선우완·장선우, 1986)는 원래 제목이 〈서울예수〉였다. 영상물등급위원회의 전신인 공연윤리위원회에서는 기독교 측의 항의를 미리 염려하여 제목을 변경하도록 압박했다. 〈나쁜 영화〉(1997)는 비행 청소년들의 불량한 일상을 여과 없이 담았다는 이유로 사회적 논란이 일었다. 〈거짓말〉(1999)은 또 어떤가. 30대 성인 남자와 여자 고등학생의 가학과 피학을 넘나드는 포르노그라피 묘사로 한국 사회를 시끄럽게 했다.

이태원 회장은 이슈를 일부러 조장하는 듯, 그에 따른 파장을 두려워하지 않는 장선우의 박력을 맘에 들어 했다. 장선우가 태흥영화사에서 처음 작업한 〈경마장 가는 길〉은 장선우가 먼저 이태원을 찾아가 함께한 작품이었다. 이태원은 '포스트모더니즘 어쩌고저쩌고' 하는 동명의 원작소설을 몇 페이지 읽지도 못할 정도로 이해하지 못했지만, 장선우의 연출력을 믿고 제작을 단행했다. 〈경마장 가는 길〉이 흥행에 성공한 덕도 있었지만, 〈화엄경〉까지 연이어 작업한 건 장선우와 이태원이 제작자와 연출자의 관계를 넘어 기질상 잘 맞았던 까닭이다.

"〈우묵배미의 사랑〉"을 끝내고 신경림 시인의 장편시집 《남한강》 중 2부 '남한강'을 영화화하기로 했어요. 제가 직접 시나리오까지 썼죠. 영화로 만들어지지는 않았는데(장선우 감독은 영화화되지 못한 작품을 모은 시나리오집 《남한강》의 책머리에서 '열악한 제작 여건과 나 자신의 역량 부족으로 미완의 작품으로 남아야 했다'고 썼다) 이걸 가지고 당시 〈하얀전쟁〉(정지영, 1992)을 만들었던 대일필름을 찾아갔어요. 강수연 배우를 캐스팅하고 싶었는데 이태원 회장님이 데리고 안 놔 준다는 거야. 이태원 회장님을 찾아 한남동의 태흥영화사에 갔어요. 강수연 캐스팅을 담판하려다가 '그럼 내가 여기서 영화를 만들죠'라고 결론이 났어요. 〈우묵배미의 사랑〉이 평가도 좋고, 흥행도 괜찮았고, 나도 잘생기고 했으니까. (웃음)

무엇을 제안할까 하다가 《남한강》은 부담스러워서 고민 끝에 《경마장 가는 길》이 흥미롭다고 했어요. 하일지가 쓴 《경마장 가는 길》은 잘 안 읽히는 책이에요. 이태원 회장님은 좋다고 하셨어요. 그렇게 강수연이 〈경마장 가는 길〉에 들어오게 됐죠. 까다롭게 나온 영화인데 결과가 좋았어요. 이태원 회장님은 만들기로 하면 밀어주는 스타일이에요. 〈우묵배미의 사랑〉 전까지 영화 만들기도, 완성한 작품을 상영하는 것도 힘들었어요. 5공화국 당시 문공부의 영화계 블랙리스트에 올라 있었어요. 〈서울황제〉 때는 촬영 현장에 감시가 붙기도 했고요. 〈우묵배미의 사랑〉은 정치적인 메시지가 강하지 않기 때문에 다음 영화를 좀 더 수월하게 찍는 데 디딤돌이 됐어요. 블랙리스트에 오른 것 때문에 피하는 제작자가 있었는데, 이태원 회장님은 그런 저를 끌어안았으니 훌륭하시죠. (웃음)

주먹 세계에 있으셨던 분이라 안 좋은 영향도 많이 받았을 텐데 그걸 좋은 면으로 승화시킨 분이라는 인상을 받았어요. 솔직하고 권위적이지 않고 그런 점이 기질적으로 저하고 잘 맞았어요. 제작자가 그렇게 재밌어도 되나 할 정도로 같이 있으면 즐거웠어요. 제가 이태원 회장님을 너무 좋아해서 한참 정情이 들었어요. 창피한 얘기인데, 이태원 회장님을 모시고 상가喪家에 갔어요. 거기서 나도 모르는 사람이 이태원 회장님에게 집적대고 주정을 부렸어요. 내가 흥분할 일이 아니었는데 그 사람을 거칠게 다뤄서 제압했어요. 내가 주먹 세계에 있었던 사람도 아닌데 그런 사람처럼 행동했다니까요. 내가 왜 이러나 혼란스럽고 그랬어요. 그럴 정도로 회장님을 챙겼고 이태원 회장님도 저에 대한 신뢰가 있었어요.

321

영화 탄생 100주년 다큐멘터리 〈한국영화 씻김〉(1995)까지 포함해서 제가 공식적으로 11편의 작품을 했어요. 〈화엄경〉의 선재(오태경)처럼 저는 제 영화를 만들어 줄 제작자를 계속 찾아다닌 셈인데, 두 작품을 함께한 분은 이태원 회장 정도예요. 제 연출자 경력상 한 명의 제작자와 두 작품을 함께한 게 가장 오래간 거죠. 저는 습관적으로 흥행에 실패한 영화를 만든 다음에는 돈을 벌 수 있는 소재의 작품을 연출했고, 그 후에는 제가 하고 싶은 쪽으로 패를 바꿨어요. 〈경마장 가는 길〉로 흥행에 성공했으니까 좀 더 대담하게 〈화엄경〉을 다음 작품으로 제의한 거죠. 다른 제작사에서는 감독 방을 얻은 적이 없어요. 이태원 회장님은 〈화엄경〉 하라고 감독 방도 따로 주셨어요.

〈화엄경〉과 〈경마장 가는 길〉은 저에게 모두 의미 있는 작품이에요. 〈화엄경〉은 판타지적인 내용을 우리 시대의 리얼리즘으로 표현한 작품이에요. 이태원 회장님이 저 하고 싶은 거를 다 하게 해서 원작자인 고은 선생과 인도에도 갔다 오고 촬영도 했죠. 사실 판타지를 리얼리즘 안에 녹인다는 게 힘들죠. 찍은 걸 또 찍고, 같은 장면을 길게 지속하고, 이태원 회장님으로서는 불만도 없지 않았을 거예요. 편집 과정에서 이태원 회장님이 20분 정도 줄였으면 하고 요구했는데 흐름으로는 그럴 수 없다는 제 의견을 따라 주셨어요. 태흥영화사 입장에서 흥행 면으로는 서운한 작품이 되었죠. 제작자로서는 섭섭한 마음을 가졌을 텐데 그런 내색 하나 없으셨어요. 다행히 그 시기에 태흥영화사가 제작한 〈서편제〉가 크게 성공한 덕에 저는 면피를 했죠. (웃음)

제작자와 감독은 일종의 부부 같은 관계예요. 감독에게 모든 제작자는 중요하죠. 그중에서도 이태원 회장님은 돋보였어요. 〈성냥팔이 소녀의 재림〉(2002)의 제작자 김승범 대표가 비견할 만한 스타일이에요. 〈성냥팔이 소녀의 재림〉의 제작비를 마련하느라 김 대표가 마음고생이 심했어요. 그런데도 제가 더 원하면 어떻게든 더 투자 받는다는 마인드를 가지고 있었어요. 〈귀여워〉(김수현, 2004)에 제가 배우로 출연했던 것도 김승범 대표 회사에서 제작한 작품이라 그렇게라도 보답하고 싶었어요. 그런 마음이 들게 했던 게 이태원 회장님이기도 했어요. 그런 제작자가 또 나올 수 있을까요. 지금은 시나리오를 신별로 분석하고 전작들의 흥행 수치를 따르면서 제작을 결정하는 시대이지 대표 개인이 작품을 선택하고 결정하지 않잖아요. 이태원 회장님 자체가 한국영화계의 봉우리처럼 특별한 유산이지요."

"신인 감독을 포용한 제작자"

감독 | 김홍준

김홍준은 미국의 템플대학교에서 인류학을 공부하던 중 〈개벽〉(임권택, 1991)의 연출부 막내로 영화계에 발을 디뎠다. 이후 임권택 감독이 태흥영화사에서 만든 〈장군의 아들 2〉, 〈장군의 아들 3〉, 〈서편제〉까지 연출부 및 조감독으로 참여했고, 역시 태흥영화사 제작의 〈장미빛 인생〉으로 감독 데뷔했다. 김홍준이 이태원 회장을 처음 본 건 〈장군의 아들 2〉 현장에서였다. 이태원은 신문에 연재한 회고록에서 김홍준을 일러 "남들이 마다하는 허드렛일을 도맡아 했을뿐더러 꼼꼼하고 영화에 대한 지식도 많아 임권택 감독이 몹시 아꼈다"고 적고 있다.

실제로 김홍준은 자기 작품을 준비하면서도 〈태백산맥〉의 영문 자막 작업을 돕기도 하고, 〈춘향뎐〉과 〈취화선〉이 칸영화제 경쟁부문에,

〈하류인생〉이 베니스국제영화제 경쟁부문에 올랐을 때 통역원 자격으로 이태원과 임권택을 수행하기도 했다. 임권택은 이태원에게 "(김)홍준이는 꼭 이 회장이 데뷔시켜 주소" 하고 부탁했다는데, 김홍준이 총애를 받았다고 해서 연출 데뷔가 수월했던 것은 아니다. 그것은 이태원이 태흥영화사에서 고수한 그만의 제작 방침 때문이었다. 김홍준이 들려주는 얘기에는 태흥영화사가 어떻게 당대의 새로운 감각을 지닌 영화를 제작할 수 있었는지에 대한 비밀 아닌 비밀이 담겨 있다.

"태흥영화사는 일종의 인하우스 감독 시스템으로 제작할 영화를 준비했어요. 태흥영화사의 한남동 사옥은 이태원 회장님이 건설업을 하시던 1960년대에 지은 이층집이라고 해요. 거기를 리모델링한 건데 그 안에 방이 여러 개 있어요. 방마다 감독들이 한 명씩 사용하고 있었어요. 한 편의 작품을 기획하고 개봉할 때까지 감독이 영화사에 자기 사무실을 가지고 상주하고 있었던 셈이죠.
신인 감독의 경우, 이태원 회장님이 '한 작품 해 보자' 말씀하시면 다음 날부터 태흥영화사 사옥으로 출근한다는 의미예요. 공식적인 계약을 한 것은 아니었지만, 제작자의 말 한 마디가 계약 이상의 무게를 가졌던 시절이었죠. 〈태백산맥〉을 준비 중이던 임권택 감독님이 제일 큰 방을, 〈화엄경〉의 장선우 감독님이 그다음 규모의 방을 쓰고 있었다면, 저는 골방 스타일의 작은 방에서 데뷔작으로 무엇을 할까, '피칭' 준비를 했어요.
물론 그때는 피칭이라는 용어도 없었어요. 이태원 회장님께 어떤 영화를 만들고 싶다는 아이디어를 발표할 준비를 하는 거예요. 거기에는 조건이 있어요. 명문화된 것은 아니었지만, 발표는 구두로 하되 5분을 넘기지 말 것. 기획안 혹은 시놉시스를 준비한다면 A4 용지 한 장을 넘기지 말 것. 이태원 회장님이 강조

사진 33 김홍준은 태흥에서 임권택 감독의 연출부, 조감독을 거쳐 감독으로 데뷔하였다.

하신 게 있어요. 아이디어를 구체화하면 빨리 얘기를 해라, 괜히 시나리오까지 다 완성해서 요즘으로 말하자면 디벨로프까지 해서 가지고 왔는데 안 되면 서로 시간 낭비니까, 될 것인지 말 것인지 바로 결정하겠다.

지금처럼 공식화된 자리에서의 피칭이나 모니터링 시스템은 아니었지만, 이태원 회장님이 당시 충무로 시스템 속에서 축적한 노하우를 바탕으로 적용한 나름의 제작 방식인 것 같아요. 저는 굉장히 합리적이라고 생각해요. 감독을 영화의 중심에 있는 사람이라고 생각하고 감독에 대한 신뢰를 바탕으로 했기 때문에 나온 시스템이었던 거죠. 그렇게 한번 결정을 내리면 번복하는 법이 없었어요.

당시 스포츠신문 기자를 하던 육상효 감독(〈나의 특별한 형제〉(2019), 〈방가?방가!〉(2010) 등)이 영화를 하고 싶다며 지인의 소개로 저를 찾아왔어요. 저의 1호 연출부로 들어온 거죠. 연출부 겸 작가가 되어서 책상 하나 놓고 둘이 마주 앉아 굉장히 오붓한 방에서 '덤 앤 더머'처럼 (웃음) 아이템 고민을 한 거죠. 요즘 트렌드가 뭘까, 태흥영화사가 좋아할 만한 작품이 뭘까, 하다가 멜로드라마인 모 원작 소설을 각색해서 시놉시스를 만들었어요.

저와 육상효 둘이 A4 용지 한 장 들고 소박한 회장실에 들어갔죠. 이태원 회장님은 쾌활하고 농담도 잘하시는데 평소 잘 보여 주지 않던 고뇌에 찬 표정으로 앉아 계시더라고요. 심각한 분위기에서 마주한 것은 처음이라 저도 막 떨렸어요. 발표를 했어요. 원작이 있고 이런 방향으로 각색을 했고, 그걸 다 들으셨어요. 딱 한 마디, 아닌 거 같다. 그럼 예, 알겠습니다, 하고 그냥 나오는 거예요.

원점으로 돌아가서 다른 아이템을 준비해요. 〈장미빛 인생〉은 제 기억에 태흥영화사 들어간 지 6개월 만에 오케이를 받았어요. 저와 육상효 둘이 끙끙 앓으면서 한 달에 한 개 정도 아이템이 나오면 발표했는데 다섯 번째인가, 여섯 번째였어요. 〈장미빛 인생〉 피칭 들으시고 이태원 회장님이 딱 한 마디 하셨어요. 그래 해 보자. 그게 왜 좋은지에 대한 설명이 없으셨어요. 결정되고 나서는 본격적인 시나리오 작업 들어가고 캐스팅하고 프리프로덕션 하고 태흥영화사 안에 제작 시스템이 되어 있기 때문에 일사천리였어요.

〈장미빛 인생〉은 솔직히 될 거라고 생각 못 했어요. 그냥 육상효와 얘기하면서 이렇게 하면 재밌겠다 했지만, 이런 아이템이 상업영화로 적합할까, 의문을 가지고 있었어요. 그전까지 계속 거절당하니까 오기 비슷하게 질러나 보자 하는 심정이었어요. 그걸 받으신 건데 저희를 구워삶거나 설득해서 만들려는 게 아니라, 하고 싶은 영화를 서포트해 주겠다는 감각이 이태원 회장님께 있으셨던 게 아닌가 해요.

실제로 예산과 일정이 허락하는 한, 감독이 정말 말도 안 되는 짓을 하는 것이 아니라면 연출자가 원하는 대로 지원을 해 주는 게 태흥영화사의 역할이었어요. 저도 함께하면서 그걸 알잖아요. 신인 감독으로서 제작자에게 아부하려는 게 아니라 저 스스로가 회사의 입장을 생각해서 예산과 일정을 지키려고 노력을 했어요.

이태원 회장님께서 〈장미빛 인생〉 현장에 두 번 오셨어요. 그때마다 직접 감독에게 뭐라고 얘기한 적이 한 번도 없어요. 이런 배우를 써 달라거나, 액션을 더 넣어 달라거나 하는 식의 요구가 전혀 없었어요. 물론 영화가 개봉하고 나서 술자리에서 흥행이 좀 아쉬웠다, 조금 더 진하게 찍었으면 좋지 않았겠느냐는 취지의 말씀을 하신 적은 있어요. 그건 당연히 투자자로서, 배급업자의 시각으로서 얘기한 것들이에요. 낭트3대륙영화제에서 〈장미빛 인생〉으로 최명길 배우님이 여우주연상을 받았을 때 제가 회장님께 직접 전화로 알려 드렸어요. 그때 회장님이 하신 말씀이 아직도 기억나요. "감독 한 명 나왔네." 제작자로서의 보람과 유망한 감독 한 명을 세상에 내놓았다는 자부심 같은 게 그 한 마디에 다 들어 있었어요.

이태원 회장님은 새싹들, 꿈나무들을 미리 눈여겨보고 그들을 발굴해서 자기편으로 끌어들이는 걸 중요하게 생각하셨어요. 검증된 사람들과 일하면 안전할 텐데 그에 만족하지 않고 전혀 새로운 사람에게 투자를 마다하지 않는 모험심은 일종의 보스 기질에서 나온 게 아닐까 해요. 자기 산하의 사람들을 포용하고 싶어 하는 태도야말로 동시대 충무로의 제작자분들과는 차별되는 것이었어요."

오동진·이지훈
당시《필름 2.0》기자

"영화판은 말이야,
천재들의
놀이터야!"

이태원 대표
생전 인터뷰 재록

《필름 2.0》# 5, 6
(2001년 1월 16일자)

이태원 대표는 〈춘향뎐〉의 미국 개봉을 마치고 〈취화선〉을 준비하던 2001년 정초에 응한 영화주간지 《필름2.0》과의 인터뷰에서, 대기업 및 금융자본이 영화판에 들어오기 시작한 시기에 자신이 만든 태흥영화사라는 중간 크기의 선박을 가지고 영화계라는 망망대해를 꿋꿋이 항해해 가는 박력 있는 영화제작자로서의 모습을 보여 주었다.

당시로서는 보기 드물게 인터뷰이의 실제 말투와 솔직한 심정을 담은 생생한 기록으로서의 인터뷰를 표방했던 'Talk2.0'이라는 코너는 첫 손님으로 이태원 대표를 섭외해 인터뷰를 진행함으로써 독자들에게 코너의 정체성을 단번에 각인시켰다.

이태원 대표는 〈눈물〉(임상수, 2000), 〈자카르타〉(정초신, 2000) 등 당시 개봉영화에 대한 평가에서부터 사회 분위기, 영화제작 여건, 대기업 및 금융자본의 등장에 대한 견해, 제작 및 흥행 노하우, 모종의 긴장 관계를 형성했던 영화인들과의 에피소드까지 다양한 이야기를 풀어놓았다. 당시 인터뷰를 진행했던 오동진 영화평론가의 허락을 구해 해당 인터뷰 기사를 재록한다.

맞춤법이나 고유명 표기를 현재 기준에 맞게 적용하였고, 일부 거친 표현에 대해서는 윤문이 이뤄졌음을 밝혀 둔다. | 편집자 주 |

한국영화계의 대부 이태원 사장. 60이 넘은 나이지만 그에게서는 언제나 단단한 뚝심이 읽힌다. 그는 임권택 감독과의 고집스러운 작업 끝에 〈춘향뎐〉을 칸에 이어 미국 시장으로까지 진출시키는 데 성공했다. 때로는 독불장군처럼, 또 때로는 노련한 지략가로 영화계를 진두지휘하고 있는 이태원 사장, 그가 바라본 젊은이들의 영화판, 그와의 육두문자 난담.

오동진 기자(이하 '오') 아니, 근데 올해 영화 안 하세요?

이태원 사장(이하 '이') 해야지. 김성수, 임상수, 송능한, 임권택, 다 할 거야.

이지훈 기자(이하 '훈') 누가 먼저 하는데요? 준비들 하고 있어요?

이 아직 시나리오들 쓰고 있지, 뭐.

오 임상수 감독의 〈눈물〉은 보셨어요?

이 그럼 봤지. 아주 잘 만들었더구먼. 상당하던데. 사람 들고 안 들곤 모르겠는데, 〈처녀들의 저녁식사〉(1998)보다 훨씬 잘 만들었어. 그게 4억 5천 가지고 만든 거야. 그 다음에 이게 길거리 지나가는 양아치들 데리고 찍은 건데, 그게 진짜 눈물 아니냐? 그리고 일단 말이 되잖아. 지저분하고 안 지저분하고는 접어 두고. 난 아주 거기서 손들었어. 거, 뭐지….

훈 걔가 여자 친구랑 살겠다고 집에 데려가는 거요?

이 어어, 그래그래. 그래서 데려가는데 그 애비가 하는 거, 담배 주는 거 말이야. 야, 내가 졌다 그랬어. 실제로는 어려운 일이겠으나, 그만큼 아이들에 대해서 세세하게 관심을 가져야 한다는 거 아냐. 어른들에 대한 경종이지. 애들 키우는 놈들이 봐야 되는 영화야, 이건. 옛날로 치면 새마을 영화지. 〈춘향뎐〉 때 어떤 일이 있었냐면, 청소년보호위원회에서 우리더러 애들 벗겼다고 시비 걸어왔잖아. 그때 걔들이 왜 그랬는줄 알아? 〈눈물〉 땜에 그런 거야. 〈눈물〉이 길거리 지나다니는 어린애들 데려다가 영화 찍는다는 소문을 들었던 거지.

훈 그러니까 〈춘향뎐〉으로 미리 경고를 했다 이거군요?

이 그렇지. 〈눈물〉이 나오지 못하게 하려고 미리 시비 건 거지. 내가 임상수, 이놈을 또 좋아하잖아? 걱정이 됐지. 그래서 불렀어. 그 얘기 다 해 줬어. 그거 하지 마라. 그거 하면 죽는다. 너 잡으려고 그러는 거다. 근데 결국 디지털로 시도를 하더구먼.

오 영화사 '필름지'의 이효승 전무가 아드님이시지요. 이 전무가 제작한 영화가 요즘 터졌던데, 〈자카르타〉 말이에요. 어떻게 생각하세요?

이 그거에 대해서는 노코멘트.

오 〈자카르타〉 제작에 전혀 관계하지 않으셨어요?

이 어떻게 관계가 없어! 친척인데. (웃음) 친척 이상의 관계가 있겠어?

훈 이 전무가 처음 기획할 때부터 상의했을 거 아니에요?

이 내 그냥 그랬지, 재밌겠구나. 도둑질하고 끝내고. 그래, 잘해 봐라.

오 잘되고 있잖아요.

이 그러니까 할 말이 없다는 거 아냐!

훈 안될 줄 아셨어요?

이 얘기가 너무 닭살이야. 그래도 영화 장사로서는 성공한 거야. 그러니 뭐 할 말이 없지. 영화가 원가를 제외하고 돈을 남길 수 있다는 게 쉽지 않아. 벌써 40 몇 만 들었다며?

훈 〈자카르타〉 배급에 전혀 도움을 안 주셨어요? 물론 CJ에서 하긴 했지만.

이 전혀! 이젠 내가 만들어도 CJ 애들한테 배급 맡겨야 할 판인데, 내가 뭔 힘이 있어?

오 태흥은 앞으로 2세 경영 계획 같은 거 없어요?

이 나는 우리 애들이 영화 하는 거 싫어. 근데 이효승이 이놈은 지가 알아서 다 하니까. 처음에 의정부에 있는 극장 그거 운영해야 되니까 거기서 왔다 갔다 하다가 지 능력으로 회사 만들었어. 나한테, '아버지, 뭐 좀 해 줘' 하면서 절 대 손 안 벌려. 그러니까 내가 뭐라고 할 수가 없잖아.

훈 이 전무는 필름지 대표이긴 하지만 여전히 태흥영화사 직원이긴 하죠? 월급 은 받나요?

이 거, 웃기는 놈이야. 어떻게 보면 귀엽기도 하지. 쥐꼬리만큼 월급은 있는데 받지는 않고, 오히려 지가 돈을 갖다 넣더라고. 자기도 번다 이거지. 밉진 않 지. 더 뭘 바랄 게 있겠어. 소위 영화계 고참들, 원로들 자식들 일이 대개 잘 안 풀려. 뭐 좀 해 보라고 하는데 잘 안돼. 풀린 건 효승이 놈밖에 없어. 그러 니까 밉지 않지. 소위 2세들끼리 모임도 있는 것 같더라고. 근데 잘 나가는 것 같지는 않아.

훈 이 전무는 오히려 실무에서 만난 사람들이랑 친하게 지내는 것 같아요. CJ 같은 쪽 사람들 말이에요. 이번에 〈자카르타〉도 그래서 이 전무 믿고 무조 건 배급하기로 했다던데요.

이 아유, 걔들하곤 아주 정분이 나가지고 말이야. 근데 가만히 보면, 걔네들하 고 친한 이유가 있어. 얘들이 생각하는 게 맞아. 세상을 보는 눈이 정석이라 고 할까? 비정상적인 건 싫어해. 그런데 사실 영화판이란 게 적당히 비정상 도 해야 되거든. 그래야 영화가 제대로 나오는 거야. 그래서 내가 걱정을 좀 하지.

오 근데 가만 보면 사장님도 같은 연배의 1세대 영화인들하고 잘 안 어울리신

단 말이에요. 혼자서 일하시는 스타일이잖아요. 이 전무가 그런 거 닮은 거 아닙니까?

이 (소곤소곤) 이런 거야. 내 자랑은 아니지만 맨 처음에 삼성에서 나한테 왔던 거 아냐. 100억 들고. 내가 그때 손잡았으면 지금 영화판이 바뀌었지. 이익 생기면 나누고, 망하면 지들이 다 감수하고. 얼마나 좋아? 한 달 고민했어. 근데 곰곰이 생각해 보니까, 뻔해. 결국은 좋은 감독이랑 좋은 시나리오야. 그럼 배우는 따라와. 어. 막말로 내가 안성기, 강수연이 데려다 놓고 좋은 시나리오로 영화 찍으면 되는 거 아냐? 대기업 들어와도 어차피 노하우는 나한테 있다, 맞장 떠 보는 것도 좋은 거 아니냐, 이런 생각이 들더라고.

훈 한국영화는 영원히 시나리오가 문제라는 말씀이죠?

이 그럼! 시나리오면 끝이야. 그리고 제작비라는 게 옆구리로 빠지지 않고 그림에 들어가야 돼. 그림 속에는 배우도 포함될 수 있지만, 배우보다는 소품을 만 원짜리 쓸 거 5만 원짜리 쓰는 게 중요하다는 거지. 그랬을 때, 대기업 애들 들어오면 어떻게 될지 뻔해. 제작비는 올라갈 텐데 분명 배우들 개런티만 올려놓을 거야. 그래서 내가 정중하게 거절했어. 이 돈으론 못 하겠다, 내 돈으로 하겠다.

오 말하자면 그런 뚝심을 이 전무도 닮은 거군요.

이 그리고 또 하나. 언젠가 일본 잡지를 봤는데, 거기 이런 말이 나와. 남을 시켜서 청소를 하는 건 내 집이 아니다. 야, 이거 너무너무 말 된다. 내가 내 집 내 손으로 청소하지 뭐 하러 걔들 손을 빌려? 또 나도 이제 건강을 생각해야 돼. 난 내가 하는 영화 무조건 현장에 다 가. 한번은 네 편을 한꺼번에 돌려 봤어. 아휴, 못 하겠더라고. 또 그렇게 한꺼번에 여러 개 하니까 우리 제작부 애들끼리 싸움이 나는 거야. 그건 아니지. 삼성 돈으로 영화 만들었으면 계속 그렇게 될 뻔했지. 내가 거절하니까 강우석, 강제규한테 간 거지. 그래서 강우석이 영화계를 평정할 수 있는 기회를 얻었던 거야.

오 늘 궁금한 게 있었어요. 이 사장께서는 젊은 사람들하고 편하게 교류하세요. 보통 사장님 연배의 다른 분들은 젊은 영화인들 모임에서 호통치고 화내고 하시는데, 사장님은 안 그러신단 말이에요. 아 참, 그런 분들하고는 잘 지내세요?

이 내가 양면성이 있어. 보수적이면서도 어떤 땐 내가 맞추려고 노력하는 거. 나는 기본적으로 내 또래 다른 사람들보다 상대를 인정하는 편이지. 그리고 웬만하면 내 또래들은 안 만나려고 해. 왜냐? 재미가 없거든. 그중 그래도 괜찮은 사람이 곽정환 회장이야. 근데 곽 회장과는 가끔 삐걱거리기도 해. 스크린쿼터 문제 때문에도 한동안 그랬고. 근데 왜 나하고 잘 안되냐면, 서로 어려운 상대거든. (웃음) 사람은 괜찮아.

오 부산영화제에는 작년에 처음으로 가셨어요. 그전엔 왜 안 가신 거예요?

이 그동안 김동호 위원장하고 안 좋은 일이 좀 있었거든. 김 위원장이 영화진흥공사 사장으로 있을 때야. 89년인가, 〈아제아제 바라아제〉 때문에 전부 모스크바영화제에 가게 됐어. 나도 임권택 감독도 해외 영화제 처음 나가게 된 거지. 그때 기자들 몇 명 데리고 가고, 유지나도 '스크린' 통신원 뭐 이래 가지고 왔더라고. 그때만 해도 유지나가 영어 좀 한다고 영화판에 알려졌거든. 아무튼 그렇게 모스크바엘 갔는데, 도착하고 나서 다음 날 아침에 영화제 열리는 행사장에서 〈아제아제 바라아제〉 영문 브로슈어를 하나 집어서 봤어. 그런데 내 이름이 없어. 제작자가 내가 아니라 영화진흥공사로 돼 있는 거야! 이런 젠장, 그럼 내가 거길 도대체 뭐 하러 간 거냐고? 어떻게 어떻게 해서 강수연이가 여우주연상도 타고 했는데, 난 술만 퍼마셨지. 어떻게 속상하던지 말이야. 김동호 씨가 정말 섭섭하고 원망스럽더라고.

훈 그때부터 김동호 위원장이랑 사이가 안 좋으셨던 거군요. 꽤 오래가시네요.

이 그렇지, 그렇게 됐지. 그러다가 작년에야 칸에서 〈춘향뎐〉 부산 가기로 하고 합의 본 거 아냐. 화해하는 데 오래 걸렸지. (웃음) 솔직히 그동안 김 위원장이 엄청 불편해서 마주치지 않으려고 부산에 안 간 거거든. 〈춘향뎐〉 때문에 바뀐 거지. 칸 가니까 나도 기분 좋고. 어쨌든 그 사람도 요샌 한국영화 잘되라고 다니는 거니까 그것마저 인정 안 할 수는 없잖아. 근데 웃기는 게 김동호 씨도 그러더래. 작년에 칸에 와서 큰 수확이 있었다고 사람들한테 그러더래. 그게 뭐냐면, 이태원이 부산영화제 온 거. (폭소)

오 임권택 감독하고는 어떻게 그렇게 잘 맞으세요?

이 살아가는 면에서 굉장히 모범적이야. 그게 참 좋아. 나는 흐트러지게 막 살지는 못하는데 마음은 막 살고 싶은 놈이야. 전부 무르고 장가 안 갔으면 좋겠다 싶을 정도로 말이야. 제작자고 감독이고 배우고 간에 영화 하는 사람은 결혼 안 해야 돼. 그래야 이게 자유롭지. 영화라는 게 적당히 흐트러져야 나오는 거 아니야? 밤낮 교장 선생하고 앉아서 책 읽는 게 영화가 아니잖아? 그래서 내가 장선우고 임상수고 좋아하는 거야. 영화는 목사 아들 같은 사람이 할 수 있는 일이 아니야. 근데 임권택은 절대 흐트러지지 않아. 그게 존경스럽지.

오 언제부턴가 마음이 약해지셨다 싶은 게 있었어요. 재작년인가 스크린쿼터 기자회견 때 정말 엄청 우셨잖아요. 부쩍 눈물이 많아지신 거 아니에요?

훈 워낙에 눈물이 많으신 거 아니던가?

이 엊그제 영화인회의 갔더니 변인식이가 묻더라. 그때 왜 울었냐고. 그 당시에 다들 죽 서 있는데, 애들이 뭘 써 줬어. 내가 그걸 얼핏 읽었는데, 뭐라고 써 있었냐면 '영화를 접어야 되는…' 뭐 이런 말이 있는 거야. 거기서 갑자기 울컥한 거야. 목이 콱 막히고 말이 안 나와. 그렇게 된 거지, 뭐. 사실 뭐, 울보라서 운 것도 있지.

오 보시기에 요즘 젊은 영화인들 중에 앞으로 한국영화를 이끌어 갈 재목이다 싶은 게 누굽니까?

이 글쎄…. 어쨌든 제일 중요한 건 좋은 감독이 많이 나와 줘야지. 스필버그 같은 사람 말이야. 천재가 나와야 해. 그런 측면에서 요즘 영화정책에 불만이 많아. 여러 사람 내세워서 뺑뺑이 돌리는 거, 그거 안 돼. 천재를 집중적으로 육성해야지. 그래서 진흥위원회 돈은 빨리 없어져야 한다는 거야, 이런 도대체가. 돈 많이 안 들고도 좋은 방법이 있다 이거야. 된 놈 쳐올려라 이거야. 대통령이 나와서 박수 쳐 주고 말이야. 일본영화 봐. 아직도 구로사와 아키라야. 임권택 감독이 한국영화야. 그러니까 싸가지 있고 된 놈들 한두 명한테 그림 같은 집 지어 주고 좋은 자동차 줘서 편안하게 살게 만들어 줘라 말이야. 그거 보고 모두 다 노력하게 만들라 말이야. 힘없는 놈은 가란 말이야. 감독은 천재적인 몇 놈이면 돼. 영화판은 말이야, 천재들의 놀이터야.

훈 이 사장님 자체도 임권택 감독이 만드는 한국적인 영화를 선호하시는 거예요?

이 아니, 그렇지는 않아. 임 감독이 그걸 선호했을 따름이지. 나는 임 감독이 가장 잘할 수 있고 가장 성공할 수 있는 걸 할 뿐이지. 임권택이 시대극이나 사회물, 액션영화 잘할 수 있으면 그거 하는 거야. 그 사람이 자기가 가장 잘 만들 수 있는 걸 선택하는 거에 대해선 난 할 말이 없다 이거야. 왜 그러냐. 〈서편제〉 6억 들여 35억 남았어. 된단 말이지. 〈태백산맥〉 준비하다가 못 하게 되니까 내가 너무 안쓰러워서 임 감독 불러서, '여보, 이거 도저히 못

하는 거고 내년 선거 끝난 다음에 좋은 세상 오면 하자' 했지. 어떻게 해? 정부가 〈태백산맥〉 하면 죽이겠다는데. 그래서 못 한 거 아냐.

오 요즘 보면 100억 펀드다 뭐다 해서 금융자본이 많이 들어오잖아요. 어떻게 생각하세요?

이 너무 고마운 일이지. 이런 건 있어. 금융자본이란 건 돈 보고 다니는 거야. 영화계를 위해서 들어오는 거 아니야. 근데 영화계는 돈 없으면 안 돼. 나도 미래에셋하고 했었고, 딴 데하고도 할 수 있는 거고.

훈 금융자본으로 영화 만드는 요즘 세태가 예전에 만드시던 방식하곤 상당히 다른데, 이런 경향이 긍정적이란 말씀인가요?

이 물론. 긍정적으로 볼 수밖에 없는 건데, 우리 영화인들은 정신 똑바로 차려야 되는 거야. 필름 30만 자, 50만 자 써선 안 돼! 안 된단 말이야! (목소리가 점점 높아지며) 남의 돈이 들어왔을 때 돈을 아낄 줄 알아야 돼! 도망가, 그 사람들이! 그 사람들더러 돈밖에 모른다고 하면 안 돼! 그럼 그 돈 쓰지 마! 쓰면서 왜 그런 소릴 하냔 말이야! (감정을 가라앉히며) 이거 아주 가증스럽다 이거야. 그 사람들한텐 그게 당연한 거야. 금맥을 찾아 여기저기 다니는 사람들이라고. 그리고 영화라는 거는 좋은 작품 만들어서 세계적으로 인정도 받아야 되지만 돈도 벌어야 된다고.

오 돈 얘기가 나와서 말인데, 〈서편제〉하고 〈창〉 말고는 흥행이 된 게 없어서 경제적으로 태흥이 손해 많이 봤죠?

이 물론이지. 다 망했지. 〈세기말〉이랑 〈춘향뎐〉은 내 돈 안 들어갔다 치고, 미래 쪽이 작살난 거고. 자, 봐. 〈세븐틴〉 〈미지왕〉 〈축제〉 〈금홍아 금홍아〉 〈장미빛 인생〉 〈화엄경〉 〈참견은 노~ 사랑은 오예~〉. 전부 해서 7편, 150억이지. 거기다가 그때부터 경상비, 세금 나간 것까지 치면 전부

200억 날아간 셈이야.

오 하도 오랫동안 영화를 하셔서 정권의 변화를 다 겪으셨어요. 박정희, 전두환, 노태우, 김영삼, 김대중. 지금이 제일 낫나요?

이 그럼. 시대의 흐름이 오픈돼 있잖아. 꼭 지금 정부가 그렇다는 게 아니라, 시대가. 그런데 공교롭게도 지금 시대에 이 정부가 들어섰지. 상당히 자유로워. 소재도 그렇고. 그리고 개인적으로 DJ 캐릭터가 이쪽을 좋아해. 많이 알고 많이 봐. 연극도 보고. 어떤 목적이 있는 건진 모르겠지만, 최소한 이 바닥 정서를 알지. 전라도 출신 사람들이 아무래도 예인들이 많았고, 그런 이해심이 있어. 역대 대통령은 아무도 몰랐어. 관심도 없었고.

훈 〈춘향뎐〉은 아카데미에 나가게 되나요? 어떻게 되는 거예요?

이 희망 사항이지, 뭐. 분위기는 굉장히 좋아. 언론이 굉장히 칭찬한다고. 내 생각은 그래, 한국에서 돈 10억, 100억 벌면 뭐 해? 그것보단 전 세계 극장, TV, 케이블에 우리나라 영화가 나가는 거야. 그게 더 중요한 거야. 이것이 다 어디서 시작된 거냐? 임권택이지. 〈춘향뎐〉 세계 배급하는 까날 플러스가 어떻게 우리랑 하게 된 거야? 이 영화가 칸 본선 올라가서 그렇게 된 거야. 저번에 이명세가 어느 잡지에서 〈인정사정 볼 것 없다〉(이명세, 1999)도 〈춘향뎐〉 같은 좋은 배급업자가 있었으면, 뭐, 이런 소릴 했는데, 그거 바보 같은 소리야. 칸에 갔으면 자연스럽게 까날이 붙었지. 임권택은 이제 가능성이 더 높아졌어. 영화제라는 게 한 번 왔던 놈들을 가지고 노는 거잖아.

훈 임권택 감독 영화는 올해 안 들어갈 수도 있는 건가요?

이 안 되지, 내년 3월까지 프린트가 나와야 되는데. 칸이 5월이잖아. 근데 워낙 더딘 사람이라, 지금 자료조사 하고 있어. 그래서 내 말은 오래 준비해라 이거야. 대신 촬영은 빨리 끝내자 이 말이야. 그리고 후반작업 오래 가야지. 한국영화는 어딜 가든 촬영 며칠 걸렸어, 필름 30만 자 찍었어, 이걸 아주 무슨 전설처럼 얘기하잖아. 쪽팔리게. 그게 무슨 자랑거리냐? 미국 애들은 40일이면 찍어. 그게 잘하는 거지. 그런 면에서 임 감독은 장점이 있어. 아마 대한민국 감독 중에 필름 제일 안 쓰는 사람일걸. 몸에 배어 있어. 아껴야 된다는 거. 〈장군의 아들〉을 3만 5천 자에 찍었어. 말이 되냐? 영화가 대개 1만 자거든. 굉장히 어려운 시대에 영화에 몸을 담갔던 사람이라 그런 거지. 장선우, 걔는 난리도 아냐. 난 도대체 이해가 안 가는 게 그냥 멀리서 논두렁 걸어가는 장면 픽스로 찍은 거야. 근데 뭐가 맘에 안 들었는지, 13번이나 찍었더라고. 내가 그랬지. 너, 나 고문할 일 있냐고 말이야.

훈 지난번에 이효승 전무가 사장님은 특유의 분위기가 있다고 그러더라고요. 자기는 〈주유소 습격사건〉(김상진, 1999)이나 〈반칙왕〉(김지운, 2000) 같은 것도 하고 싶은데 아버진 이런 영화 절대 안 만든다고. 정말 그러신가요?

이 그놈 참, 언제 나한테 만들겠다고나 했어? 지 생각에 안 만들 거 같은 거지.

훈 태흥 변화론에 대해선 어떻게 생각하세요?

이 이젠 내가 예전보다 많이 바뀌었지. 애들이 좋아하는데 내가 뭐라고 혼자 우겨. 아, 다들 〈자카르타〉 재밌다는데 할 말 있어? 암튼 뭐, 그거 잘돼서 여러 놈 먹고살고, 남은 돈으로 영화 또 만들고 그러면 좋은 거잖아, 안 그래?

부록

태흥영화사 연보

1980년대	
1983년 12월 14일	이태원 대표, ㈜태창흥업 인수
1984년 3월 5일	㈜태창흥업, '㈜태흥영화'로 사명 개명
3월 13일	극영화 〈비구니〉 제작신고
3월 15일	극영화 〈비구니〉 제작발표회
4월 5일	극영화 〈비구니〉 크랭크인
4월 12일	극영화 〈비구니〉 제작중지 요청 공문 접수
5월 14일	극영화 〈비구니〉 제작금지 가처분 신청
6월 12일	극영화 〈비구니〉 제작 포기
9월 30일	㈜태흥영화 창립작 〈무릎과 무릎사이〉(이장호) 개봉
12월 15일	㈜태흥영화 첫 수입외화 〈소권괴초 2 : 용등호약〉(나유) 개봉
12월 22일	32만여 명 관객을 동원한 수입외화 〈터미네이터〉(제임스 카메론) 개봉
1985년 4월 29일	이태원 대표 전국극장연합회 총회에서 회장 재선임
11월 7일	〈어우동〉(이장호), 미국 아카데미상 외국어영화상 부문 출품
1986년 6월 10일	〈뽕〉(이두용), 제6회 영평상 작품상 수상
6월 16일	새 영화법 발효에 따라 국산영화 제작 및 외화 수입사로 등록
9월 29일	〈뽕〉(이두용) 등 국산영화 4편 미국 수출
1988년 3월 5일	㈜태흥영화 중국의 '중앙전영'과 '동아공동시장' 계획 발표
3월 10일	㈜태흥영화 이태원 대표와 양전흥업 대표 강대선 한국영화업협동조합, 공동 이사장 선출
9월 24일	70만 명 이상 관객을 동원한 〈다이하드〉(존 맥티어난) 개봉
1989년 7월 18일	배우 강수연, 〈아제아제 바라아제〉(임권택)로 모스크바국제영화제 여우주연상 수상
7월 25일	20세기 폭스사와 새로운 배급 계약을 맺고 구매한 〈빅〉(페니 마샬) 개봉
8월 22일	신작 〈장군의 아들〉(임권택), 주연배우 공모 통해 박상민 선발
9월 22일	북한, 홍콩 무역회사 통해 〈아제아제 바라아제〉, 〈길소뜸〉 수입 희망 의사 전달
11월 7일	〈아제아제 바라아제〉(임권택), 국산영화 최초 소련 수출 계약 체결
12월 1일	UIP 직배 저지를 주장하는 영화업자 25인 중 한 명으로 이태원 대표가 영화업협동조합(이사장 강대선)을 이탈해 '한국영화제작가협회' 결성

1990년 10월 23일	〈장군의 아들〉(임권택) 속편 제작 발표 및 출연배우 선발
10월 31일	〈장군의 아들〉(임권택) 관객 60만 명 돌파
12월 1일	77만 명 이상 관객을 동원한 〈다이하드 II〉(레니 할린) 개봉
1991년 7월 6일	87만여 관객을 동원한 〈나홀로 집에〉(크리스 콜럼버스) 개봉
7월 10~11일	이태원 대표, 〈서울의 눈물〉(김현명) 제작 전 시나리오 공청회 참가
1992년 1월 23일	㈜태흥영화 금성사 산하 비디오 수입·판매사 '미디아트'와 비디오영화 공급체인 구축
5월 30일	〈경마장 가는 길〉(장선우), 제12회 영평상 작품상 등 4개 부문 수상
8월 31일	이태원 대표, 한국영화인협회 주최 '영화진흥법 제정과 한국영화발전을 토론하는 정당초청 공청회' 참가
1993년 5월 1일	〈서편제〉(임권택), 청와대 시사회 개최
5월 14일	〈서편제〉(임권택), 제1회 상하이국제영화제 감독상, 여우주연상 수상
5월 21일	〈서편제〉(임권택), 제13회 영평상 작품상 등 6개 부문 수상
10월 20일	이태원 대표, 문화체육부 선정 옥관문화훈장 서훈
10월 20일	〈서편제〉(임권택), 일본·독일 수출
10월 27일	'영화의 날'에 개최된 '방화진흥 외면' 규탄대회 참가 및 연설
10월 30일	〈서편제〉(임권택), 한국영화 최초로 100만 관객 돌파
12월 16일	〈서편제〉(임권택), 제14회 청룡영화사 대상 등 7개 부문 수상
1994년 1월 17일	〈서편제〉(임권택) 비디오 출시
1월 17일	KBS1 '사람과 사람들 – 영화계의 황금손 〈서편제〉 제작자 이태원' 방영
2월 21일	〈화엄경〉(장선우), 제44회 베를린영화제 알프레드 바우어상 수상
2월 28일	국산영화 제작사 15개가 결성한 '한국영화제작가협회' 발족, 초대회장으로 이태원 대표 추대
4월 2일	이태원 대표, 제32회 대종상 영화발전공로상 수상
4월 13일	조총련계 재일교포 영화감독 최양일, ㈜태흥영화 초청 내한
5월 20일	〈화엄경〉(장선우), 제14회 영평상 감독상 등 3개 부문 수상
8월 19일	촬영 중인 〈태백산맥〉(임권택) 비디오 판권료 최고액 경신
11월 29일	배우 최명길, 〈장미빛 인생〉(김홍준)으로 낭트3대륙영화제 여우주연상 수상

1995년	1월 29일	배우 오정해, 〈서편제〉(임권택)로 일본영화비평가협회 여우주연상 수상
	2월 9~20일	〈태백산맥〉(임권택), 제45회 베를린국제영화제 경쟁부문 공식초청
	10월 1~5일	〈아제아제 바라아제〉, 〈장군의 아들〉, 〈서편제〉 등 임권택 감독 대표작 14편 상영하는 '임권택 영화제' 서울 종로구 연강홀 개최
1996년	10월 4일	이태원 대표, 헌법재판소의 공윤심의 위헌 판결에 대해 환영인사 전달
	11월 26일	안성기, 강수연 등 한국영화인 8인, 영화배급 탈세혐의로 구속된 이태원 대표 석방탄원서 제출
	12월 18일	이태원 대표 석방
1997년 11월 27일~12월 18일		〈창(노는계집 창)〉(임권택), 미국 LA 비스타극장, 가데나 시네마극장 동시상영
1998년	3월 18일	㈜태흥영화, 〈세븐틴〉(정병각) 제작비 국민주 공모 통해 조달 계획 발표
	6월 17일	㈜태흥영화 공식 홈페이지(www.taehungpic.co.kr) 오픈
	7월 27일	이태원 대표, 임권택 감독, 배우 김지미가 공동위원장으로 나선 '스크린쿼터 사수 범영화인 대책위' 발족
	11월 5~6일	이태원 대표, '아시아영화 국제학술 심포지엄' 질의자로 참석
1999년	3월 4일	〈춘향뎐〉(임권택) 주연배우 공모 통해 조승우, 이효정 선발
	3월 17일	제일제당 엔터테인먼트 CJ, 〈춘향뎐〉(임권택) 제작 6억 투자 기사 보도
	3월 18일	박현주 미래창업투자 사장, 〈춘향뎐〉(임권택) 제작 12억 투자
	6월 29일	이태원 대표, 정지영 감독 등 스크린쿼터 사수 의사 전달 위해 국민회의 정책위원회 항의방문

2000년대

2000년	5월 10~21일	〈춘향뎐〉(임권택), 제53회 칸국제영화제 경쟁부문 공식초청
	9월 1~4일	미국 텔루라이드영화제 임권택 감독 특별전 개최
	9월 20일~10월 7일	〈춘향뎐〉(임권택) 제38회 뉴욕영화제 공식초청
	11월 10일	이태원 대표, 한국영화문화정책연구소(소장 김수남) 제정 제1회 한국영화문화상 수상
	11월 16일	〈춘향뎐〉(임권택), 제20회 하와이국제영화제 최우수작품상 수상
2002년	5월 26일	〈취화선〉(임권택), 제55회 칸국제영화제 감독상 수상
	7월 8일	이태원 대표, 은관문화훈장 서훈
	8월 30일	〈취화선〉(임권택), '12세 이상 관람가' 등급으로 재개봉

10월 5일	임권택 감독·이태원 대표·정일성 촬영감독, 고려대학교 언론대학원 제정 제1회 고려대학교 언론·문화인상 수상
2003년 7월 2일	'한·미투자협정(BIT) 저지와 스크린쿼터 지키기 영화인 대책위원회' 결성 및 임권택 감독, 이태원 대표 공동대표 추대
2004년 2월 5~23일	뉴욕현대미술관, 임권택 감독 특별전 개최
5월 30일	〈하류인생〉(임권택), 제61회 베니스영화제 경쟁부문 공식초청
2005년 9월 13일	㈜태흥영화, 스펙트럼DVD와 판권 보유 고전영화 36편 DVD 제작 및 판매 계약 체결
2014년 12월 23일	제1회 영화제작가협회상 공로상 수상(이지승 감독 대리 수상)
2015년 12월 22일	제2회 영화제작가협회상 작품상 시상자로 공식 석상 마지막 등장
2017년 4월 29일	제18회 전주국제영화제, 〈비구니〉(임권택) 부분 복원판 공개
2018년 1월 26일	한남동 사옥에서 신당동 사옥으로 이전과 동시에 한국영상자료원에 제작실무자료 등 973점 기증
3월 7일	다큐멘터리 〈우리는 썰매를 탄다〉(제작 이효승, 감독 김경만) 개봉
2021년 9월 9일	한국영상자료원, '태흥영화 기증자료 컬렉션' 공개
10월 24일	이태원 대표이사 향년 83세로 신촌세브란스병원에서 별세
12월 1일	이효승 대표이사 취임

※ 본 연보는 한국영상자료원이 2021년 9월 9일 공개한 '태흥영화 기증자료 컬렉션'(작성: 권세미)의 '주요연혁' 부분을 수정·보완했다.

태흥영화사 제작 영화 37편 목록

	제목	감독	출연	개봉일	관객 수	개봉 극장	수상 내역 및 비고
1	무릎과 무릎사이	이장호	안성기 이보희 임성민 이혜영	1984. 09. 30	263,334	단성사	1984년 한국영화 흥행 2위
2	장남	이두용	신성일 태현실 김일해 황정순 김희라	1985. 06. 22	2,066	단성사	제23회 대종상 특별상음향효과상 제21회 백상예술대상 영화부문 특별상(김일해)
3	돌아이	이두용	전영록 손은주 오 덕 민복기 김미현	1985. 08. 03	86,142	중앙극장	1985년 한국영화 흥행 5위
4	어우동	이장호	이보희 안성기 김명곤	1985. 09. 28	479,225	단성사	제22회 한국백상예술대상 영화부문 여자연기상 1985년 한국영화 흥행 2위 1986년 기준 흥행 1위
5	뽕	이두용	이미숙 이대근 이무정	1986. 02. 08	137,331	단성사	제24회 대종상 각색상 제22회 백상예술대상 영화부문 감독상 등
6	기쁜 우리 젊은 날	배창호	안성기 황신혜 최불암	1987. 05. 02	192,247	단성사	제26회 대종상 녹음상 제32회 제32회 아시아 · 태평양영화제 남우주 연상 등 1987년 한국영화 흥행 2위
7	미미와 철수의 청춘스케치	이규형	강수연 박중훈 김세준 최양락	1987. 07. 04	260,916	서울	제26회 대종상 신인감독상 신인연기상(김세 준) 등 1987년 한국영화 흥행 1위
8	두 여자의 집	곽지균	한혜숙 이미숙 강석우	1987. 12. 24	72,084	단성사	제26회 대종상 심사위원장상(한혜숙·이미숙) 제32회아시아 · 태평양영화제 여우주연상(이 미숙) 등
9	업	이두용	남궁원 강수연 김영철 김윤경 민복기	1988. 05. 21	66,096	단성사	
10	어른들은 몰라요	이규형	김세준 김혜수 최양락 팽현숙 이건주	1988. 07. 01	220,591	단성사	1988년 한국영화 흥행 3위
11	아제아제 바라아제	임권택	강수연 진영미 유인촌	1989. 03. 04	145,241	단성사	제27회 대종상 최우수작품상·여우주연상 제25회백상예술대상 영화부문 신인연기상(진 영미) 제16회모스크바국제영화제 최우수여우상 등
12	개그맨	이명세	안성기 황신혜 배창호	1989. 06. 24	33,944	단성사	
13	그후로도 오랫동안	곽지균	강수연 정보석 김영철 김세준	1989. 09. 09	192,061	단성사	1989년 한국영화 흥행 2위
14	오세암	박철수	김혜수 심재림 서예진 조상건	1990. 03. 24	12,433	단성사	
15	장군의 아들	임권택	박상민 신현준 이일재 방은희	1990. 06. 09	678,946	단성사	제29회 대종상 신인남우상 제11회 청룡영화상 남자신인상(박상민) 등 〈겨울 여자〉 이후 13년 만에 한국영화의 관 객 동원 기록 갱신

	제목	감독	출연	개봉일	관객 수	개봉 극장	수상 내역 및 비고
16	꼭지딴	김영남	정보석 최진실 박진성	1990. 07. 28	4,106	서울	
17	꿈	배창호	안성기 황신혜 정보석	1990. 09. 29	28,498	서울	
18	젊은 날의 초상	곽지균	정보석 이혜숙 배종옥 옥소리	1991. 03. 16	174,886	단성사	제29회 대종상 최우수작품상 감독상 촬영상 조명상 등 1991년 한국영화 흥행 5위
19	장군의 아들 2	임권택	박상민 송채환 이일재 신현준	1991. 07. 20	357,697	피카디리 씨네하우스 등	제30회 대종상 신인남우상(신현준) 등 1991년 한국영화 흥행1위
20	경마장 가는 길	장선우	강수연 문성근 김보연	1991. 12. 21	179,802	단성사	제28회 백상예술대상 영화부문 연기상(강수연) 제13회 청룡영화상 남우주연상·여우주연상 등 1992년 한국영화 흥행 3위
21	이혼하지 않은 여자	곽지균	고두심 박상민 이호재 윤소정	1992. 04. 18	30,297	대한	
22	장군의 아들 3	임권택	박상민 오연수 이일재 신현준	1992. 07. 11	162,600	단성사	제13회 청룡영화상 여자신인상(오연수) 1992년 한국영화 흥행 5위
23	서편제	임권택	김명곤 오정해 김규철	1993. 04. 10	1,035,741	단성사 등	제31회 대종상 최우수작품상 감독상 촬영상 등 제30회 백상예술대상 영화부문 작품상 제14회 청룡영화상 작품상 남우주연상(김명곤) 촬영상 등 196일을 상영하며 서울 개봉관 100만 명 돌파 기록 수립
24	화엄경	장선우	오태경 원미경 이호재 이혜영 김혜선	1993. 06. 26	65,403	대한	제32회 대종상 심사위원특별상(태흥영화) 감독상 등 제44회 베를린국제영화제 알프레드 바우어상 등
25	참견은 노~ 사랑은 오예~	김유진	신현준 김혜선 이대로 서갑숙	1993. 07. 17	8,271	국도극장 등	제14회 청룡영화상 감독상 여우조연상(김혜선)
26	장미빛 인생	김홍준	최명길 최재성	1994. 08. 06	37,979	단성사 씨네하우스	제33회 대종상 각본상 제15회 청룡영화상 여우주연상 각본상 신인감독상 등 제16회 낭트3대륙영화제 최우수여우주연상
27	태백산맥	임권택	안성기 김명곤 김갑수 오정해	1994. 09. 17	227,813	국도·단성사 씨네하우스	제33회 대종상 심사위원특별상(태흥영화) 남우주연상(김갑수) 등 제15회 청룡영화상 작품상 음악상 등 1994년 한국영화 흥행 4위
28	금홍아 금홍아	김유진	김갑수 김수철 이지은	1995. 04. 22	21,071	단성사	제34회 대종상 미술상·의상상·신인여우상(이지은) 제16회 청룡영화상 여자신인상(이지은) 등
29	축제	임권택	안성기 오정해 한은진 정경순	1996. 06. 06	50,561	단성사 시티시네마	제17회 청룡영화상 작품상 제33회 백상예술대상 영화부문 감독상 등
30	미지왕	김용태	조상기 정상인 임지선 김현희	1996. 12. 21	10,403	단성사 등	

	제목	감독	출연	개봉일	관객 수	개봉 극장	수상 내역 및 비고
31	**창** (노는계집 창)	임권택	신은경 한정현 최동준 정경순	1997. 09. 13	411,591	명보 허리우드 코리아 등	제35회 대종상 미술상·조연여우상(정경순) 등 제18회 청룡영화상 여우주연상·촬영상 등 1997년 한국영화 흥행 3위
32	**세븐틴**	정병각	은지원 강성훈 김재덕 고지용 이재진 장숭원	1998. 07. 17	52,389	대한·동아 씨네하우스 등	
33	**세기말**	송능한	김갑수 이재은 차승원 이지은 이호재	1999. 12. 11	39,636	피카디리 명보·CGV 강변 11 등	제23회 황금촬영상영화제 신인감독상·신인 촬영상
34	**춘향뎐(春香傳)**	임권택	이효정 조승우 이정헌 김성녀	2000. 01. 29	110,358	씨네하우스 허리우드 등	제37회 대종상 심사위원특별상(㈜태흥영화)· 미술상 등 제36회 백상예술대상 영화부문 대상·영화부 문 감독상 등 한국 최초 칸영화제 경쟁부문 본선 초청
35	**취화선**	임권택	최민식 안성기 유호정 김여진 손예진	2002. 05. 10	443,294	서울·명보 메가박스 등	제23회 청룡영화상 작품상·감독상·촬영상 제55회 칸영화제 감독상 등
36	**하류인생**	임권택	조승우 김민선 김학준	2004. 05. 21	196,000	56개 스크린	
37	**우리는 썰매를 탄다**	김경만	정승환 이종경 한민수 박상현	2018. 03. 07			2014년 제작되어 2018년 개봉

* 개봉 및 관객 수 정보는 KMDb를 따랐다.

태흥영화사 수입·배급 외화 목록

제명	제작국가	제작·제공	개봉일 - 종영일(총 상영일수)	개봉 극장	관객 수 (단위: 명)	구분	비고
용등호약 龍騰虎躍	홍콩	나유영업유한공사	1984.12.15 - 1985.02.03(51)	국제극장	147,768	수입	
터미네이터 The Terminator	미국	오라이온영화사(제공)	1984.12.22 - 1985.03.15(84)	단성사	381,823	수입	
카튼클럽 The Cotton Club	미국	오라이온영화사(제공)	1985.07.06 - 1985.09.06(63)	단성사	171,576	수입	1987년 11월 28일 단성사 재상영, 관객 31,250명 동원
실버라도 Silverado	미국	컬럼비아픽처스	1986.06.06 - 1985.07.16(41)	중앙극장	73,167	수입	대영영화(주) 수입
어젯밤에 생긴일 About Las Night...	미국	컬럼비아트라이스타	1985.10.18 - 1986.12.16(60)	단성사	98,836	수입	
에이리언 II Aliens	미국	20세기폭스	1986.12.24 - 1987.03.13(80)	단성사	292,436	수입	단성영화사 수입, 총 관객 수 326,085명(비공식)
프레데터 Predator	미국	20세기폭스	1987.07.17 - 1987.03.13(80)	단성사	317,754	수입	
에이리언 Alien	미국	20세기폭스(제공)	1987.10.01 - 1987.11.05(36)	단성사	109,039	수입	개봉명: 에이리언즈 원
블랙 위도우 Black Widow	미국	20세기폭스	1988.02.06 - 1988.03.24(48)	단성사	157,980	간접 배급	
브로드캐스트 뉴스 Broadcast News	미국	20세기폭스(제공)	1988.03.26 - 1988.05.20(56)	단성사	162,260	간접 배급	
다이하드 Die Hard	미국	20세기폭스	1988.09.24 - 1989.03.03(161)	단성사	701,893	간접 배급	1988년, 1989년 흥행 순위 1위
월 스트리트 Wall Street	미국	20세기폭스	1989.04.29 - 1989.06.01(34)	단성사	107,482	간접 배급	
빅 Big	미국	20세기폭스	1989.07.15 - 1989.09.12(60)	단성사 롯데2관	214,519	간접 배급	
보디 더블 Body Double	미국	컬럼비아픽처스	1989.08.26 - 1989.09.12(18)	서울시네마 타운 3관	16,149	수입	
지존무상 至尊無上	홍콩	영성전영제작유한공사	1989.11.11 - 1990.02.01(83)	단성사	373,370	수입	
코쿤 Cocoon	미국	20세기폭스	1990.02.10 - 1990.02.22(13)	단성사	21,379	간접 배급	실제 종영은 2월 16일
택시 드라이버 Taxi Driver	미국	컬럼비아픽처스	1990.02.17- 1990.03.23(35)	단성사	103,608	수입	
더 플라이 2 The Fly II	미국	20세기폭스(제공)	1990.04.05 - 1990.05.10(36)	단성사	102,009	간접 배급	전국 34만 명 관객 동원
심연 The Abyss	미국	20세기폭스	1990.07.07 - 1990.08.31(56)	브로드웨이	80,558	간접 배급	

제명	제작국가	제작·제공	개봉일 - 종영일(총 상영일수)	개봉 극장	관객 수 (단위: 명)	구분	비고
무적쾌차 最佳賊拍檔	홍콩	예능영업유한공사	1990.09.29 - 1990.10.20(14)	영보 외	26,808	수입	영보·계림·새서울·다모아 3관·진덕 연계상영
다이하드 2 Die Hard 2	미국	20세기폭스	1990.12.01 - 1991.03.15(105)	단성사 외	772,536	간접배급	단성사·씨네하우스1~3관·영보·새서울 연계상영
프레데터 2 Predator 2	미국	20세기폭스	1990.12.22 - 1991.01.25(35)	금성 브로드웨이	86,094	간접배급	
낙산품음간항마 落山風	대만	중앙전영사업공사	1991.06.01 - 1991.06.21(21)	단성사	16,750	수입	
나홀로 집에 Home Alone	미국	20세기폭스	1991.07.06 - 1991.11.01(119)	단성사 외	869,820	간접배급	단성사·씨네마하우스·영보·새서울 연계상영
줄리아 로버츠의 유혹의 선 Flatliners	미국	컬럼비아픽처스	1992.03.07 - 1992.03.20(14)	영보 외	6,446	간접배급	영보·새서울·진덕 연계상영
벅시 Bugsy	미국	트라이스타픽처스	1992.03.14 - 1992.05.07(55)	단성사	184,846	간접배급	
사랑과 추억 The Prince of Tides	미국	컬럼비아픽처스	1992.03.25 - 1992.04.07(28)	대한극장	86,249	간접배급	
아담스 패밀리 The Aaddams Family	미국	오라이언픽처스	1992.05.09 - 1992.06.11(34)	단성사	114,985	간접배급	
글라디에이터 Gladiator	미국	컬럼비아픽처스	1992.06.13 - 1992.07.10(28)	단성사	24,533	간접배급	
후크 Hook	미국	트라이스타픽처스 외	1992.06.20 - 1992.07.30(41)	대한극장	281,084	간접배급	
엑셀런트 어드벤처 2 Bill & Ted's Bogus Journey	미국	컬럼비아픽처스(제공)	1992.07.07 - 1992.07.23(13)	영보 외	10,884	간접배급	영보·새서울·한일·진덕 연계상영
블루 라군 2 Return to the Blue Lagoon	미국	컬럼비아픽처스	1992.08.29 - 1992.09.04(7)	영보 외	2,363	간접배급	영보·새서울·진덕 연계상영
마이걸 My Girl	미국	컬럼비아픽처스	1992.09.10 - 1992.10.22(43)	단성사	169,832	간접배급	
꼬마천재 테이트 Little Man Tate	미국	컬럼비아트라이스타(제공)	1992.10.03 - 1992.10.09(7)	새서울 외	1,737	간접배급	영보(3일 상영)·새서울·진덕·씨네마천국 1관 연계상영
위험한 독신녀 Single White Female	미국	컬럼비아픽처스	1992.10.24 - 1992.11.19(27)	단성사	81,660	간접배급	
그들만의 리그 A League of Their Own	미국	컬럼비아픽처스	1992.11.14 - 1992.11.26(13)	대한극장	9,981	간접배급	
이너 써클 The Inner Circle	미국	컬럼비아픽처스 외	1992.11.21 - 1992.12.01(11)	단성사 외	9,437	간접배급	단성사·한일 1관·영보·새서울 연계상영

제명	제작국가	제작·제공	개봉일 - 종영일(총 상영일수)	개봉 극장	관객 수 (단위: 명)	구분	비고
어퓨 굿 맨 A Few Good Man	미국	컬럼비아픽처스 외	1992.12.18- 1993.01.20(34)	대한극장	123,679	간접배급	
포트리스 Fortress	미국	컬럼비아트라이스타 (제공)	1992.12.18- 1993.01.14(28)	단성사 외	147,920	간접배급	단성사(28일 상영)·한일시네마 1관·영보·새서울(3개관은 29일간 상영)
드라큘라 Dracula	미국	컬럼비아픽처스 외	1993.01.16- 1993.02.25(41)	단성사 외	301,184	간접배급	단성사·한일시네마 1관·그랑프리·영보·새서울 연계상영(상영일수 다름)
빙고 Bingo	미국	트라이스타픽처스	1993.02.20- 1993.02.26(7)	영보 외	3,332	간접배급	그랑프리·영보·새서울·한일 연계상영
탈주자 Nowhere to Run	미국	컬럼비아픽처스	1993.04.10- 199.04.30(21)	중앙 외	51,987	간접배급	중앙·한일시네마 1,2관·영보·새서울 연계상영
리틀 빅 히어로 Accidental Hero	미국	컬럼비아픽처스	1993.04.10- 1993.04.22(13)	대한극장 외	33,021	간접배급	대한극장·롯데 2관·이화 1,2관 연계상영
로보캅 3 Robocop 3	미국	오라이언픽처스	1993.05.28- 1993.06.24(28)	국도극장 외	178,723	간접배급	국도·한일시네마 1,2관·오스카·경원 1,2관·씨네마천국 1,2관(57일 상영) 연계상영
캔디맨 Candyman	미국	컬럼비아트라이스타 (제공)	1993.07.10- 1993.07.16(7)	한일 외	3,578	간접배급	한일시네마 2관·옴니 2관·한일극장·씨네마천국 2관 연계상영
마지막 액션 히어로 Last Action Hero	미국	컬럼비아픽처스	1993.07.24- 1993.08.15(23)	대한극장 외	213,309	간접배급	대한극장·한일시네마 1관·경원·동일·씨네마천국 1,2관 연계상영
붉은 사슴비 Thunderheart	미국	트라이스타픽처스	1993.08.28- 1993.09.02(6)	국도극장	1,875	간접배급	
피셔킹 The Fisher King	미국	컬럼비아트라이스타	1993.09.04- 1993.09.16(13)	국도극장	11,449	간접배급	
태자전설 太子傳說	홍콩	가령나전오락제작 유한공사	1993.08.21- 1993.08.31(7)	경원 2관 외	2,781	수입	경원 2관·한일극장·영타운·씨네마천국 1관 연계상영
비터문 Bitter Moon	프랑스	컬럼비아픽처스 외	1993.09.25- 1993.12.03(70)	대한극장 외	211,550	수입	대한극장·힐탑 3관(45일간 상영) 연계상영
구름 저편에 Par-Dela Les Nuages	프랑스 외	선샤인 외	1996.08.31- 1996.09.20(21)	명보프라자 외	33,168	수입	명보프라자 1,3관·씨네월드 3관·오픈시네마·명보아트홀·시티시네마 2관·브로드웨이 2관·티파니시네마 1관·영타운 연계상영

수입·배급 외화 편수	총 51편(직수입 16편, 간접배급 35편)

Part 1_충무로 제작 명가 태흥영화사 약사略史

논문 및 단행본(가나다순)

김무곤, 《NQ로 살아라》, 김영사, 2013.

김학수, 《한국 영화산업의 개척자들》, 인물과사상사, 2003.

김형석, 〈이두용 인터뷰〉, 《장르의 해결사, 이두용》, 부산국제영화제, 2016.

김형석, 〈이장호 인터뷰〉, 《80년대 리얼리즘의 선구자, 이장호》, 부산국제영화제, 2018.

유지나, 〈한국영화제작사 연구 – 태흥영화사를 중심으로〉, 단국대학교 석사학위 논문, 1994.

정성일 대담, 이지은 자료정리, 《임권택이 임권택을 말하다 2》, 현실문화연구, 2003.

정성일, 《필사의 탐독》, 바다출판사, 2010.

신문 (연도순)

조대원, 〈극장주들 "기회만 기다렸다"〉, 《일요신문》, 1990. 12. 9.

안정숙, 〈〈장군의 아들 2〉 야외 촬영장, 영화사상 최대 규모〉, 《한겨레》, 1991. 6. 9.

김흥중, 〈영화계 탈세 수사 확대…이태원 씨 구속 공무원 관련 조사〉, 《동아일보》, 1996. 11. 17.

정중헌, 〈내한한 대만 영화사 대표 林登飛씨〉, 《조선일보》, 1988. 3. 8.

이영기, 〈[인터뷰] 〈춘향뎐〉 제작자 이태원 씨〉, 《중앙일보》, 2000. 4. 27.

손봉석, 〈칸영화제를 정복한 '멋진 주먹' 이태원 사장〉, 《프레시안》, 2002. 5. 28.

정순민, 〈[fn초대석] 이태원 태흥영화사 사장〉, 《파이낸셜뉴스》, 2002. 6. 16.

임범, 〈"하류인생? 우린 그 축에도 못 꼈어"〉, 《한겨레》, 2004. 6. 2.

이태원, 〈영화 한편 보고 가세나〉, 《중앙일보》, 2004. 12.~2005. 3.

오동진, 〈"은퇴? 천만에! 내년 봄에 촬영 시작된다"〉, 《프레시안》, 2005. 12. 17.

김두호, 〈그리운 한국영화의 명승부사 이태원〉, 《인터뷰365》, 2008. 8. 28.

잡지 (연도순)

송용덕, 〈흥행 신기록의 힘으로 이데올로기 산맥 넘는다〉, 《스크린》, 1992년 3월호.

이선영, 〈세계로 향한 우리 영화의 발판을 다지며〉, 《로드쇼》, 1995년 1월호.

이기혁 구술 정리, 〈자존심을 먹고 사는 몽상가들〉, 《신동아》, 1995년 7월호.

김경실, 〈1998 한국영화 기상도-프로듀서 이태원〉, 《스크린》, 1998년 1월호.

이상락, 〈태흥영화사 사장 이태원〉, 《신동아》, 1999년 2월호.

오동진 · 이지훈, 〈영화판은 말야, 천재들의 놀이터야!〉, 《FILM2.0》, 2001년 1월 16일자.

씨네21 취재팀, 〈좋은 제작자로, 든든한 버팀목으로… 이태원 태흥영화사 전 대표와 함께했던 영화인들의 추모사〉, 《씨네21》, 2021년 10월 29일자.

Part 2_한 영화인의 뚝심이 만든 한국영화사의 진경

단행본 (가나다순)

김수남, 《한국영화 감독론 4: 광복 이전부터 2000년대까지 18인》, 월인, 2015.

김충국, 〈이장호와 에로티시즘〉, 《80년대 리얼리즘의 선구자 이장호》, 부산국제영화제 · 부산대학교 영화연구소 · 한국영상자료원, 2018.

김형석, 〈인터뷰: 외로운 개척자 이두용 감독〉, 《장르의 해결사 이두용》, 부산국제영화제 · 한국영상자료원, 2016.

김형석, 〈인터뷰: 뉴시네마의 개척자〉, 《80년대 리얼리즘의 선구자 이장호》, 부산국제영화제 · 부산대학교 영화연구소 · 한국영상자료원, 2018.

김홍준, 《나, 영화인 김홍준의 영화노트》, 소도, 2004.

이연호, 〈영화작가라는 확고한 자의식으로 영화미학과 형식을 깨부수고 다시 세우다〉, 《정일성: 격조의 예술가 파격의 모험가》, 부산국제영화제 · 부산대학교영화연구소 · 한국영상자료원, 2019.

이장호, 김홍준, 《이장호 감독의 마스터클래스》, 작가, 2013.

정성일 대담, 이지은 자료정리, 《임권택이 임권택을 말하다 2》, 현문서가, 2003.

조준형, 〈영화로 보는 한국 가족의 정치사회사〉, 《영화와 가족: 영화로 보는 한국
　　사회와 가족》, 한국영상자료원, 2013.
주성철, 〈임권택의 다찌마와리 영화들〉, 《한국영화의 개벽: 거장 임권택의 세계》,
　　한국영상자료원·부산국제영화제·동서대학교 임권택영화연구소, 2013.

신문 (연도순)

〈촬영 전 제작발표회 유행 감독-배우 등이 작품 홍보 「청춘스케치」 등 열어〉, 《조
　　선일보》, 1987. 4. 11.
〈겁없는 20대가 만든 미미와 … 젊은이들 풍속 밀도 있게 표출〉, 《조선일보》,
　　1987. 6. 27.
〈이규형 각본·감독 어른들은… 웃음 재치 동심세계 한마당〉, 《경향신문》, 1988.
　　7. 8.
김명환, 〈3년 만에 메가폰을 잡은 배창호 감독〉, 《조선일보》, 1990. 1. 6.
안영준, 〈[젝스키스] '세븐틴' 있는 그대로의 우리모습〉, 《스포츠조선》, 1998. 3. 19.
이태원, 〈영화 한편 보고 가세나〉 시리즈, 《중앙일보》, 2004. 12.~2005. 3.

잡지 (연도순)

〈작가와 얘기하는 작품세계 4: 곽지균 감독, 〈그후로도 오랫동안〉〉, 《스크린》,
　　1989년 10월호.
〈감독과 얘기하는 작품세계 9: 박철수 감독 〈오세암〉, 차갑고 비정한 상징 속의
　　휴머니즘〉, 《스크린》, 1990년 5월호.
〈영화촬영현장 1: 곽지균 감독의 5번째 연출작 〈젊은 날의 초상〉〉, 《스크린》,
　　1990년 7월호.
〈영화촬영현장: 최진실·정보석 주연, 김영남 감독, 〈꼭지딴〉〉, 《스크린》, 1990년
　　8월호.
서은희, 〈SCREEN INTERVIEW: 임권택, 동학과 일제강점기를 통해 '오늘'을
　　생각합니다〉, 《스크린》, 1991년 3월호.
〈감독과 작품세계: 1992 화제작 장선우 감독 〈경마장 가는길〉, 반복과 순환구조
　　로 그린 현대인의 모순〉, 《스크린》, 1992년 1월호.
김홍숙, 〈내재한 천부적 멜로감성과 삶의 조화 곽지균 감독〉, 《격월간 영화》,
　　1993년 9월호.

허문영, 〈〈춘향뎐〉과 임권택(3): 정일성 촬영감독 인터뷰〉, 《씨네21》, 2000. 2. 1.

허문영, 〈리뷰: 취화선〉, 《씨네21》, 2002. 5. 7.

〈임권택 감독, 〈하류인생〉을 묻는 영화평론가 정성일에게 답하다〉, 《씨네21》, 2004. 5. 25.

정성일, 《〈하류인생〉 혹은 임권택 2》, 《씨네21》, 2004. 5. 25.

임범, 〈〈하류인생〉 제작한 이태원 태흥영화사 사장 인터뷰〉, 《씨네21》, 2004. 6. 4.

김영진, 〈한국영화 10년, 한국영화 충무로를 넘어 칸으로 가다〉, 《영화천국》, Vol. 11, 2010.

김영진, 〈임권택이 말하는 '임권택의 영화'〉, 《영화천국》, Vol. 14, 2010.

정성일, 〈임권택 그는 현재진행중이다〉, 《영화천국》, Vol. 14, 2010.

장병원, 〈경마장 가는 길〉, 《영화천국》, Vol. 61, 2018.

〈"썰매를 타는 지금이 가장 행복해요" 3월 7일 개봉 다큐멘터리영화 '우리는 썰매를 탄다'〉, 《주간경향》, 2018. 3. 13.

기타

박유희, 〈한국영화걸작선 〈뽕〉〉, KMDb, 2011.

안시환, 〈한국영화걸작선 〈무릎과 무릎사이〉〉, KMDb, 2016.

조영각, 〈한국영화걸작선 〈기쁜 우리 젊은 날〉〉, KMDb, 2011.

토니 레인즈, 〈이명세의 〈개그맨〉〉, 〈개그맨〉 블루레이, 한국영상자료원, 2016.

허남웅, 〈한국영화걸작선 〈돌아이〉〉, KMDb, 2016.

357

영화인

361

363

필자 소개 ――――――――――――――――――――――――――――――――

(가나다순)

김형석 | 영화저널리스트, 평창국제평화영화제 부집행위원장

박진희 | 한국영상자료원 프로그래머

심재명 | 영화제작자, 명필름 대표

이수연 | 한국영상자료원 연구원

정성일 | 영화평론가, 영화감독

조준형 | 한국영상자료원 선임연구원

허남웅 | 영화평론가

위대한 유산: 태흥영화 1984-2004

2022년 4월 28일 초판 1쇄 발행
2022년 10월 20일   2쇄 발행

엮은이 | 한국영상자료원 · 전주국제영화제
펴낸이 | 김홍준

펴낸곳 | 한국영상자료원
주소 | 서울시 마포구 월드컵북로 400
출판등록 | 2007년 8월 3일 제313-2007-000160호
대표전화 | 02-3153-2001
팩스 | 02-3153-2080
이메일 | kofa@koreafilm.or.kr
홈페이지 | www.koreafilm.or.kr

편집 및 디자인 | 도서출판 앨피
총판 및 유통 | 도서출판 앨피

2022 ⓒ 한국영상자료원 · 김형석 · 박진희 · 심재명 · 이수연 · 정성일 · 조준형 · 허남웅

값 24,000원
ISBN 978-89-93056-62-4